ABANDONADO POR DEUS

DINESH D'SOUZA

ABANDONADO POR DEUS

Coisas ruins acontecem.
Deus se importa?
SIM! Eis a prova.

EDITORA VIDA
Rua Conde de Sarzedas, 246 – Liberdade
CEP 01512-070 – São Paulo, SP
Tel.: 0 xx 11 2618 7000
Fax: 0 xx 11 2618 7030
www.editoravida.com.br

© 2012, Dinesh D'Souza
Título do original
*Godforsaken: Bad Things Happen.
Is There a God Who Cares? Yes. Here's the Proof.*
Copyright da edição brasileira: © 2015, Editora Vida
Edição publicada com permissão de
Tyndale House Publishers, Inc.
(Carol Stream, Illinois, EUA)

∎

Todos os direitos desta tradução em língua portuguesa reservados por Editora Vida.

PROIBIDA A REPRODUÇÃO POR QUAISQUER MEIOS, SALVO EM BREVES CITAÇÕES, COM INDICAÇÃO DA FONTE.

∎

Editor responsável: Marcelo Smargiasse
Editor assistente: Gisele Romão da Cruz Santiago
Tradução: Lucília Marques
Revisão de tradução: Reginaldo Souza
Revisão de provas: Josemar de Souza Pinto
Diagramação: Claudia Fatel Lino
Capa: Arte Peniel

Scripture quotations taken from *Bíblia Sagrada, Nova Versão Internacional, NVI* ®.
Copyright © 1993, 2000 by International Bible Society ®. Used by permission IBS-STL U.S. All rights reserved worldwide.
Edição publicada por Editora Vida, salvo indicação em contrário.

Todas as citações bíblicas e de terceiros foram adaptadas segundo o Acordo Ortográfico da Língua Portuguesa, assinado em 1990, em vigor desde janeiro de 2009.

1. edição: dez. 2015

Dados Internacionais de Catalogação na Publicação (CIP)
(Câmara Brasileira do Livro, SP, Brasil)

D'Souza, Dinesh
  Abandonado por Deus / Dinesh D'Souza ; tradução Lucília Marques.
-- São Paulo : Editora Vida, 2015.

  Título original: *God forsaken*.
  ISBN: 978-85-383-0326-8

  1. Deus (Cristianismo) - Bondade 2. Sofrimento - Aspectos religiosos - Cristianismo 3. Vida cristã I. Título.

15-08961   CDD-231.6

Índice para catálogo sistemático:
1. Sofrimento : Teologia dogmática cristã   231.8

Para Lee e Aline Hanley, cujo amor por nosso país
e por nosso Senhor é fonte de grande inspiração para mim.

SUMÁRIO

PARTE 1: Introdução

CAPÍTULO 1
A jornada de um imigrante: O paradoxo do sofrimento 13

CAPÍTULO 2
O teísmo ferido: Deus no banco dos réus 27

PARTE 2: Um enigma universal

CAPÍTULO 3
Os limites da teodiceia: Por que as explicações apresentadas não são satisfatórias 51

CAPÍTULO 4
Ilusões ateístas: Contradições da incredulidade 73

PARTE 3: O mal moral

CAPÍTULO 5
Livres para escolher: A onipotência de Deus e a liberdade humana 93

CAPÍTULO 6
Escolhas e consequências: Por que o Universo é regido por leis? 111

PARTE 4: Crimes da natureza

CAPÍTULO 7
Atos de Deus: Por que existem terremotos? 137

CAPÍTULO 8
Com unhas e dentes vermelhos: A evolução e o sofrimento dos animais 157

CAPÍTULO 9
Um Universo sintonizado com precisão: O princípio antrópico 181

PARTE 5: O caráter de Deus

CAPÍTULO 10
Criar ou não criar: Deus odeia os amputados?...209

CAPÍTULO 11
A ira de Javé: Os crimes do Deus do Antigo Testamento.................................229

CAPÍTULO 12
Abandonem toda a esperança: Céu, inferno e a justiça divina........................253

PARTE 6: Conclusão

CAPÍTULO 13
Não fomos abandonados: Nossa libertação do mal..277

Agradecimentos...295

> Meu Deus! Meu Deus! Por que me abandonaste? [...]
> Salmos 22.1

PARTE 1
Introdução

CAPÍTULO 1

A jornada de um imigrante

O paradoxo do sofrimento

Para eu poder, de tal assunto ao nível,
Justificar o proceder do Eterno
E demonstrar a Providência aos homens.[1]
John Milton, *Paraíso perdido*

Cada um de nós, em algum momento da vida, tem de olhar a morte nos olhos. Ninguém escapa desse fato inexorável. Recentemente, lembrei-me dessa dura realidade ao receber este *e-mail* de meu amigo Devdas Kamath. Estudamos juntos na Índia, mas depois perdemos o contato:

> Meu filho mais velho, Nikhil, que estava cursando o primeiro ano no Instituto Indiano de Administração, faleceu na terça-feira, 29 de setembro, em Ahmedabad, vítima de uma doença rara, chamada púrpura trombocitopênica trombótica (PTT). Na segunda-feira, 21 de setembro, Nikhil reclamou de febre. Como a febre não cedia com Paracetamol, ele foi ao médico. O tratamento que o médico receitou também não fez efeito, e ele foi encaminhado a um especialista na sexta-feira, 25 de setembro. Naquela noite, ele parecia que tinha melhorado, mas, no dia seguinte, seu estado se agravou, e ele foi internado no hospital SAL. Quando isso aconteceu, eu estava em Mumbai. Consegui chegar ao hospital por volta das 19 horas, enquanto minha mulher, Surekha, veio de Chennai e chegou por volta das 23 horas. Depois de vários exames de sangue, os médicos chegaram à conclusão de que ele havia contraído a púrpura trombocitopênica trombótica, uma doença que faz que o sangue coagule nos pequenos vasos e capilares do corpo.

---

[1] John MILTON, **Paradise Lost** (New York: W. W. Norton, 1975), p. 7. [**Paraíso perdido**. Trad. António José de Lima Leitão, eBooksBrasil, Digitalização do livro em papel W. M. Jackson Inc., Rio de Janeiro, 1956.]

Os coágulos bloqueiam o fluxo de sangue para os órgãos principais. Isso causa uma deterioração muito rápida e falência múltipla de órgãos. Quando finalmente acertaram com o diagnóstico, o estado de Nikhil já havia se agravado muito. Ele faleceu por volta das 19h20min, na terça-feira, 29 de setembro.

Assim que li o e-mail, comecei a chorar. Para ser sincero, eu nem sabia por que estava chorando. Devdas era o meu melhor amigo na escola, mas não tivemos contato desde que me mudei para os Estados Unidos, três décadas atrás. Obviamente, nunca conheci seu filho. Enquanto as lágrimas rolavam pelo meu rosto, eu me sentia quase envergonhado. O contraste entre o relato estoico de Devdas e a minha reação aparentemente exagerada era gritante. Ao refletir sobre o que tinha acontecido, vi que não estava chorando pelo rapaz, mas por seu pai. Eu estava chorando pela perda que meu amigo tinha sofrido. E fiquei surpreso quando percebi quanto eu gostava dele. A vida tinha dado muitas voltas desde os tempos do ensino médio, e já fazia anos que eu não pensava nele, mas a dor que eu sentia agora por causa de sua perda era uma prova do quanto, lá no fundo, eu gostava dele. Desde então, reatamos nossa amizade, pelo menos até o ponto em que isso é possível entre duas pessoas que vivem tão longe uma da outra. Surpreendentemente, o catalisador da nossa reaproximação foi a morte na família dele — embora, é claro, se pudéssemos escolher, nunca teríamos desejado tamanho sofrimento.

O tema deste livro é o sofrimento — algo em que tenho pensado desde pequeno, embora minha própria vida tenha sido sempre muito feliz.

Fui criado em um subúrbio de Bombaim — que hoje se chama Mumbai —, e meu avô morreu quando eu tinha 9 anos. Lembro-me bem da expressão no rosto da minha avó quando ela voltou do hospital. Era o olhar de uma pessoa arrasada, confirmando a grandeza de sua perda, mas também tinha algo de desafiador, como se ela quisesse mostrar que não ia deixar que nada, nem mesmo aquele acontecimento, abalasse sua dignidade. Acho que essa lembrança ficou muito marcada em mim não porque fosse muito dolorosa, mas porque minha vida era tão tranquila e sem problemas que a morte entrou nela quase como uma impostora, uma farsante. Foi a partir daí que comecei a perceber que a morte estava sempre à espreita, acompanhada de seus dois irmãos, a tragédia e o sofrimento.

Quando eu tinha cerca de 13 anos, fui com um grupo de amigos a uma praia perto de casa. Não era uma praia de areia, mas a entrada rochosa do mar da Arábia. Enquanto explorávamos as fendas e as pequenas piscinas naturais ao longo do caminho que ia até o oceano, um dos garotos deu um grito. Ele tinha visto um bebê, provavelmente de alguns dias apenas, flutuando de barriga para cima. Se estivéssemos nos Estados Unidos, a primeira coisa que passaria pela nossa cabeça seria que alguém tinha feito uma maldade ou que tinha havido um acidente. Mas, como éramos jovens indianos, não tínhamos dúvida de que alguma mãe desesperada tinha afogado a criança para fugir da vergonha de ter um bebê fora do casamento. Ficamos ali por um tempo, olhando o pequeno cadáver, horrorizados, e depois saímos correndo. Até hoje, de vez em quando, penso naquela jovem mãe. Penso em como ela deve ter se sentido para chegar ao ponto de fazer aquilo. E também no fato de que, por causa de seu ato, a vida de um pequenino se extinguiu antes de ele ter tido sua chance neste mundo.

O sofrimento não era completamente estranho para mim, quando criança — afinal de contas, na Índia, eu estava rodeado de pessoas que viviam com apenas umas poucas rupias por dia — mas, por algum motivo, aquilo não me impressionava muito. Talvez fosse porque eu tanto via os pobres sorrindo, e às vezes até gargalhando, quanto os via chorando e gemendo. Na Índia, os pobres aceitam a vida como ela é e parecem se contentar em espremer algumas gotas de alegria do mar de dificuldades que a vida lhes traz. Muitas vezes, fico me perguntando por que isso acontece. Talvez seja porque, quando você tem muito pouco, não fica se comparando com os ricos, mas sim com os que estão à sua volta, e descobre que, por esse parâmetro, não há muito do que reclamar.

Naquela época, a pessoa que mais tinha sofrido, dentre todas as que eu conhecia, era, sem dúvida, o meu avô. Aquele homem tinha tantas histórias e as contava com tanto prazer que a gente quase não percebia quanto aquilo tudo tinha sido terrível. Embora não gostasse de falar de coisas desagradáveis, ele me contou sua história uma vez, por insistência da minha avó.

Na década de 1940, meu avô trabalhava na Birmânia, hoje chamada Mianmar. Quando os japoneses invadiram o país, ele e a família tiveram que fugir. Mas só as mulheres e crianças podiam pegar o barco; os homens tinham que ir a pé. A pé, nesse caso, significava andar da Birmânia até a Índia, uma distância de centenas de quilômetros, passando por montanhas, cruzando rios e atravessando florestas infestadas de malária. Ele contava que havia cadáveres espalhados por todo o caminho. Às vezes, os refugiados chegavam a um rio mais caudaloso, e alguns não tinham coragem de atravessar. Então ficavam ali na margem e morriam.

Quando meu avô chegou à Índia, muitos meses depois, ele estava magro e doente, não muito longe da morte. Além da saúde, ele havia perdido a casa e todas as suas economias — tinha perdido tudo, menos a esposa e os filhos. Mas ele contava aquelas agruras com entusiasmo e até bom humor. Ele dizia que fez uma "dieta compulsória" e ficou tão fraco que "até meus próprios filhos podiam bater em mim". Quem visse aquele seu jeito bem-humorado e não conhecesse sua história acharia que ele não sabia o que era dor e sofrimento.

A chegada aos Estados Unidos

Cheguei aos Estados Unidos em 1978, como estudante de intercâmbio do Rotary, e me matriculei como calouro no Dartmouth College, um ano depois. O período que passei no Dartmouth foi uma experiência maravilhosa, praticamente sem nenhum sofrimento, embora, sendo um jovem ativista conservador, eu tenha tentado dificultar bastante a vida dos professores e funcionários liberais. Nós costumávamos dizer aos decanos que enfrentar o nosso grupo de estudantes rebeldes era como lutar com um porco: todo mundo saía sujo, e o porco ficava todo feliz! Mas minha experiência idílica no Dartmouth foi sacudida quando um de meus amigos, Jeff Lamb, morreu inesperadamente. Durante a noite, houve um vazamento de monóxido de carbono de um dos canos de seu apartamento, e ele morreu asfixiado. Jeff era ateu, e eu me recordo que o pastor que sua família trouxe para dar uma palavra no funeral teve uma dificuldade enorme de encontrar alguma coisa boa para dizer no serviço fúnebre. Lembro-me de que um dos parentes de Jeff disse: "Deus não tinha o direito de levar esse rapaz" — e, embora eu não tenha dito nada, pensei com meus botões: *Jeff não acreditava em Deus; então imagino o que ele teria dito sobre esse comentário a seu favor.* Jeff era um bom rapaz e um dos poucos alunos casados; deixou para trás uma esposa arrasada, que também era aluna do Dartmouth.

Talvez meu maior sofrimento tenha sido a morte do meu pai, em 2000. Morreu relativamente jovem, com 60 e tantos anos. Ele foi um pai maravilhoso e um exemplo inspirador para mim. Havia centenas de pessoas no funeral dele. Em todos os sentidos, ele teve uma vida bem-sucedida. Os gregos diziam: "Não considere nenhum homem feliz até que ele morra" — e meu pai, um homem bom e feliz, morreu em paz. Então, por que — eu me perguntava — eu estava sofrendo tanto? Por que a morte dele ainda me assombrou durante meses, e até anos mais tarde? Cheguei à conclusão de que não estava chorando por ele, mas por mim. Embora fosse natural, aquele sofrimento era uma forma de autopiedade. Eu sentia falta dele, é claro, e sua memória e exemplo continuam sendo fonte de inspiração e orientação para a minha vida. Contudo, percebi que uma coisa boa tinha ido embora da minha vida, com a morte dele.

O sofrimento parece exigir de nós uma perspectiva equilibrada, e eu vejo que muitas vezes esse equilíbrio está ausente, principalmente no Ocidente. Talvez o horror singular do Holocausto seja o grande responsável por isso. Um dia, na época em que eu estava trabalhando em Washington, DC, assisti à palestra de um sobrevivente do Holocausto. Por causa de seu testemunho comovente, acabei comprando um livro que ele recomendou, *The Trial of God* [O julgamento de Deus], de Elie Wiesel. Mas a influência do livro sobre a minha opinião a respeito do sofrimento foi um tanto surpreendente.

O próprio Wiesel é um sobrevivente, mas sua história não era ambientada em Auschwitz. Ela se passava em 1649, em uma aldeia da Ucrânia. Um grupo de menestréis itinerantes passa por uma cidadezinha cuja população judaica tinha sido quase completamente dizimada em uma violenta perseguição antissemita. Os saltimbancos se oferecem para representar uma peça teatral em troca de comida e bebida. Horrorizado com a oferta, o único ancião que havia restado na aldeia pede que os artistas se retirem. Contudo, diante da insistência deles, ele concorda, com uma condição: eles teriam que encenar o julgamento de Deus — uma peça em que Deus seria julgado pelo que tinha feito à família daquele homem, à sua comunidade e a todos os judeus. Os artistas aceitam, e o resto da peça é o julgamento. "Escutem — diz o promotor, a respeito de Deus. — Ou ele é responsável ou não é. Se for, vamos julgá-lo; se não for, que pare de nos julgar".[2]

Eu compreendo que o Holocausto foi um horror e um acontecimento ímpar na História, e reconheço que Wiesel é um homem de autoridade moral inquestionável. Contudo, à medida que lia sua peça, fui me sentindo cada vez mais incomodado. Afinal de contas, o massacre não tinha sido praticado por Deus; aquilo foi obra de antissemitas. A própria ideia de levantar uma acusação contra Deus e levá-lo a julgamento, até mesmo na ficção, e ainda que apenas como um experimento mental, não teria passado pela cabeça de ninguém que eu tenha conhecido quando criança. Aquilo tudo me pareceu muito estrangeiro, quer dizer, muito ocidental.

---

[2] Elie Wiesel, **The Trial of God** (New York: Schocken Books, 1995), p. viii-ix, 54.

Não faz muito tempo, um motorista foi me pegar no aeroporto JFK. Quando estávamos passando pelo bairro do Queens, a caminho do meu apartamento, o motorista de repente gritou: "Cuidado!" — e deu uma freada brusca. Levei um susto quando vi que ele quase havia atropelado uma moça. A garota, que não podia ter mais de 20 anos, andou lentamente até a janela do motorista e disse: "Me faz um favor?". A voz dela era fraca e sem emoção. Pensei que fosse pedir uma carona. Mas, então, ela explicou o que queria: "Me faz um favor?", repetiu ela. "Passa por cima de mim." Foi então que percebi que aquela moça tão linda queria acabar com a própria vida. Ou talvez aquela cena fosse mais um pedido de socorro. De qualquer modo, o motorista não tinha sido imprudente; a moça tinha se jogado na frente do carro. Nós a convencemos a ir conosco até um centro de aconselhamento. Enquanto estávamos no carro, ela permaneceu calada, com os olhos fixos no horizonte e sem expressão, e eu pensei: *Que coisa triste. Ela está bem vestida, não está com fome, tem toda a vida pela frente, mas quer morrer.* Esse tipo de desespero parece atingir pessoas que têm tudo, mas me pergunto se isso poderia acontecer em qualquer outro lugar além do rico e esclarecido Ocidente. Não consigo imaginar ninguém pulando na frente de um carro nas ruas de Mumbai, a menos que fosse uma armação para tirar dinheiro do motorista.

Existe um grupo no Ocidente que tem escrito muita coisa sobre o sofrimento. São os chamados novos ateus. Nos últimos anos, tive contato com vários ateus de renome. O falecido Christopher Hitchens, talvez o mais famoso ateu americano, era meu amigo. Contudo, fiquei muito surpreso ao descobrir recentemente, lendo suas memórias, que sua mãe fugiu com um ex-pastor anglicano quando Christopher estava na faculdade e que, algum tempo depois, os dois fizeram um pacto de morte e se suicidaram.[3] Aquilo me fez pensar sobre o seu persistente ateísmo. Não havia como aqueles fatos não terem um impacto profundo sobre um jovem. Como eles poderiam não ter influenciado sua

---

[3] Christopher Hitchens, **Hitch 22** (New York: Twelve Publishing, 2010), p. 21-25.

opinião a respeito de Deus? Mas será que o ateísmo era o único resultado possível? O irmão de Hitchens, Peter Hitchens, é cristão e escreveu um livro em defesa do cristianismo. Obviamente, as desgraças podem levar as pessoas a tomarem rumos bem diferentes.

Uma pessoa que fez questão de mostrar que as circunstâncias de sua vida o levaram na direção do ateísmo, em vez de ao cristianismo, foi Bart Ehrman. Ex-fundamentalista, formado pelo Instituto Bíblico Moody e pelo Wheaton College (duas instituições evangélicas), Ehrman tornou-se um incrédulo. Ele foi ensinado, desde criança, que "Deus escreveu a Bíblia" e que o Deus da Bíblia realizava milagres e intervinha incansavelmente na História para ajudar seu povo; pelo menos aqueles que eram fiéis a ele. Mais tarde, no Seminário Teológico de Princeton, Ehrman aprendeu que Deus não escreveu a Bíblia; foram seres humanos. Além disso, os mais antigos manuscritos que temos do Novo Testamento datam dos séculos II e III. Como as Escrituras judaicas e cristãs foram copiadas à mão, os livros foram alterados pelos copistas, em alguns casos. A confiança de Ehrman na verdade do cristianismo ficou abalada.

Perdendo a fé

No entanto, Ehrman diz que não abandonou a fé até tomar consciência da magnitude do mal no mundo. A existência do "sofrimento inexprimível", escreve ele, "foi a razão pela qual perdi a fé". Ehrman afirma ter percebido que "não podia mais conciliar as afirmações da fé com os fatos da vida". Eu tive vários debates com Ehrman. Ele fala com muita eloquência a respeito das injustiças e aflições deste mundo: fome, epidemias, guerras, limpeza étnica, genocídio. Ele fala com tanta paixão que dá a impressão de que acabou de descobrir esses horrores. Será mesmo que esse homem, com seus 50 e tantos anos, só descobriu agora que o mundo pode ser um lugar ruim?

Então, percebi que o que Ehrman chama de sua "desconversão" — a rejeição do cristianismo — não aconteceu porque ele descobriu que o mal existe. Ela ocorreu porque o mal o fez mudar de atitude em relação a Deus e à Bíblia. Como ele explicou em um de nossos debates: "Não é que eu não creia em Deus. Acontece que cheguei à conclusão de que o Deus em quem acreditava enquanto crescia, o Deus da Bíblia, não existe". Ehrman escreve: "Esse é o Deus dos patriarcas, que respondia às orações e realizava milagres para seu povo; esse é o Deus do Êxodo, que livrou seu povo sofredor da aflição da escravidão no Egito; esse é o Deus de Jesus, que curava os doentes, dava vista aos cegos, fazia os paralíticos andarem e alimentava os famintos. Onde está esse Deus agora? [...] Mas eu não consigo mais crer nesse Deus porque, pelo que vejo no mundo, ele não intervém".

Vendo Ehrman acusar Deus de não evitar o sofrimento, uma atitude bem parecida com a dos atores de Wiesel, não pude deixar de me perguntar o que ele sabia sobre o sofrimento. Ao ler o livro dele sobre o assunto, *God's Problem* [O problema de Deus], tive minha resposta. De acordo com o próprio Ehrman, ele praticamente nunca soube o que é sofrer. "Tive uma vida tão fantástica", escreve ele, "que me sinto extraordinariamente grato por isso. Não há palavras para dizer quanto eu tive sorte". E, então, ele acrescenta: "Mas eu não tenho ninguém a quem possa expressar minha gratidão. Existe um vazio dentro de mim; um vazio por não ter ninguém a quem agradecer, e não vejo nenhuma maneira plausível de preenchê-lo".[4]

Que situação! Ehrman sente que sua vida é um presente, mas se recusa a agradecer a Deus por ela. No entanto, põe a culpa em Deus por todo o sofrimento que jamais experimentou, o sofrimento dos outros. O foco principal de Ehrman parece ser o sofrimento de pessoas que vivem na Ásia, na África e na América do Sul. Contudo, a verdade é que as pessoas desses países não veem seu sofrimento como uma evidência de que Deus não existe. Existem muito poucas pessoas como Bart Ehrman em Riad ou no Rio de Janeiro.

---

[4] Bart EHRMAN, **God's Problem** (New York: HarperOne, 2008), p. 1-3, 5, 16, 128.

O historiador Philip Jenkins escreve que, nos países do Terceiro Mundo — no que ele chama de sul global — o sofrimento faz as pessoas buscarem Deus, e não se afastarem dele. "O cristianismo está crescendo extraordinariamente entre os pobres e os perseguidos", diz Jenkins, "enquanto atrofia cada vez mais entre os ricos e seguros". Para Jenkins, isso ocorre porque o cenário descrito na Bíblia, com suas histórias sombrias sobre fomes, guerras e opressões dos mais diversos tipos, é uma realidade com que aquelas pessoas estão familiarizadas. Nós, que vivemos nos países ricos, o chamado "Ocidente", não encontramos muitos agiotas, leprosos e pessoas que dizem estar possuídas por demônios. Contudo, para muitas pessoas que vivem em sociedades do Terceiro Mundo, o ambiente em que viviam os antigos israelitas, e até mesmo o meio em que Cristo viveu e morreu, é realista, familiar e um ponto de referência relevante para sua própria experiência de vida.[5]

O que acontece com essas culturas não ocidentais nos dias de hoje também acontecia no passado, inclusive na Europa ocidental e nos Estados Unidos. Antigamente, quando o sofrimento era muito pior que hoje — havia doenças terríveis, não existiam analgésicos, a morte de bebês e mães durante o parto era comum — as pessoas não achavam que isso era sinal de que Deus não existia nem se afastavam de Deus por causa disso. Quando a peste bubônica assolou a Europa e matou ⅓ da população, os ⅔ restantes continuaram indo à igreja. De fato, o número de pessoas que iam à igreja geralmente aumentava em épocas de crise. O que Rudolph Otto descreve como a essência da experiência religiosa — um sentimento de sublime reverência e temor petrificante — era geralmente estimulada por terremotos, pestes e outras calamidades. Esses acontecimentos convenciam as pessoas de sua total dependência de Deus.

Quero deixar bem claro que não estou insinuando que essa atitude que os antigos tinham em relação ao sofrimento, e que hoje vemos

---

[5] Philip JENKINS, **The Next Christendom** (New York: Oxford University Press, 2011), p. 220, 275; Philip JENKINS, **The New Faces of Christianity** (New York: Oxford University Press, 2006), p. 68.

no Terceiro Mundo, seja superior em tudo. Estou dizendo apenas que ela está baseada em autêntica vivência. Existe alguma coisa estranha quando os intelectuais do Ocidente dizem: "Perdi minha fé por causa do sofrimento das pessoas em Ruanda", enquanto os próprios habitantes de Ruanda dizem: "Nossa fé nos aproxima do único que pode nos consolar e proteger, isto é, Deus". Recentemente, fui o palestrante em um café da manhã com oração das Nações Unidas e tive a oportunidade de debater esse ponto com alguns diplomatas africanos. Um deles me disse: "Fico surpreso de ver como as pessoas dos países ricos acham que sabem das coisas melhor do que nós, até mesmo sobre os problemas que nós estamos enfrentando". Depois, acrescentou em tom sarcástico: "Acredito que nós sejamos os especialistas mundiais, quando se trata dos nossos próprios problemas".

Eu concordo com ele, mas existe outro lado nessa história. Fora do Ocidente, muitas pessoas estão habituadas ao sofrimento. Isso acontece porque elas acham que ele é inevitável. Nós, não; e isso é sinal de progresso. Nós reduzimos muito o grau de sofrimento em nossas sociedades, por isso somos muito intolerantes com o que ainda não foi eliminado. Na América do Norte e na Europa, nos tornamos quase patologicamente avessos ao sofrimento. Hoje em dia, quase não aguentamos ler descrições de torturas e enforcamentos públicos que no passado eram considerados espetáculos e até divertimentos. Ao contrário de nossos antepassados e das pessoas que vivem em países em desenvolvimento, achamos que o sofrimento não tem lugar no Universo. Para nós, vale a pena lutar pela utopia.

Não digo isso com o propósito de menosprezar essa maneira de pensar; também vejo as coisas dessa maneira. Eu até simpatizo com o ponto de visto dos ateus que dizem: "Não vamos esperar em Deus para que faça o que tem feito durante séculos, isto é, nada. Em vez disso, não nos conformamos com a inatividade de Deus, e vamos fazer o que tem que ser feito para diminuir o sofrimento".

Uma solução cristã

Esse modo de pensar, embora pareça propaganda ateísta, na verdade vem da Bíblia. O texto que primeiro tratou do problema do sofrimento foi o livro de Jó, e o vigoroso debate sobre esse tópico é exclusivo do cristianismo. Não se encontra esse tipo de discussão no hinduísmo, no budismo, nem no islamismo. Falarei mais sobre isso no próximo capítulo. Os cristãos são os únicos que fazem esta pergunta angustiante: "Por que Deus permite isso?". Consequentemente, o cristianismo deu origem a mais rebeliões e incredulidade que qualquer outra religião. Por alguma razão, ele aguça e aprofunda a intensidade com que percebemos o sofrimento, fazendo que a "questão de Deus" seja mais penetrante.

Isso leva a uma pergunta crucial: "Se o sofrimento é um problema percebido com mais intensidade dentro do cristianismo, será que existe uma solução cristã?". Eu acredito que sim e que a profundidade do problema e a solução estão fundamentalmente relacionadas. É claro que quero dar uma resposta ao ateu; mostrar que não há contradição entre o sofrimento e a existência de Deus. Mas quero também entender por que Deus permite o sofrimento e como, sendo eu um cristão, posso amar e me identificar com um Deus que muitas vezes parece indiferente ao sofrimento. Pode ser que essa seja uma forma ocidental de formular o problema, mas essa é a questão que incomoda os cristãos do mundo inteiro hoje em dia.

Como fui criado na Índia, mas hoje vivo em Nova York e na Califórnia, de certa forma estou entre dois mundos. Gostaria de usar essa experiência que tenho para lidar com as grandes questões que envolvem Deus, o mal e o sofrimento. Há décadas que venho pensando sobre essas questões e, finalmente, tenho alguma coisa original a dizer sobre isso. Elie Wiesel escreve, a respeito das vítimas do Holocausto: "O mundo delas era o reino da noite. Esquecidas por Deus, abandonadas por ele, viviam sozinhas, sofriam sozinhas, lutavam sozinhas".[6]

---

[6] Elie Wiesel, **Dimensions of the Holocaust** (Evanston, IL: Northwestern University Press, 1977), p. 7.

Será verdade que, assim como os judeus nos campos nazistas, estamos abandonados e esquecidos por Deus? Ehrman e outros concluíram que sim. No entanto, eu creio que nós não podemos realmente responder a essa pergunta sem primeiro perguntar por que o mundo é como é, e a resposta a essa questão nos dirá, em parte, onde está Deus quando mais precisamos dele. Portanto, para tratar da questão do sofrimento, é necessário investigar a mente de Deus e tentar descobrir qual é o ponto de vista dele.

Muitos outros antes de mim contribuíram para essa investigação coletiva. Os ateus, tipicamente, compilam um catálogo de crimes e sofrimentos, e depois exigem uma explicação divina. Já os cristãos tentam mostrar o benefício e o propósito de todas essas calamidades por meio de explicações elaboradas, mas que afinal não alcançam seu objetivo. Este livro adota uma abordagem diferente. Embora eu comece do ponto em que o debate se encontra, procuro seguir uma nova direção. Em vez de restringir minha argumentação à especulação filosófica e teológica, proponho buscar nas notáveis descobertas da física, da astronomia, da neurociência e da biologia uma nova resposta para o problema do mal e do sofrimento, uma resposta que permita enxergar as ações providenciais de Deus no mundo natural sob uma ótica inteiramente diferente. Surpreendentemente, a ciência moderna nos proporciona uma nova maneira de refletir sobre um antigo enigma filosófico e teológico. Neste livro, uso uma das maiores descobertas recentes da ciência moderna — a descoberta da sintonia fina do Universo — para responder ao ateu, ao cristão e a qualquer um que se pergunta por que Deus age da forma que age. Por que determinados males atingem determinadas pessoas em certas épocas? Eu não sei. Por que um Deus onipotente e benevolente permite tanta maldade e tanto sofrimento no mundo? Para essa pergunta, creio que agora tenho uma resposta.

A resposta não vai acabar com o sofrimento; não vai enxugar todas as lágrimas. Afinal, ela é uma solução intelectual para o problema do sofrimento; não resolve o problema emocional imediato. As pessoas que estão sofrendo ainda precisam de aconselhamento pastoral e de outros que tenham compaixão delas e as ajudem a enfrentar a dor e o choque. Contudo, chega um momento em que o sofredor começa a refletir sobre seu sofrimento, sobre a razão por trás de tudo o que aconteceu e sobre o papel de Deus, permitindo ou causando aquele sofrimento. Este livro ajuda a tornar o sofrimento inteligível, e isso, creio, pode trazer profunda consolação no final. Nós ainda vamos chorar, mas não vamos culpar Deus pela dor; ao contrário, veremos por que ele permite que essas coisas aconteçam e teremos uma chance maior de nos aproximarmos dele.

Com este livro, espero dar uma base racional para a esperança, e a esperança é um remédio poderoso. Embora, naquele dia, eu não tenha conseguido ajudar muito aquela jovem desesperada que cruzou meu caminho no Queens, espero que este livro possa ajudar você.

CAPÍTULO 2

O teísmo ferido

Deus no banco dos réus

Se nos provassem que esse Deus dos cristãos existe, saberíamos ainda menos como crer nele.[1]
Friedrich Nietzsche, *The Anti-Christ* [O Anticristo]

Há um momento em todo debate em que seu adversário baixa a guarda e mostra o embasamento real de sua opinião. Há pouco tempo, na Flórida, participei de um debate sobre a existência de Deus com o ateu Michael Shermer, editor da revista *Skeptic* [Cético] e autor de *Why Darwin Matters* [Por que Darwin é relevante]. Ele passou a maior parte do debate explicando como tinha se tornado ateu. Shermer contou que tinha crescido como cristão evangélico e frequentado a Universidade Pepperdine, uma instituição cristã, onde inclusive participou de evangelismo na área de Los Angeles, distribuindo literatura cristã. Mas agora, em tom de zombaria, Shermer diz que gostaria de ir de porta em porta para pegar aqueles folhetos de volta! Segundo ele, foi na Pepperdine que perdeu a fé.

Infelizmente, essa não foi a única vez que um cristão abandonou a fé enquanto cursava uma faculdade cristã. O mais interessante foi Shermer contando como aconteceu. Basicamente, ele disse que descobriu a ciência. Ele afirmou que viu que a ciência, baseada na razão, era um jeito muito melhor de se chegar à verdade do que o cristianismo, que é baseado na fé. Darwin mostrou que existe uma explicação natural para o modo pelo qual as formas de vida evoluíram de uma para outra; não precisamos postular um criador. Enquanto ouvia aquilo

---

[1] Friedrich Nietzsche, **Twilight of the Idols** and **The Anti-Christ** (New York: Penguin Books, 1990), p. 175.

tudo, eu fazia que sim com a cabeça, entediado, porque já ouvi essa mesma história muitas vezes.

Ainda assim, nunca achei que essa explicação serviria para o novo ateísmo que Shermer representa. Pensando bem: se você não acredita em algo porque não há nenhuma prova de que essa coisa exista, o que você faz? Você ignora. Você vai seguindo a vida como se essa coisa da qual não há provas não existisse. Caso concreto: Eu não acredito em unicórnios, mas pode ver que eu não escrevi nenhum livro contestando a existência dos unicórnios. Eu não sou autor de, por exemplo, *A ilusão dos unicórnios* ou *O fim dos unicórnios* ou *Os unicórnios não são bons*. Eu não vou a conferências sobre a mentira dos unicórnios, nem saio por aí debatendo com os outros se os unicórnios existem ou não.

No entanto, admito que talvez ficasse tentado a fazer algo se nossa sociedade fosse baseada em defensores dos unicórnios. Mesmo assim, seria difícil para mim responder sem demonstrar humor e desprezo. Certamente, eu não perderia o meu tempo tentando convencer os defensores dos unicórnios ou despejando minha fúria sobre os próprios unicórnios. Mas esse não é o comportamento dos novos ateus, que são obcecados por Deus. Eles provavelmente gastam tanto tempo pensando em Deus quanto os crentes. Na verdade, eles fazem um grande esforço para convencer os jovens. Eles se tornaram missionários ateístas ou, se você quiser, ateus evangélicos.

O que está acontecendo aqui? Em um momento crucial do nosso debate, Shermer deu a resposta. Sem mais nem menos, ele começou a contar um episódio que aconteceu no tempo da faculdade, quando a garota que ele estava namorando teve um terrível acidente e ficou paralítica. Shermer descreveu, comovido, os dias em que os dois passaram no hospital, e como ele orou fervorosamente a Deus pela cura que nunca veio. Eu olhei para Shermer e vi que ele tremia um pouco. Mas então ele parou, e um olhar de forte determinação apareceu em seu rosto: "Aquilo foi o fim para mim.

Eu terminei com Deus" (ele não contou que também "terminou" com a moça). Foi assim que eu percebi a origem do ateísmo de Shermer. Ele não rejeitou Deus simplesmente porque encontrou uma explicação alternativa para o Universo. O ateísmo dele teve mais a ver com o desapontamento com Deus.

O psicólogo cognitivo Steven Pinker não está apenas desapontado com Deus; ele está completamente irado com Deus. Em seu livro *How the Mind Works* [Como a mente funciona], Pinker menciona as tragédias e o sofrimento no mundo: as guerras, fomes, epidemias, desastres naturais, o Holocausto. Citando um provérbio iídiche, ele dá vazão ao seu rancor: "Se Deus morasse na terra, as pessoas quebrariam as janelas dele".[2] Seguindo o mesmo raciocínio, o filósofo Bertrand Russell fez um discurso eloquente, dizendo que os eventos horríveis no mundo parecem indicar que ele não é governado por um soberano benigno, mas sim por um ditador cruel. Ele escreve: "Se o mundo em que vivemos foi criado segundo um plano, temos que reconhecer que Nero foi um santo em comparação com o autor desse plano".[3]

As mesmas passagens sarcásticas e amargas são evidentes nos textos de Richard Dawkins. Dawkins, um biólogo, escreveu vários livros, como *The Blind Watchmaker* [*O relojoeiro cego*. Trad. Laura Teixeira Motta (São Paulo: Companhia das Letras, 2001)] e *The Ancestor's Tale* [*A grande história da evolução*. Trad. Laura Teixeira Motta (São Paulo: Companhia das Letras, 2009)], argumentando que o evolucionismo é a melhor explicação para o desenvolvimento da vida na terra. O ateísmo de Dawkins parece fundamentado em sua descoberta, via Darwin, de uma história da Criação alternativa. Quem leva todo o crédito é a seleção natural, não Deus. Ou, como Dawkins sugere, ela às vezes leva a culpa. Com eloquência, Dawkins descreve a crueldade da evolução. Uma vespa fêmea, como ele informa, põe os ovos dentro do corpo de uma lagarta, de modo que

---

[2] Steven Pinker, **How the Mind Works** (New York: W. W. Norton, 1997), p. 560.
[3] Bertrand Russell, **The Scientific Outlook** (New York: Routledge Classics, 2009), p. 94.

as larvas se alimentam da lagarta, comendo-a de dentro para fora.[4] Dawkins parece horrorizado; de fato, ele fica tão chocado com esse exemplo que cita uma carta escrita por Charles Darwin a Asa Gray sobre o assunto das vespas da família Ichneumonidae: "Eu não consigo me convencer de que um Deus benigno e onipotente teria criado intencionalmente os Ichneumonidae com a expressa intenção de que se alimentassem com o corpo de lagartas vivas".[5]

Pode-se pensar, com esses exemplos, que a principal objeção de Dawkins em relação a Deus tem origem na contemplação desse projeto evolucionário e em sua compaixão para com as lagartas em relação às vespas. Contudo, em seu livro *The God Delusion* [Deus, um delírio], lemos isto: "O Deus do Antigo Testamento é talvez a personagem mais desagradável da ficção: ciumento, e com orgulho; controlador, mesquinho, injusto e intransigente; genocida étnico e vingativo, sedento de sangue; perseguidor misógino, homofóbico, racista, infanticida, filicida, pestilento, megalomaníaco, sadomasoquista, malévolo".[6] Mas que lista! Não somente Deus é um assassino em massa, mas ele também é um cara com traços de personalidade anal retentora e que tem uma opinião muito elevada a respeito de si mesmo. Estou chocado com o tom de Dawkins, que, para dizer o mínimo, afasta-se do científico. Deixando de lado, por ora, a mérito das acusações de Dawkins, fica claro que ele tem um rancor pessoal profundo.

No caso de Dawkins, e também com os outros citados anteriormente, não estamos lidando com ateístas comuns; estamos lidando com o teísmo ferido. Os teístas feridos são diferentes dos ateístas pelo fato de que os ateístas não creem em Deus; os teístas feridos estão

---

[4] Richard Dawkins, **River out of Eden** (New York: Basic Books, 1995), p. 95. [**O rio que saía do Éden**. Trad. Maria Teresa Castanheira (Coração de Jesus, PT: Rocco, 1996).]

[5] Charles Darwin, carta a Asa Cray, 22 de maio de 1860. In: Francis Darwin (Ed.). **The Life and Letters of Charles Darwin** (New York: D. Appleton, 1919), v. 2, p. 105-106.

[6] Richard Dawkins, **The God Delusion** (Boston: Houghton Mifflin, 2006), p. 51. [**Deus, um delírio**. Trad. Fernanda Ravagnani (São Paulo: Companhia das Letras, 2007).]

magoados com Deus. Em alguns casos, irados com Deus; seu ateísmo é uma forma de vingança.

Vejamos o caso do mentor de Dawkins, Charles Darwin. Muitas pessoas pensam que Darwin se tornou incrédulo em razão da evolução. É verdade que Darwin atribuiu a diversidade da vida neste planeta ao acaso e à seleção natural, não à providência divina. Mesmo assim, Darwin, que cresceu em um lar anglicano e pensou em seguir carreira no clero, não perdeu sua fé para a evolução. Ele se tornou agnóstico quando sua amada filha Annie adoeceu e faleceu subitamente. Os biógrafos de Darwin, Adrian Desmond e James Moore, escreveram: "A morte cruel de Annie destruiu o que restava da crença de Charles em um Universo moral e justo. Tempos depois, ele diria que esse período foi o tiro de misericórdia no seu cristianismo [...]. Charles agora se definia como incrédulo".[7] No entanto, não foi só a morte da filha que empurrou Darwin para as fileiras dos incrédulos; foi também sua reação à doutrina cristã do inferno. Como o próprio Darwin escreveu: "Tenho muita dificuldade de entender como alguém pode desejar que o cristianismo seja verdade; porque, se for, a simples linguagem do texto parece mostrar que os seres humanos que não creem, e isso incluiria meu pai, meu irmão e quase todos os meus melhores amigos, serão punidos para sempre. E essa é uma doutrina horrível".[8] Esse é Darwin rejeitando o tipo de Deus que tiraria dele uma filha durante a infância. Ele também está amaldiçoando o Deus da maldição. Mais uma vez, temos aqui um exemplo de teísmo ferido, enraizado na frustração para com Deus e no rancor em relação ao que parece ser a injustiça divina.

De fato, o teísmo ferido talvez seja mais comum que o ateísmo, como se pode depreender das declarações sinceras de alguns filósofos e escritores famosos. Um deles, Owen Flanagan, diz por que rejeitou o cristianismo: "Passei a não gostar do Deus em quem fui ensinado a crer nem respeitá-lo. Eu continuo a não gostar *daquele* Deus nem

---

[7] Adrian Desmond e James Moore, **Darwin** (New York: W. W. Norton, 1991), p. 387.
[8] Gertrude Himmelfarb, **Darwin and the Darwinian Revolution** (Chicago: Ivan R. Dee, 1996), p. 137, 385.

respeitar a sua imagem". Thomas Nagel escreve em *The Last Word* [A última palavra]: "Eu quero que o ateísmo seja verdade e me sinto incomodado com o fato de que algumas das pessoas mais inteligentes e bem informadas que conheço sejam crentes religiosos. Não é só o fato de que eu não creio em Deus. [...] Acontece que eu espero que Deus não exista! Eu não quero que exista um Deus; eu não quero que o Universo seja assim". O físico Victor Stenger escreve com sinceridade a respeito de Deus: "Se ele existe, eu particularmente não quero ter nada a ver com ele".[9] E Christopher Hitchens declarou em vários dos nossos debates que, supondo que exista um céu, ele não tinha nenhum interesse em ir para lá. Deus — dizia ele — é um ditador celeste, como o agora falecido déspota da Coreia do Norte, Kim Jong-il — só que pior do que ele: "Se você está vivendo no regime governado por Kim Jong-il, pelo menos, mais cedo ou mais tarde, irá morrer, e a tirania irá acabar. No entanto, com Deus o sofrimento continua para sempre. Não posso imaginar um lugar mais aterrador que o céu. Para mim, ele seria o inferno".

Isso é ateísmo extremo, do tipo que interessava ao romancista Dostoievski. Em *Os irmãos Karamazov*, Ivan, um dos irmãos, tornou-se ateu. Ele ficou horrorizado com o sofrimento que testemunhou no mundo, vendo os soldados atravessarem friamente vítimas inocentes com suas baionetas e, acima de tudo, vendo o sofrimento das crianças. Oh, diz Ivan, poderíamos justificar essas coisas dizendo que, no final, as pessoas serão salvas ou vão atingir uma harmonia suprema. Todavia, para ele, isso não era suficiente. Ele diz a respeito das crianças: "É incompreensível que elas também tenham de sofrer, que também tenham de pagar com sofrimento para poderem alcançar a harmonia. Por que elas deveriam ser o grão moído no gral de alguém, o meio de assegurar a harmonia futura de alguém? Eu não quero harmonia.

---

[9] Owen FLANAGAN, **The Problem of the Soul** (New York: Basic Books, 2002), p. 31; Thomas NAGEL, **The Last Word** (New York: Oxford University Press, 1997), p. 130; Victor STENGER, **God: The Failed Hypothesis** (Amherst, NY: Prometheus Books, 2007), p. 240.

O preço da harmonia é muito alto; nós não podemos pagar tanto para sermos admitidos no céu. Portanto, quero devolver o meu ingresso. E o meu dever, se sou um homem honesto, é devolvê-lo o mais depressa possível. Não é que eu não aceite Deus, Alyosha; só estou, mui respeitosamente, devolvendo a ele o meu ingresso".[10]

A angústia do cristão

Os cristãos também podem ser teístas feridos. Quando as coisas estão indo bem, é fácil proclamar a soberania de Deus e submeter-se a ela. Alguns de nós até procuram consolar aqueles que estão sofrendo com palavras de conforto: "Realmente sinto muito saber o que aconteceu, mas, você sabe, Deus tem um plano". Ou com um pouco mais de insensibilidade: "Sei que foi uma perda terrível para você, mas talvez Deus precisasse de mais um anjo". Contudo, quando somos nós que estamos sofrendo — quando somos a pessoa que foi estuprada, ou que teve as pernas decepadas em um acidente, ou cujo filho foi sequestrado, ou cuja esposa amada está definhando com Alzheimer —, essas explicações ofendem mais do que consolam. *Deus tem um plano para matar minha esposa? Deus tem um monte de anjos no céu; por que precisava levar meu filho, meu único filho?*

O eminente teólogo Nicholas Wolterstorff perdeu seu filho, Eric, de 25 anos, em um acidente durante a escalada de uma montanha. Wolterstorff escreve que durante muito tempo depois do enterro o mundo inteiro parecia surreal para ele: "Eu entrava em uma loja. O aspecto trivial de tudo aquilo que eu via me causava náusea: pessoas pondo cabeças de alho dentro do carrinho de compras, apertando os melões para ver se estavam maduros, pegando caixas de leite, vendedores anunciando liquidações. 'Como vai o senhor hoje?'; 'Tenha um bom dia!'. Como aquela gente podia estar agindo daquele modo tão normal quando não era mais um tempo normal? Eu ia para

---

[10] Fyodor Dostoyevsky, **The Brothers Karamazov** (New York: Vintage Books, 1991), p. 244-245. [**Os irmãos Karamazov**. Trad. Paulo Bezerra (São Paulo: Editora 34, 2008).]

o escritório e, ao longo do caminho, via as secretárias em sua escrivaninha e os estudantes em seu assento e os professores escrevendo no quadro-negro. Vocês não sabem que ele escorregou e caiu, e que eu o fechei dentro de uma caixa e a cobri com terra, e ele não pode mais sair?". Embora Wolterstorff e sua família estivessem cercados de cristãos que lhes diziam palavras confortadoras — "Ele teve uma vida plena de realizações!", "Veja só como ele abençoou a vida de vocês!", e outras semelhantes —, ele não sentia nenhum consolo naquelas palavras. A dor pelo que tinham perdido, diz ele, era muito maior do que sua gratidão pelo que um dia tiveram: "Não diga que não é assim tão ruim", repetia ele para seus consoladores, "porque é! [...] Se você acha que sua tarefa como consolador é me dizer que, apesar de tudo, não foi tão ruim assim, não venha aqui se sentar comigo no meu luto; vá embora e fique bem longe de mim".[11]

Assim, embora os ateus geralmente citem o problema do mal e do sofrimento para desacreditar a fé religiosa, os cristãos também conhecem a mesma dor, porque passam pelas mesmas coisas. De fato, parece haver uma inconsistência na reação cristã a Deus. Os cristãos louvam a Deus quando coisas boas acontecem com eles. Então, não deveriam também culpar Deus quando acontecem coisas ruins? Além disso, cristãos conscientes reconhecem que o mal e o sofrimento — não apenas sua existência, mas sua extensão — levantam sérios questionamentos acerca da onipotência e da benevolência de Deus. "A existência do sofrimento", escreve John Stott, "sem dúvida constitui o maior desafio para a fé cristã". Tanto assim que o teólogo Hans Küng o chama de "a rocha do ateísmo".[12]

O problema do mal e do sofrimento é, de certa forma, mais difícil para os cristãos do que para os ateus. Em parte, isso ocorre porque

---

[11] Nicholas Wolterstorff, **Lament for a Son** (Grand Rapids, MI: William Eerdmans Publishing, 1987), p. 34, 52.
[12] John Stott, **A cruz de Cristo**. Trad. João Batista (São Paulo: Vida, 2006); Hans Küng, citado por Michael Peterson, Introduction. In: Michael Peterson (Ed.), **The Problem of Evil** (Notre Dame: University of Notre Dame Press, 1992), p. 1.

a categoria do mal e do sofrimento é maior. Os cristãos, por exemplo, creem no pecado como uma importante categoria de mal — a mais importante de todas. Os ateus, não. Os cristãos e outros crentes religiosos também falam de um tipo de sofrimento distintamente espiritual, que João da Cruz chamou de "a noite escura da alma", uma expressão bem conhecida. Este é o sofrimento interior do cristão que está sendo purgado de seu apego a coisas terrenas, ou seja, está sendo purificado para Deus ao sofrer a ausência de Deus. Como sabemos, Madre Teresa, cuja vida foi dedicada a aliviar o sofrimento de outros em nome de Cristo, experimentou a mais profunda sensação de ser abandonada por Deus durante quase meio século.[13] Não adianta discutir isso com os ateus. Eles não fazem a menor ideia do que você está falando. Os cristãos também creem no inferno, e os ateus, não. Consequentemente, os cristãos têm que responder por que pecados finitos têm que sofrer punição infinita nas mãos de um Deus que supostamente nos ama e quer que estejamos em comunhão com ele. Portanto, se Deus é responsável por permitir o mal e o sofrimento, ainda que parcialmente, o cristão tem que responsabilizá-lo por mais males e sofrimentos do que o ateu, isso porque existe mais mal e sofrimento no mundo segundo o ponto de vista dos cristãos do que segundo o dos ateus.

Além disso, o problema ateísta do mal se restringe principalmente à questão de saber se Deus existe. A magnitude do mal e do sofrimento dá uma razão para duvidar da existência de Deus e talvez, em alguns casos, manifestar hostilidade em relação a um Deus que governa o mundo dessa maneira. Para o cristão, entretanto, as coisas não são tão simples. O cristão crê em Deus; ao mesmo tempo, ele fica horrorizado com o mal que vê por toda parte. Parece não haver nenhum meio de conciliar o mal com o caráter de Deus. É como se eu tivesse um pai rico e poderoso que diz que me ama e que sempre estará ao meu lado; mas, quando me vejo em uma situação

---

[13] Conforme revelado em correspondência particular de Madre Teresa. V. **Mother Teresa: Come Be My Light**, ed. Brian Kolodiejchuk (New York: Doubleday, 2007).

desesperadora, ele não me ajuda, embora eu saiba que ele poderia me ajudar. Minha reação não é a incredulidade. Eu não digo: "Não acredito mais que o meu pai exista". Em vez disso, digo: "Meu pai não parece ser a pessoa que eu achava que ele era. Agora tenho de reavaliar o caráter do meu pai e rever as bases do meu relacionamento com ele". Portanto, o cristão precisa agora reconsiderar como amar e adorar um Deus que não intervém e permite que coisas terríveis aconteçam até mesmo àqueles que o amam. Enquanto o ateu simplesmente usa o sofrimento para confirmar sua incredulidade em Deus, o cristão que está sofrendo se sente traído por Deus. O ateu tem uma vitória intelectual — *Está vendo só? Eu não disse que Deus não existia?!* — enquanto o cristão fica de coração partido... abandonado por Deus.

Em relação ao sofrimento, a maioria dos cristãos está na posição de Jó. Nessa famosa história da Bíblia, Jó é um homem justo cuja família próspera e feliz é arruinada quando ele se torna objeto de uma aposta entre Deus e Satanás. Ele parece ser um membro da corte imperial de Deus, e Deus conversa com ele de forma cordial, embora o antagonize, em tom de menosprezo. Satanás diz a Deus que a justiça de Jó é mercenária; ele só é bom por causa das bênçãos que Deus derramou sobre ele. Tire dele essa boa sorte — diz Satanás —, e Jó irá amaldiçoá-lo. Assim, Deus aceita a aposta e permite que Satanás tire de Jó os seus bens e mate sua família e, finalmente, aflija o próprio Jó com enfermidades debilitantes. Até mesmo os comentários da mulher de Jó não ajudam em nada: "Amaldiçoa a Deus, e morre". Jó, porém, não faz isso. Contudo, à medida que seu suplício piora, ele se torna amargo e usa até mesmo palavras acusatórias contra Deus. Os três amigos de Jó, Zofar, Elifaz e Bildade, procuram ajudá-lo a enfrentar a situação, embora, no final, a eficácia dessa ajuda seja bastante questionável.

Ao longo dos séculos, o livro de Jó tem sido considerado um dos estudos mais profundos e sinceros sobre o mal e o sofrimento.

Contudo, é surpreendente que nunca ocorra a Jó, ou a qualquer outra personagem da história, questionar a existência de Deus. O que Jó questiona é o caráter de Deus. O problema de Jó não é genérico, como quem pergunta: "Por que Deus permite que essas coisas aconteçam com os bons e inocentes?". Ele é intensamente pessoal: "Por que o Senhor, meu Deus, está permitindo que isso aconteça comigo, Jó, um homem justo?".

Não é problema deles

Se tanto os cristãos quanto os ateus se defrontam com essa questão, parece não haver dúvidas de que isso é um enigma universal. Por isso, ficamos chocados quando descobrimos que o enigma simplesmente não existe em outras religiões. Os seguidores dessas religiões encontram outra maneira de lidar com o problema do sofrimento, e é interessante ver como eles fazem isso.

Nos tempos antigos, ninguém tinha dificuldade de conciliar os problemas da vida com a onipotência e benevolência divinas. O historiador Rodney Stark escreve: "As civilizações antigas não viam seus deuses como necessariamente justos ou amorosos". A ira e a volubilidade eram características dos deuses; não fazia sentido perguntar por quê. As civilizações antigas, escreve Stark, se concentravam em oferecer sacrifícios para apaziguar os deuses, evitando que ficassem irados e enviassem secas ou fomes para afligir os seres humanos insignificantes.[14]

Os antigos gregos e romanos não acreditavam na onipotência divina. De fato, eles eram politeístas — acreditavam em múltiplos deuses, cada um dos quais muito poderoso, mas nenhum deles todo-poderoso. A historiadora clássica Mary Lefkowitz observa que os antigos não tinham dificuldade em crer que seus deuses fossem volúveis e até cruéis: "Os deuses da religião greco-romana tradicional não existiam para benefício da humanidade; e nem sempre se interessavam pelo que os mortais estavam fazendo. Eles nem sempre concordavam entre

---

[14] Rodney Stark, **Discovering God** (New York: HarperOne, 2007), p. 103.

si [...] e os seres humanos inocentes que eram apanhados no conflito sofriam e morriam, e nem sempre eram vingados. [...] Essa é uma religião da qual não é possível tirar grande conforto [...]. Os mitos, como os autores da Antiguidade os relatam, não oferecem nenhuma esperança".¹⁵ De certa forma, os deuses refletem a volubilidade e a crueldade da vida, em vez de transcender essas características. Shakespeare resumiu o modo pelo qual muitos gregos e romanos da Antiguidade pensavam a respeito de suas divindades: "Como as moscas para os meninos maus somos nós para os deuses. Eles nos matam por diversão".

Para o islamismo, Deus está tão acima da compreensão humana que seria presunção e até blasfêmia questionar seu plano divino. O próprio termo "islã" significa submissão. E a solução islâmica para o problema do mal e do sofrimento é simplesmente admitir a ignorância humana e concordar com a sabedoria e a bondade supremas de Deus. Seyyed Hossein Nasr escreve em *The Heart of Islam* [O coração do islã]: "Ao contrário do Ocidente de hoje, em que muitas pessoas se afastaram de Deus e da religião porque não conseguem entender como um Deus bom poderia criar um mundo em que existe o mal [...] no mundo islâmico essa questão praticamente nunca incomodou a consciência religiosa nem mesmo das pessoas mais inteligentes ou as afastou de Deus".¹⁶

O budismo e o hinduísmo veem o sofrimento como a essência da condição humana; o mundo é assim. Partindo dessa premissa inegável, tanto o budismo como o hinduísmo oferecem uma solução filosófica surpreendente: o mundo, em si, não é real. O que isso significa é que todo o mundo material — o mundo que percebemos, não existe realmente. Nós achamos que ele existe, mas isso ocorre porque nossa mente está nos pregando uma espécie de peça. O sofrimento não é causado pelo mundo, mas pela

---

¹⁵ Mary Lefkowitz, **Greek Gods, Human Lives** (New Haven, CT: Yale University Press, 2003), p. 12, 235; William Shakespeare, **Rei Lear**, Ato 4, Cena 1.

¹⁶ Seyyed Hossein Nasr, **The Heart of Islam** (New York: HarperCollins, 2004), p. 10.

nossa mente, e o remédio para o sofrimento é, literalmente, mudar a nossa mente. Para vencer o sofrimento, precisamos de iluminação; a iluminação para perceber que o mundo é uma ilusão e o sofrimento também. Segundo esse ponto de vista, podemos transcender o sofrimento se reconhecermos seu caráter ilusório, se enxergarmos através do seu véu. Se pudermos fazer isso, o budismo promete o "nirvana", uma libertação não só do sofrimento, mas também do próprio mundo.

O hinduísmo compartilha muitos dos pontos de vista do budismo a respeito do sofrimento, mas acrescenta outro ingrediente. Enquanto no budismo o sofrimento não tem nenhum mérito ou justificativa, no hinduísmo todo sofrimento é inteiramente merecido. Os hindus entendem o sofrimento em termos da reencarnação, a ideia de que os pecados cometidos em uma vida são punidos na vida seguinte. Portanto, se você for uma pessoa perversa nesta vida, depois que morrer pode reencarnar como um mendigo ou uma barata. A reencarnação, portanto, também implica que as pessoas que estão sofrendo ou passando fome hoje devem ter feito alguma coisa terrível em suas vidas passadas. Desse modo, é justo que estejam nessa situação; a reencarnação é uma filosofia de desertos justificados, na qual os que sofrem agora são considerados culpados de pecados anteriores. De certa forma, o hinduísmo acaba com o problema do sofrimento dos inocentes ao eliminar a própria noção de inocência.

Ao contrário das religiões orientais, que tratam o sofrimento como ilusório ou merecido, a Bíblia mostra o sofrimento como algo muito real e, sem dúvida, ruim. Ninguém pode dizer que as Escrituras se esquivam do tema do sofrimento. Ao contrário, elas registram praticamente todos os crimes e sofrimentos possíveis: crueldade, tortura, pobreza, doença e guerra. Um dos temas centrais do Novo Testamento é, obviamente, o sofrimento do Cristo, o Messias, o que John Hick chama de "uma maldade mais atroz do que qualquer outra que se possa conceber".[17] A Bíblia também retrata o sofrimento tipicamente como uma coisa ruim. Por exemplo, Jesus cura o cego e o aleijado sem jamais dar a entender que havia aspectos positivos no fato de um ser cego e o outro, aleijado. Finalmente, a Bíblia está bem familiarizada com a questão do teísmo ferido, que é tema constante em Salmos: "Desperta, Senhor! Por que dormes? Levanta-te! Não nos rejeites para sempre" (44.23). A passagem de Salmos 82.2 diz: "Até quando vocês vão absolver os culpados e favorecer os ímpios". Repetindo, a rejeição divina seria compreensível se a pessoa que faz a oração tivesse rejeitado Deus, mas esse não é o caso. Essas são súplicas do servo fiel que se sente traído por Deus.

Embora as Escrituras retratem o mal e o sofrimento com impiedosa honestidade, elas não oferecem uma explicação explícita e coerente da razão de Deus permitir tanto mal e sofrimento. E aí está o problema. A tentativa humana de dar essa explicação é chamada de "teodiceia", um termo cunhado pelo filósofo e matemático Gottfried Wilhelm Leibniz. Literalmente, teodiceia significa "justiça de Deus", e se refere ao propósito de vindicar Deus, mostrando que não existe contradição entre os atributos divinos e a magnitude do mal e do sofrimento na terra. Apesar do caráter crucial desse problema no cristianismo, nenhuma igreja cristã jamais endossou oficialmente nenhuma teodiceia. No entanto, cristãos eruditos, ao longo dos séculos, têm apresentado várias explicações para conciliar o poder de Deus e sua bondade com todo o mal que acontece no mundo.

Neste livro, apresento uma solução para o problema do mal que, até onde sei, nunca foi apresentada. Essa solução não descarta respostas anteriores; ela as complementa e unifica, formando um todo persuasivo e considerando tanto a perspectiva ateísta do problema quanto a cristã. Gostaria agora de apresentar uma prévia do que pretendo fazer, de modo que o leitor possa ter uma ideia de todo o edifício antes de sua construção.

---

[17] John Hick, **Evil and the God of Love** (New York: Palgrave Macmillan, 2010), p. 243.

O xis do problema do mal e do sofrimento é que ele é uma crítica à arquitetura do Universo. Por que — pergunta o ateu — Deus construiu o mundo desta maneira? Ele não poderia ter dado a mim e aos outros seres humanos um mundo melhor? Os cristãos e outros crentes também fazem a mesma pergunta. Aqui, a hipótese básica é a de que Deus poderia ter construído o Universo de outra forma — talvez de uma infinidade de outras formas. Contudo, ele o construiu desta forma em particular. Eu chamo isso de a hipótese dos múltiplos caminhos.

Essa premissa está por trás não só da posição dos críticos de Deus, mas também de seus defensores. Dadas as opções disponíveis para Deus, as falhas de sua arquitetura fazem surgir na mente do ateu a dúvida sobre a existência de Deus. Já na mente cristã, surge a dúvida sobre que tipo de Deus é esse. Enquanto isso, os que procuram responder a essas objeções e vindicar a existência de Deus e sua bondade também partem da mesma premissa de que Deus tinha múltiplas escolhas para fazer o Universo. Esses defensores de Deus tentam mostrar que Deus escolheu a melhor opção. Leibniz, por exemplo, foi o autor do famoso aforismo de que Deus fez "o melhor de todos os mundos possíveis". Segundo seu ponto de vista, Deus examinou todas as muitas opções de construção do Universo e então, sendo onipotente e infinitamente sábio, escolheu a melhor delas.

O caminho único

A força do meu argumento está em negar essa premissa. Neste livro, defenderei o argumento de que Deus é o arquiteto divino, o *Designer cósmico*. Ele desejou criar um Universo regido por leis e contendo seres humanos. De uma forma mais abrangente, Deus quis criar agentes conscientes e racionais que pudessem compreender sua criação e se relacionar livremente com ele. Dado o objetivo divino de criar seres humanos, ele construiu o Universo não da melhor maneira possível, mas da *única* maneira possível. Em outras palavras, Deus escolheu a única opção possível para produzir o resultado que desejava.

Será que Deus tinha outras opções disponíveis? Sim. Ele poderia não ter criado o Universo, para começo de conversa. Ele poderia ter criado mundos sem vida, e talvez tenha feito isso. Ou, então, poderia ter escolhido uma fórmula diferente — um Universo diferente, com leis diferentes — e, nesse caso, teria uma criação diferente, com outros tipos de criaturas. Como veremos, essa opção não está excluída do campo de possibilidades, embora o nosso Universo seja o único que conhecemos. Se Deus fez outros universos, entretanto, mostrarei que eles têm suas próprias restrições. Por exemplo, a morte e a dissolução são características inevitáveis de todos os mundos físicos. Além disso, se Deus criou outros mundos habitados por alguma espécie de seres espaciais conscientes, racionais e livres, assim como nós somos, então o mundo desses seres também contém uma boa parcela de mal e sofrimento, assim como o nosso.

No entanto, a maioria das queixas em relação a Deus não se refere a um suposto tratamento injusto para com os seres espaciais. Consequentemente, o foco deste livro está em como Deus poderia ter melhorado o mundo para nós, seres humanos. Será que ele poderia ter feito este Universo de maneira diferente e ainda assim nos ter nele? A resposta é não. Deus queria que nós estivéssemos aqui para nos maravilharmos com seu projeto e conhecer o arquiteto e desenvolver um relacionamento íntimo de mútua afeição com ele. Para isso, ele construiu o Universo da maneira apropriada — de fato, da única maneira — para conseguir esse resultado. Eu chamo isso de "argumento do caminho único".

Para fins de analogia, pense em um labirinto, daquele tipo em que entramos e temos que encontrar a saída. Existem duas características básicas em um labirinto: ele tem vários caminhos errados e só um caminho correto para ir do início ao fim. Portanto, para nossos propósitos, pense no labirinto como uma representação das opções de Deus. Ele está em pé no início do labirinto. Seu destino é um Universo que contém criaturas racionais como nós. O que Deus faz?

Sendo onisciente, ele sabe qual é o caminho certo para atravessar o labirinto; sendo onipotente, ele tem o poder para ir de onde está até onde deseja chegar. Desse modo, Deus encontra o caminho através do labirinto sem errar. Em outras palavras, ele pega o caminho certo para chegar ao destino desejado. Da mesma forma, no caso do Universo, só existe um caminho que leva até o ponto final.

Bem, como ocorre com todas as analogias, essa não é perfeita. Não estou insinuando — como a analogia pode levar alguém a pensar — que Deus está restrito pelas leis da natureza. Essas leis são descrições humanas; elas são o nosso modo de entender a criação de Deus. As leis naturais não precedem o Universo e não o constroem. Ao contrário, o Universo veio primeiro, e as leis são um sistema construído pelos seres humanos para tentar entender este Universo. Nós compreendemos o mundo por meio da descrição de suas regularidades e de parâmetros inerentes a essas leis, que expressamos em forma matemática. Se Deus tivesse escolhido fazer um Universo diferente, obviamente as leis que descreveriam este Universo também seriam diferentes. O objetivo da analogia com o labirinto, entretanto, é mostrar que existem resultados que só podem ser obtidos de uma maneira, e minha tese é de que o Universo é semelhante a um labirinto nesse aspecto.

À primeira vista, esse argumento do caminho único parece impor restrições sobre a onipotência de Deus. Se Deus é Deus, podemos pensar, certamente ele pode fazer *qualquer coisa*, não é? Discutirei essa questão mais adiante, mas a resposta é "não". Por exemplo, Deus não pode fazer que dois mais dois seja igual a cinco, nem fazer solteirões casados, nem desejar que ele mesmo não exista, nem dizer mentiras. Todas essas são limitações da onipotência de Deus, mas são limitações que surgem de um entendimento errado acerca do significado da palavra "onipotência". Como veremos, onipotência não significa a capacidade de fazer qualquer coisa, mas sim a capacidade de fazer o que é possível. Se só existe uma maneira possível de criar um Universo que contenha criaturas como nós, onipotência significa que Deus tem o poder de fazer isso, se quiser.

No entanto, quem disse que só existe uma maneira possível de criar um Universo contendo criaturas como nós? A resposta surpreendente a essa pergunta é: a ciência moderna. Na verdade, talvez essa seja a descoberta mais importante que a ciência moderna fez na última metade do século passado. Trata-se da descoberta do Universo com sintonia fina, às vezes chamado de princípio antrópico. A palavra "antrópico" se refere ao homem, mas o princípio tem uma referência mais abrangente: ele inclui o homem, mas se refere em geral à própria vida. A descoberta do princípio antrópico rivaliza em importância com a teoria da relatividade, formulada por Einstein na primeira metade do século XX, e a teoria da evolução, formulada por Darwin na segunda metade do século XIX. Mostrarei mais adiante que o Universo antrópico, ou "finamente sintonizado", não é uma exigência apenas para a existência de seres humanos na terra. Ele é necessário até para que a evolução tenha ocorrido. Consequentemente, o argumento deste livro é imune ao ataque darwiniano. Mais importante ainda é o fato de que o Universo com sintonia fina explica o fato de existirem criaturas capazes de formular a pergunta: "Por que Deus permite tanto sofrimento?".

Uma grande surpresa

A descoberta do princípio antrópico na década de 1970 causou surpresa porque durante uns dois séculos os cientistas acreditaram no princípio copernicano, que surgiu da descoberta do Universo heliocêntrico. Copérnico mostrou que o Sol não gira em torno da Terra; é a Terra que gira em torno do Sol. Essa descoberta foi interpretada como a prova de que nosso planeta não é nada de especial, e nós também não somos. O astrônomo Carl Sagan expressou o princípio copernicano nesta forma clássica: "Nós vivemos em um pedaço de rocha e metal que gira em torno de uma estrela medíocre, nos subúrbios obscuros de uma galáxia comum, composta de 400 bilhões de estrelas, em um Universo de cerca de algumas centenas de bilhões de galáxias. [...] Nós não desempenhamos o papel principal no drama cósmico". O paleontólogo Steven Jay Gold enuncia esse princípio de uma forma ainda mais dura: "O homem foi uma *ideia cósmica fortuita, que surgiu depois*".[18]

No entanto, hoje em dia esses conceitos já não têm aceitação universal. De fato, muitos cientistas proeminentes não acreditam mais no princípio copernicano. Por exemplo, o cosmólogo Joel Primack, detentor do Prêmio Nobel, diz: "Nós, seres humanos, somos importantes e centrais para o Universo, de uma forma inesperada e relevante". Primack acrescenta: "A vida inteligente não é nem acidental nem insignificante: ela tem um lugar extremamente especial no Universo; um lugar que não poderia sequer ser imaginado antes do desenvolvimento dos modernos conceitos cosmológicos". O físico John Barrow escreve: "A grande dimensão e idade do Universo visível não são uma coincidência, mas sim uma condição necessária para a existência da complexidade bioquímica que chamamos de vida. [...] A existência de estruturas complexas no Universo só é possível pela combinação de aparentes coincidências relativas aos valores das constantes da natureza. Se esses valores fossem ligeiramente alterados, a possibilidade de que existissem observadores conscientes e capazes de evoluir seria nula". E o físico Paul Davies comenta: "Por meio do meu trabalho científico, passei a crer cada vez mais que o Universo físico está organizado com uma engenhosidade tão impressionante que não posso aceitá-la simplesmente como um fato casual. Parece-me que tem de haver uma explicação mais profunda. [...] Além disso, cheguei

---

[18] Yervant Terzian, Elizabeth Bilson (Ed.), **Carl Sagan, Universe** (Cambridge, UK: Cambridge University Press, 1997), p. 148; Carl Sagan, **Pale Blue Dot** (New York: Random House, 1994), p. 37. [**O pálido ponto azul**. Trad. Rosaura Eichenberg (São Paulo: Companhia das Letras, 1996).]; Stephen Jay Gould, **Dinosaur in a Haystack** (New York: Three Rivers Press, 1996), p. 327.

à conclusão de que a mente — isto é, a consciência do mundo — não é uma idiossincrasia acidental da natureza sem significado algum, mas uma faceta fundamental da realidade. [...] Nós, seres humanos, estamos inseridos no esquema das coisas de uma forma bastante fundamental". O biólogo Christian de Duve, outro prêmio Nobel, observa: "A vida e a mente não surgem como resultado de acidentes fortuitos, [mas estão] escritas no tecido do Universo". De Duve acrescenta: "Vejo este Universo [...] como uma entidade com significado, feito de tal maneira para gerar vida e pensamento, tecido para gerar seres pensantes".[19]

Nas últimas duas décadas, o princípio antrópico foi tema de intensos debates envolvendo cientistas, ateus e crentes religiosos. No entanto, esse debate não gira em torno da validade do princípio, mas trata quase inteiramente de quais são suas implicações na existência de Deus. Basicamente, os religiosos dizem que um Universo com sintonia fina prova a necessidade de que tenha havido um responsável por essa sintonia, enquanto os ateus negam essa premissa e os cientistas ocupam posições intermediárias ao longo desse espectro. Minha abordagem, entretanto, é introduzir um debate completamente novo. Pretendo aplicar o princípio antrópico para analisar o problema do mal e do sofrimento. Meu argumento é este: se existe uma única maneira de criar um Universo com criaturas conscientes e racionais como nós, então todo o mal e sofrimento que existem no Universo são absolutamente necessários para que possamos existir neste mundo. Não faz sentido — além de ser completamente inútil — deplorar esse mal e sofrimento, a menos que prefiramos não existir. Desejar a nossa existência, entretanto, implica aprovar as condições necessárias para que isso ocorra. É claro que podemos continuar a nos entristecer

---

[19] Joel PRIMACK e Nancy Ellen ABRAMS, **The View from the Center of the Universe** (New York: Riverhead Books, 2006), p. 2, 11; John BARROW, **The Origin of the Universe** (New York: Basic Books, 1994), p. 85, 125; Paul DAVIES, **The Mind of God** (NewYork: Touchstone Books, 1992), p. 16; Christian DE DUVE, **Vital Dust** (New York: Basic Books, 1995), p. xviii.

com o mal e o sofrimento, mas agora, pela primeira vez, podemos entender que eles fazem parte da fórmula que nos faz existir.

É claro que esse não é o fim da história; existe muito mais coisa para ser dita, e, felizmente, descobri tanto na ciência moderna quanto na tradição intelectual cristã os recursos para isso. Neste livro, não estou argumentando que Deus teve que seguir um plano imperfeito porque ele era o único que poderia produzir seres humanos. O plano de Deus, de fato, é perfeito, mas a perfeição do plano requer que Deus situe o planejamento do Universo dentro de um plano mais abrangente. A "providência menor" da criação de Deus estava, portanto, embutida em uma "providência maior" que redimia sua criação. Isso é tudo que direi aqui sobre esse assunto. Contudo, espero que o ateu encontre neste livro um argumento que resolva a suposta contradição entre os atributos de Deus e o mal e o sofrimento que há no mundo. Quero também garantir aos cristãos que não estou simplesmente confundindo os ateus, mas sim dando uma resposta adequada para a questão de por que Deus permite que haja tanto mal e sofrimento, inclusive na vida daqueles que o amam. Convido, agora, tanto uns como outros a se juntarem a mim na análise desse argumento.

PARTE 2
Um enigma universal

CAPÍTULO 3

Os limites da teodiceia

Por que as explicações apresentadas não são satisfatórias

Deus está no céu
Está tudo certo no mundo![1]
Robert Browning, "Pippa's Song"

Durante dois mil anos, pastores, pensadores e escritores cristãos têm estado às voltas com a teodiceia, que é a tarefa de conciliar a onipotência e bondade divinas com a existência e extensão do mal e do sofrimento no mundo. Ireneu e Agostinho, dois pais da Igreja, os pensadores medievais Anselmo e Aquino e os reformadores Lutero e Calvino se envolveram na grande empreitada de defender a honra de Deus. Essa é a principal tarefa da teodiceia — não provar a existência de Deus, mas defender o seu caráter.

E por quê? Porque durante a maior parte da história da humanidade não havia ateus para questionar a existência de Deus. Isso não quer dizer que durante a maior parte da história da humanidade ninguém tenha formulado questionamentos teológicos ou filosóficos difíceis de responder; não significa que só existisse a fé cega. De fato, mentes cristãs brilhantes vêm debatendo faz muito tempo várias questões fundamentais a respeito de Deus em igrejas, mosteiros e universidades. Esses intelectuais cristãos nunca se negaram a fazer o papel de "advogado do Diabo", por assim dizer, para levantar as objeções apresentadas pelos céticos. Contudo, eles representavam a "fé buscando entendimento", ou seja, eles acreditavam em certas

---

[1] Robert Browning, Pippa's Song, **The Oxford Book of English Verse** (Oxford: Clarendon Press, 1919).

coisas, mas queriam saber se essas crenças eram capazes de resistir a uma análise racional minuciosa. Este livro segue a mesma tradição. Ele foi escrito por um cristão praticante, mas seu propósito é analisar o problema do mal e do sofrimento de um ponto de vista que *não* se baseia primeiramente na revelação ou na autoridade sagrada, mas sim na razão, na ciência e na experiência.

A tradição cristã fornece algumas soluções bem concatenadas e engenhosas para esse problema. Os cristãos trataram o problema do mal e do sofrimento com a mesma atenção que os ateus. De fato, o que os ateus têm a dizer sobre o assunto não acrescenta muito ao que os cristãos já disseram. Ainda assim, as respostas cristãs exploradas neste capítulo em geral não conseguiram convencer os ateus. Verdade seja dita, elas também não pareceram satisfatórias para muitos cristãos. Elas contêm pepitas de verdade, mas há sempre alguma coisa faltando. Meu objetivo ao apresentar esses argumentos cristãos tradicionais é usar essas pepitas de verdade, mas ir além delas.

Seria de esperar que o principal veículo para a teodiceia cristã fosse o livro que os cristãos afirmam ser a Palavra inspirada de Deus, a Bíblia. O ateu e estudioso da Bíblia Bart Ehrman partiu dessa premissa quando escreveu seu livro *God's Problem* [O problema de Deus], e o subtítulo que deu a seu livro deixa isso bem claro: *Como a Bíblia não consegue responder à nossa pergunta mais importante — por que sofremos*. Em seu livro, Ehrman conduz seus leitores em uma visita guiada pelos recônditos da Escritura, listando diversos pontos de vista bíblicos e depois mostrando por que nenhum deles consegue responder às nossas perguntas. O livro de Ehrman é só mais um de uma longa lista de obras escritas para refutar e desacreditar a Bíblia. E, assim como os outros, apesar da erudição de Ehrman, ele não atinge o objetivo.

Não faz sentido desacreditar os argumentos da Bíblia, porque a Bíblia não apresenta argumentos. Pense nisso. A Bíblia tenta provar que Deus criou o mundo? Será que ela apresenta razões para provar que Jesus é o Filho de Deus? Na verdade, a Bíblia não tenta *provar* nada;

ela simplesmente afirma coisas, tais como: "No princípio Deus criou os céus e a terra". Consequentemente, não deveríamos ficar surpresos de não encontrar nenhuma teodiceia explícita na Bíblia.

No entanto, o que encontramos na Bíblia são narrativas e histórias, e delas podemos certamente inferir o que as Escrituras parecem estar dizendo sobre a teodiceia. Vamos começar examinando alguns dos ensinamentos bíblicos que Ehrman apresenta e depois tenta refutar no seu livro *O problema de Deus*.

A culpa é de Adão e Eva

Nos primeiros capítulos de Gênesis, lemos que Deus criou o homem e a mulher e os colocou no jardim do Éden para que desfrutassem de tudo o que havia ali, com uma exceção. Eles receberam a ordem de não comer de uma única árvore, a árvore do conhecimento do bem e do mal. Contudo, ao ser tentada pela serpente com uma série de insinuações, inclusive com a afirmação de que poderia ser como Deus, Eva comeu o fruto proibido. E Adão também comeu, em parte por solidariedade a ela. Por causa da desobediência deles, Deus os expulsou do jardim. Adão e Eva foram os seres humanos originais, e, portanto, o pecado deles foi o pecado original. Nós, seus descendentes, sofremos as consequências desse pecado e, de certa forma, herdamos esse pecado. Hoje, nascemos com o pecado original, e foi ele que trouxe a morte e o sofrimento ao mundo.

É interessante observar neste momento que o conceito de pecado original não é explicitamente mencionado na Bíblia. Muitos cristãos ortodoxos não aceitam essa doutrina, e ela é polêmica até mesmo entre os protestantes, alguns dos quais consideram que ela não é bíblica. Apesar disso, essa é a forma mais tradicional de interpretar o relato de Gênesis há dois milênios, e ela parece explicar a existência do mal e do sofrimento no mundo. Logo de saída, Ehrman descarta esse relato por achá-lo inacreditável e, compreensivelmente, repulsivo. Sem entrar no mérito da existência real ou não de Adão e Eva, o principal problema que ele aponta é como o pecado de duas pessoas poderia passar automaticamente para todos os seus descendentes.

Alguns livros de teodiceia dizem que, na época feudal, as pessoas acreditavam em culpa e miséria herdadas, coisas em que o mundo moderno não crê. No entanto, isso não é verdade. Historicamente, as pessoas sempre reconheceram que as *consequências* das ações dos pais atingiam os filhos e os netos. Portanto, se o pai perde a fazenda, seus descendentes podem se tornar trabalhadores avulsos. Até mesmo no século XXI, reconhecemos que as ações de uma geração influenciam a vida dos que vêm depois. A questão aqui é se a responsabilidade e a culpa podem ser herdadas.

Hoje em dia, temos dificuldade de ver como as futuras gerações podem receber a culpa por algo que outras pessoas fizeram. Como podemos ser responsabilizados pela transgressão de Adão e Eva? Podemos até sofrer os efeitos do pecado que eles cometeram, mas parece absurdo dizer que o pecado deles passa para nós. Até mesmo o grande apologista cristão Blaise Pascal escreve em seus *Pensamentos* que "não existe nada que fira a nossa razão de forma mais contundente do que dizer que o pecado do primeiro homem tornou culpados aqueles que, estando tão longe daquela fonte, parecem incapazes de ter participado dele. Essa contaminação nos parece não só impossível, como também muito injusta".[2]

Além disso, existe um problema mais básico, que é a noção cristã de que o primeiro pecado humano afetou negativamente toda a criação. A geologia mostra que a Terra é muito velha, e a biologia indica que houve outras criaturas vivendo na terra durante centenas de milhares de anos antes do surgimento do *Homo sapiens*.[3] Portanto, levando-se em conta o que diz a ciência moderna, se os seres humanos entraram nesse cenário relativamente tarde, como a transgressão

---

[2] Blaise PASCAL, **Pensées and Other Writings** (New York: Oxford University Press, 1995), p. 142.
[3] Se você se interessa por esses tópicos, pode ler mais a respeito do assunto na parte 4 do meu livro *What's So Great about Christianity*.

humana, embora gravíssima, poderia explicar o sofrimento dos outros animais? A biologia moderna parece abalar o próprio alicerce da história do jardim do Éden. Essa história fala de um estado de inocência que foi posteriormente corrompido pelos atos do primeiro homem e da primeira mulher. Contudo, os fatos parecem mostrar que esse estado de pureza não existiu, e que a ação predatória, a violência, o sofrimento e a morte foram características da vida desde o início.

O apologista cristão e literato C. S. Lewis reconheceu que muitas espécies de animais viveram na terra antes do homem, e deu uma explicação teológica surpreendente para o sofrimento dos animais: a outra queda. Que outra queda? Bem, a queda de Lúcifer e de sua legião de anjos perversos. Várias passagens da Bíblia fazem alusão a essa queda. Ela aconteceu quando Deus criou os anjos, muito antes de criar os seres humanos. Alguns anjos queriam ser como Deus, e então, liderados por Lúcifer, se amotinaram contra a autoridade de Deus, que os mandou para o inferno. No entanto, a Bíblia diz que Deus também fez de Lúcifer — também conhecido como Satanás — o governante da terra. Jesus o chama de "o príncipe deste mundo"[4] e a epístola de João afirma que "o mundo todo está sob o poder do Maligno".[5] Para Lewis, Satanás é o responsável pelas condições naturais que geram o sofrimento dos animais, e ele "pode ter corrompido a criação animal antes que o homem aparecesse".[6]

A beleza desse argumento está em sua simplicidade — ele unifica a queda dos anjos e a queda do homem, ao mesmo tempo que responsabiliza as duas rebeliões por todo o sofrimento do mundo —, e alguns pensadores contemporâneos, notadamente o filósofo Alvin Plantinga, o aceitaram.[7] No entanto, eu não posso concordar com esse

---

[4] João 12.31; 14.30; 16.11.
[5] 1João 5.19.
[6] C. S. LEWIS, Animal Pain. In: Mark Larrimore (Ed.). **The Problem of Evil: A Reader** (London: Blackwell Publishing, 2001), p. 331.
[7] Alvin PLANTINGA, Supralapsarianism, or O Felix Culpa. In: Peter van INWAGEN (Ed.). **Christian Faith and the Problem of Evil** (Grand Rapids, MI: William Eerdmans Publishing, 2004), p. 16.

argumento porque ele não é coerente com o pensamento bíblico que tenta harmonizar. Em primeiro lugar, a ideia de que Satanás tem autoridade soberana sobre a terra não faz sentido, segundo a perspectiva da própria Bíblia: ela contradiz a noção de que Deus deu ao homem o domínio sobre toda a terra. Além disso, como Deus poderia dizer que tudo era "muito bom", ao completar sua criação, se Satanás estivesse continuamente corrompendo o que era criado? Em segundo lugar, da perspectiva cristã, a autoridade de Satanás tem de estar subordinada à autoridade de Deus. Vemos isso no livro de Jó, quando Deus faz uma aposta com Satanás e lhe dá permissão para afligir Jó. É inconcebível que Satanás pudesse fazer isso sem a permissão de Deus.

De modo geral, a atribuição do sofrimento dos animais às ações nefastas de Satanás está sujeita à mesma objeção que se faz à atribuição do sofrimento humano ao pecado de Adão e Eva. Como as más ações de um anjo que habita determinada ordem da criação — isto é, as esferas imateriais do céu e do inferno — poderiam acabar com a vida e a alegria de animais que habitam uma ordem da criação completamente diferente? Se Deus fez as coisas dessa forma, então o responsável por essa perversão da justiça não é o próprio Deus?

O sofrimento como castigo pela maldade

Uma segunda explicação bíblica para o sofrimento citada por Bart Ehrman é a ideia de que ele é uma punição pela maldade do homem. A ideia básica é a de receber o que se merece: faça o bem, e Deus o recompensará; faça o mal, e Deus o castigará. Note que essa explicação só se aplica aos seres humanos; é claro que ela não pode explicar o sofrimento dos animais. Todavia, dentro de seu campo de aplicação, é uma alegação antiga e poderosa. Os profetas do Antigo Testamento constantemente advertiam os israelitas de que se arrependessem e abandonassem o pecado, ou a ira de Deus cairia sobre eles. Para Ehrman, a mensagem é clara: "Deus [...] está castigando os seus porque se desviaram".

Na mesma passagem, acrescenta Ehrman: "Eu ressaltaria que os profetas nunca afirmam isso como um princípio universal, como um modo de explicar de modo geral o sofrimento. Isto é, os profetas estavam falando *apenas* com seus contemporâneos a respeito de seus sofrimentos específicos". Mesmo assim, diz ele, o princípio geral é confirmado diversas vezes em toda a Bíblia. "Esse é o ponto de vista da maioria dos autores dos textos bíblicos."[8] Por exemplo, lemos em Isaías 3.10,11: "Digam aos justos que tudo lhes irá bem, pois comerão do fruto de suas ações. Mas, ai dos ímpios! Tudo lhes irá mal! Terão a retribuição pelo que fizeram as suas mãos". O mesmo tema é enfatizado em Provérbios 12.21: "Nenhum mal atingirá o justo, mas os ímpios estão cobertos de problemas".

Até mesmo quem é do mundo afirma esse princípio de justiça cósmica quando diz frases como "Quem semeia vento, colhe tempestade", ou quando passa por um problema grave e pergunta: "O que foi que eu fiz para merecer isso?". Essa relação entre sofrimento e transgressão está embutida na nossa língua: a palavra "pena" tem dois sentidos, punição e sofrimento, e deriva da palavra latina *poena*, que significa "castigo". No entanto, todos nós, tanto os crentes como os incrédulos, sabemos que a dor e a aflição deste mundo não podem ser diretamente atribuídas aos nossos vícios e virtudes. De fato, não há correlação clara entre umas e outros. Esse fato salta aos olhos quando algum pregador mais exaltado diz que a aids é um castigo de Deus para a homossexualidade. A homossexualidade é uma transgressão que merece a pena de morte? Se assim for, por que existem muitos homossexuais que não têm aids? E por que existem crianças que contraíram aids de sua mãe ou em transfusões de sangue? Pense numa criança que morre de cólera em Bangladesh; quem teria a coragem de dizer que ela está recebendo o castigo justo por seus pecados? Os terremotos e *tsunamis* parecem não fazer distinção entre justos e injustos. O fato é que, como escreveu o rabino

---

[8] Bart EHRMAN, **God's Problem** (New York: HarperOne, 2008), p. 53, 61.

Harold Kushner no título de seu livro campeão de vendas, "coisas ruins acontecem às pessoas boas". Alguns cristãos dizem que não há necessidade de explicar por que acontecem coisas ruins com pessoas boas porque não existem pessoas boas; todos nós somos maus, de várias maneiras diferentes. Eu sei que algumas pessoas negam isso, mas creio que a verdade é bem clara. O filósofo Immanuel Kant exprimiu muito bem: "Não se pode construir nada absolutamente reto de uma madeira tão torta quanto aquela de que o ser humano é feito".[9] Essa é uma paráfrase secular da doutrina cristã do pecado original. Em outras palavras, a natureza humana é meio empenada ou torta, e isso se manifesta na nossa maneira de viver. Entretanto, essa forma realista de enxergar a natureza humana não ajuda muito a resolver o problema, porque o mal se mostra em vários graus nas pessoas, e sua cota de sofrimento na vida raramente combina com o que elas aparentemente merecem. Às vezes, pessoas que são exemplos de bondade, em comparação com seus semelhantes, passam por tragédias terríveis, enquanto outras que representam o nível mais baixo da humanidade só prosperam. Até mesmo se olharmos as pessoas comuns, que não são espetacularmente boas nem más, algumas têm uma vida relativamente fácil, enquanto outras só enfrentam dureza. A distribuição de dor e sofrimento não está relacionada com a virtude das pessoas afligidas.

No livro de Jó, as aflições do protagonista são atribuídas por seus amigos às coisas erradas que ele supostamente fez. A palavra-chave aqui é "supostamente", porque Jó tem a reputação de ser um homem justo e reto. E é isso que seus amigos pensam dele também. No entanto, quando Jó fica cheio de amargura e acusa Deus de agir errado com ele, enviando-lhe tantas aflições, seus amigos se voltam contra ele e dizem, em outras palavras: "Jó, você nos enganou. Você tem essa aparência de homem correto e religioso, mas, quando acontecem coisas ruins, você mostra seu verdadeiro caráter". O motivo por que os amigos

---

[9] Immanuel KANT, **Basic Writings of Kant** (New York: Modern Library, 2001), p. 125.

de Jó são tão duros naquele momento difícil é bem claro: para eles, Deus está certo, e eles tentam defender as ações de Deus diante das contundentes acusações de Jó.

O mais extraordinário do livro de Jó é que, enquanto os amigos o repreendem asperamente, nós sabemos exatamente o que está ocorrendo porque sabemos que Deus considera Jó um homem justo. A primeira coisa que Deus diz a respeito de Jó é que ele não só é justo, mas também inculpável. E Deus mantém essa opinião até o fim, mesmo quando Jó acusa a justiça divina de estar falhando com ele. Nós sabemos que Jó não está sofrendo por causa de alguma coisa que tenha feito, mas porque está sendo submetido a uma prova. No final, Jó é aprovado no teste. Mais adiante, Deus repreende seus amigos e diz que eles não são amigos de verdade e que merecem castigo; somente as orações de Jó podem salvá-los. Portanto, temos aqui, na história de Jó, a confirmação de que as aflições da vida não são necessariamente algo que a pessoa merece por suas ações. Elas podem ter outras causas — como no caso de Jó.

O sofrimento como um benefício para todos os envolvidos

Antes de passarmos adiante, vamos examinar a terceira e última justificativa para o mal e o sofrimento que Ehrman encontra na Bíblia: a ideia de que o sofrimento é bom para nós ou, de algum modo, bom para os que estão à nossa volta. À primeira vista, essa ideia parece totalmente absurda. Se o sofrimento fosse bom para nós, estaríamos constantemente tentando conseguir mais. No entanto, a verdade é que fazemos de tudo para evitar a dor e a aflição. Então, como pode uma afirmação dessa fazer sentido?

O sentido aparece quando levamos em conta a famosa máxima de G. W. F. Hegel: "A coruja de Minerva voa à noite". O que Hegel quis dizer é que, ao olharmos para trás, depois de passarmos por um período de grande dificuldade e aflição, ganhamos sabedoria e entendimento. Coisas que interpretamos de uma maneira quando aconteceram, mais tarde são vistas de forma inteiramente diferente, porque podemos ponderar não só sobre os fatos, mas sobre suas consequências. Encontramos vários exemplos desse princípio nas Escrituras. Um deles é a história de José, filho de Jacó. José é vendido como escravo pelos irmãos — uma óbvia maldade da parte deles, que resulta em grande sofrimento para José. No entanto, o cativeiro o lança numa jornada que o transformará em uma autoridade muito importante no Egito, capaz de salvar uma nação inteira da fome e de livrar sua família da calamidade. Nesse processo, ele se reconcilia com os irmãos. A história tem um final feliz e é apenas um exemplo bíblico da possibilidade de que o mal e o sofrimento resultem em uma coisa boa.

Nossa própria vivência também nos mostra isso. Tim Keller, pastor da Igreja Presbiteriana do Redentor, em Nova York, conta a história de um membro de sua congregação que levou um tiro no rosto durante um tiroteio em uma venda de drogas que deu errado e, por causa disso, ficou praticamente cego. Aquele homem levava uma vida egoísta e cruel, mas a perda da visão o humilhou e fez que ele mudasse para melhor. "Eu paguei um preço terrível", disse ele a Keller, "mas posso dizer que valeu a pena". Keller comenta: "Com o tempo e a mudança de perspectiva, a maioria de nós consegue ver boas razões para pelo menos *algumas* das tragédias e aflições pelas quais passamos na vida. Será que não é possível que, do ponto de vista privilegiado de Deus, haja boas razões para todas elas?".[10]

Há alguns anos, eu estava lendo *The Greatest Generation* [A maior de todas as gerações], de Tom Brokaw. O livro é uma celebração das virtudes de uma geração singular que testemunhou os grandes acontecimentos do século XX e que agora está desaparecendo. Eu me perguntei: "Como foi que a maior geração que já existiu se tornou tão grande?". Suas virtudes, pensei, foram frutos da Grande Depressão e da Segunda Guerra Mundial. Foi enfrentando grandes perigos e aflições que essa geração aprendeu as virtudes da

---

[10] Timothy KELLER, **The Reason for God** (New York: Dutton Books, 2008), p. 25.

frugalidade, da paciência de esperar pelas recompensas no final, do trabalho duro e da coragem. No entanto, a melhor geração de todas falhou em um ponto: não conseguiu passar adiante essas virtudes porque tentou dar aos filhos tudo aquilo que não teve, como paz, segurança e conforto. Por causa disso, acabou produzindo as crianças mimadas da década de 1960. Aqui está um caso claro de caráter forjado pelo sofrimento, enquanto a ausência de sofrimento parece ter gerado comodismo e decadência.

Todos nós podemos nos lembrar de situações em que o sofrimento acabou sendo bom para nós, e de outros momentos em que ele gerou algum benefício para pessoas que conhecemos. Veja só o modo com que o Onze de Setembro uniu o povo americano e gerou um raro senso de comunhão e solidariedade. Essa união pode ter tido vida curta, mas foi autêntica. Já vi alguns casos em que uma morte na família acaba reunindo irmãos que não só estavam afastados, como tinham se tornado inimigos cheios de amargura. Todos nós sabemos que o sofrimento pode aperfeiçoar o caráter, produzindo amor, compaixão, sabedoria, coragem, paciência e sacrifício.

Alguns líderes religiosos defendem o argumento de que o sofrimento é o meio que Deus usa para nos aproximar dele. O pensador muçulmano Al-Ghazzali escreve que a doença é um "cordão de amor" que nos une ao nosso Criador. "A enfermidade é uma das circunstâncias pelas quais o ser humano chega ao conhecimento de Deus."[11] O evangelista Billy Graham escreve que "o sofrimento pode nos dar oportunidades para testemunhar. O mundo é um gigantesco hospital; não existe oportunidade melhor para experimentar a paz e a alegria do Senhor do que quando a jornada pelo vale da sombra da morte é mais escura".[12] Com certeza, parece que os pobres e os infelizes são mais atraídos pelos ensinamentos religiosos do que

---

[11] Al-Ghazzali, **The Alchemy of Happiness** (Armonk, NY: M. E. Sharpe, 1991), p. 21.
[12] Billy Graham, **Death and the Life After** (Nashville: Thomas Nelson Publishers, 1987), p. 68. [**A morte e a vida além: o seu fim poderá ser apenas o começo**. Trad. Wanda de Assumpção (São Paulo: Mundo Cristão, 1996).]

os bem-sucedidos e prósperos. Isso acontece porque a prosperidade dá uma sensação de autossuficiência; estamos indo bem e achamos que realmente não precisamos de Deus. Já os pobres se sentem constantemente vulneráveis e, consequentemente, precisam depender de Deus. Não admira que a fé e as práticas religiosas sejam muito mais intensas nos países pobres do que nos ricos.

Em seu livro *Teodiceia*, Gottfried Leibniz desenvolve um argumento teológico que vale a pena mencionar aqui. Imagine, diz ele, um mundo sem o mal e sem sofrimento — em outras palavras, um mundo que seja completamente bom e sem aflições. Como poderíamos reconhecer que esse mundo é bom e apreciar seus benefícios? A tese de Leibniz é que nós precisamos do sofrimento para reconhecer e dar valor à alegria, assim como precisamos da noite para reconhecer e comemorar o nascer do sol. Na música — por exemplo, no Cravo Bem Temperado, de Bach —, muitas vezes encontramos notas dissonantes que seriam desagradáveis se tocadas sozinhas. Mas elas contribuem para a beleza do conjunto, e a melodia seria mais pobre se elas fossem retiradas. Leibniz admite que o mal e o sofrimento, sozinhos, são como feios borrões na tela da criação de Deus. No entanto, diz ele, isso é porque estamos muito perto do quadro e olhamos exclusivamente para os borrões. Se nos afastarmos e virmos a tela como um todo, veremos como eles tornam a pintura ainda mais bela.[13]

Todos esses argumentos são verdadeiros dentro de seus limites. Contudo, quais são esses limites? Mesmo admitindo os benefícios do sofrimento e da dor como tutores morais e espirituais, ainda não está claro por que Deus escolheria esses instrumentos para produzir os benefícios desejados no indivíduo e na comunidade. Um de meus grandes amigos, Stan Oakes, que fundou o The King's College, em Nova York, está com câncer no cérebro. Há pouco tempo, fiquei surpreso quando ele me disse: "Cheguei à conclusão de que essa foi

---

[13] Gottfried LEIBNIZ, On the Radical Origination of Things. In: Leroy LOEMKER (Ed.), **Leibniz: Philosophical Papers and Letters** (Dordrecht: Reidel, 1969), p. 488-489.

a melhor coisa que me aconteceu". Como ele podia dizer uma coisa dessa? Será que ele é masoquista? Será que não sente dor? É claro que sente; ele tem dor crônica e, ao contrário da maioria de nós, sabe que seu tempo está acabando. No entanto, Stan crê que se tornou uma pessoa melhor por causa do câncer. Seu casamento melhorou, ele se aproximou de Deus e, de fato, está mais feliz. Por incrível que pareça, ele não gostaria que isso não tivesse acontecido com ele. Para Stan, o sofrimento, embora doloroso, está produzindo um bem que supera a aflição.

No entanto, por que Deus não poderia ter produzido esses benefícios sem trazer também o sofrimento? Eu não sou Deus, mas, se tivesse poder para isso, acho que teria encontrado um jeito de melhorar a vida de Stan sem destruir uma parte de seu cérebro; e teria humilhado aquele homem da igreja de Tim Keller sem tirar-lhe a visão. Naquele caso em particular, o sofrimento fez que o homem se voltasse para Deus e tivesse a vida transformada. Todavia, em outros casos, o sofrimento afasta as pessoas de Deus e da moralidade. Albert Camus explora essa ideia no romance *A peste*, em que uma epidemia em Oran, uma cidade de colonização francesa, faz que muitas pessoas percam a fé e as inibições morais. No romance, a consequência do sofrimento é a promiscuidade, não a santidade, como muitas vezes ocorre na vida real.

Supõe-se que Deus seja onipotente; portanto, ele tem recursos que nós não temos. Quando fazemos escolhas, geralmente temos um número limitado de opções. O cirurgião que cuidava dos soldados na Guerra Civil não tinha outra escolha senão operar sem anestesia, mas uma operação bem-sucedida valia a intensa dor que causava. Ninguém ficaria feliz de ter de tomar as decisões fatais de bombardear as cidades alemãs ou de jogar bombas atômicas em Hiroshima e Nagasaki, mas a derrota de males devastadores como a tirania nazista e o imperialismo japonês poderia ter sido impossível sem isso. O terrível custo humano dessas ações se justifica — se alguma justificativa há — pelo bem maior de impedir o domínio mundial dos nazistas e dos japoneses, que provocaria baixas e sofrimento ainda maiores. Contudo, se Deus é realmente todo-poderoso, ele não precisa passar por esses dilemas. Com certeza, ele poderia achar um meio de conseguir o resultado que deseja sem sofrimento ou, pelo menos, com um mínimo de sofrimento.

Será que o mal é mesmo necessário para que se possam apreciar as boas coisas da vida? Talvez seja, mas o filósofo Peter van Inwagen observa que isso só explica o fato da existência do mal no mundo, mas não explica a quantidade dele. Por exemplo, digamos que, por causa da guerra e dos campos de concentração, ficamos mais conscientes dos horrores da guerra e passamos a nos empenhar mais para que conflitos como aquele não se repitam. No entanto, Van Inwagen argumenta que Deus certamente poderia produzir essa conscientização nos seres humanos sem que houvesse tantas batalhas em que milhões e milhões de pessoas morreram e tanta violência foi praticada. Talvez uma única guerra tivesse produzido o mesmo efeito; e, se houvesse o perigo de que as gerações seguintes se esquecessem, talvez Deus pudesse gerar pesadelos vívidos e convincentes que recriassem aquela experiência terrível na mente das pessoas. Um mundo de pesadelos recorrentes não seria um mundo sem sofrimento, mas certamente seria um lugar melhor do que aquele em que os pesadelos da guerra e suas atrocidades se tornam realidade.[14]

Deus poderia não só produzir resultados a um custo mais baixo, como às vezes parece que o custo é tão alto que o benefício resultante não vale a pena. A Grande Depressão pode ter aperfeiçoado o caráter de toda uma geração, mas será que precisávamos de uma verdadeira devastação econômica para conseguir essa elevação moral? Se, de fato, tinha de ser assim, talvez estivéssemos melhor sem uma coisa nem outra. Com certeza, não ouvimos ninguém dizer: "Vamos mergulhar o mundo em outra Grande Depressão para que o caráter das

---

[14] Peter Van Inwagen, **The Problem of Evil** (New York: Clarendon Press, 2006), p. 69.

pessoas melhore". Os jovens precisam prestar atenção quando andam pela rua, mas nenhum pai ou mãe iria querer que seu filho fosse atropelado para aprender a olhar para os dois lados antes de atravessar. Ninguém quer mais furacões e acidentes de aviões para que as pessoas tenham oportunidade de aprender e demonstrar heroísmo.

O rabino Harold Kushner escreveu o livro *Quando coisas ruins acontecem às pessoas boas* em resposta à morte de seu filho Aaron, em decorrência de uma doença degenerativa chamada progéria. Kushner admite que a tragédia que aconteceu na vida de seu filho fez que ele se tornasse uma pessoa mais compreensiva e compassiva. Sem a morte de Aaron, Kushner não teria a mesma capacidade de ministrar à sua congregação ou de ajudar os outros por meio de seus textos. No entanto, Kushner pondera que, apesar de tudo o que aprendeu, ele preferia não ter perdido o filho: "Por causa da vida e da morte de Aaron, eu hoje sou uma pessoa mais sensível, um pastor melhor, um conselheiro mais solidário. Contudo, eu abriria mão de tudo isso, sem pestanejar, se pudesse ter meu filho de volta".[15]

Veja que Kushner, com toda a sua generosidade de espírito, só está considerando o custo e benefício da morte de seu filho de seu próprio ponto de vista. Ele diz que preferia que seu filho estivesse vivo. Mas qual seria o benefício, do ponto de vista de Aaron? Nesse caso, parece não haver dúvida de que o benefício seria imenso. Muitas vezes, vemos como o mal ou o sofrimento impostos a uma pessoa podem beneficiar outros ou até mesmo a sociedade, mas por que um ser humano deveria ser sacrificado ou ferido para que outros ganhem com isso? Se o sofrimento é redentor, seria de esperar que essa redenção beneficiasse não só os outros, ou o grupo como um todo, mas também cada criatura que leva sobre si tal sofrimento.

Embora, até agora, só tenhamos avaliado a relação entre o custo e o benefício do sofrimento, existe uma categoria de malefício e

---

[15] Harold KUSHNER, **When Bad Things Happen to Good People** (New York: Anchor Books, 1981), p. 147. [**Quando coisas ruins acontecem às pessoas boas**. Trad. Francisco de Castro Azevedo (São Paulo: Nobel, 2003).]

sofrimento que parece não trazer benefício algum. É o que Marilyn McCord Adams chama de "mal aterrador". Em seu livro *Horrendous Evils and the Goodness of God* [Os males aterradores e a bondade de Deus], Adams define essa expressão como um mal tão grande que destrói a fé no próprio valor da vida. O Holocausto dos judeus obviamente se encaixaria nessa categoria, apesar do fato de que acabou gerando o apoio necessário para a criação do Estado de Israel, permitindo que os judeus remanescentes voltassem para a terra de seus ancestrais.

Mais ou menos na época em que estava lendo o livro de Adams, esbarrei em notícias recentes sobre Jaycee Dugard, uma menina desaparecida que havia sido finalmente encontrada. De início, seus pais ficaram aliviados — ela esteve desaparecida por vinte anos. O padrasto de Jaycee chegou a dizer que tinha acertado na loteria. No entanto, depois descobriram que ela havia sido raptada por um homem chamado Phillip Garrido, que havia cumprido pena por estupro. Ele sequestrou Jaycee quando ela estava com 11 anos e a manteve em cárcere privado, contra a sua vontade, por dezoito anos. Ela ficou confinada nos fundos da casa de Garrido, que trocou seu nome para Allissa e teve dois filhos com ela. As crianças ficavam em um barracão e nunca tinham ido à escola ou ao médico. Quando soube o que tinha acontecido, o padrasto de Jeycee não conseguiu conter as lágrimas: "Isso é tão horrível que eu não consigo acreditar".[16]

Adams dá seus próprios exemplos de males aterradores: uma mulher é estuprada, e seus braços são decepados; um prisioneiro é torturado física e psicologicamente, até que sua personalidade se desintegra; uma criança sofre violência física e sexual por parte dos próprios pais; uma mulher é forçada por terroristas a escolher qual de seus filhos vai viver e qual será executado; um grupo de pessoas é mantido em cativeiro e forçado a assistir a seus entes queridos serem

---

[16] Sarah Netter e Sabina Ghebremedhin, *Jaycee Dugard Found After 18 Years, Kidnap Suspect Allegedly Fathered Her Kids*, **ABC News**, 27 de agosto de 2009, <www.abcnews.com>.

mutilados e desfigurados; um homem descobre que, por causa de alguma coisa que fez involuntariamente, sua mulher e seu filho morreram lentamente de inanição.[17] Os males aterradores não apenas deformam as pessoas; eles as esmagam e degradam. Em vez de tornarem as pessoas melhores, essa classe de mal gera no indivíduo um senso de aviltamento e faz que ele sinta repugnância de si mesmo. Embora, em alguns casos, esses males possam fazer que as pessoas se voltem para Deus, esta parece ser uma forma extremamente sádica de conquistar alguém: "Vou esmagá-las tão completamente que elas não terão a quem recorrer e voltarão rastejando para mim". Além do mais, existe uma grande probabilidade de que as pessoas se afastem de Deus. Ao serem levadas ao desespero, algumas pessoas perdem completamente a esperança, até mesmo em Deus, e dizem: "Como posso adorar um Deus que permite que isso aconteça comigo e confiar nele?". Pondo tudo isso na balança, fica difícil equilibrar o mal aterrador com a bondade de Deus. Parece que não há resultados positivos que cheguem perto de justificar ou redimir esses males aterradores.

O mal não é real

Vamos agora examinar um argumento que, a princípio, parece ridículo: a tese proposta por Agostinho, um dos pais da Igreja, de que o mal não é real. É claro que Agostinho não está querendo dizer com isso que o mal não seja vivenciado por nós como uma coisa real. O que ele está dizendo é que, se pensarmos bem, o mal não é uma coisa concreta; em temos explícitos, o mal não existe.

Agostinho chegou a essa surpreendente conclusão quando tentava responder a esta pergunta: "Se Deus criou tudo, então ele não é responsável também pela criação do mal?". Deus fez as rochas e as árvores e todo o resto que existe no mundo; então, aparentemente,

---

[17] Marilyn McCord ADAMS, **Horrendous Evils and the Goodness of God** (Ithaca, NY: Cornell University Press, 1999), p. 26.

ele também deve ter feito o mal. A solução que Agostinho encontrou para esse dilema foi dizer que Deus, de fato, criou todas as coisas, mas o mal não é uma coisa. O mal é a ausência de uma coisa. Portanto, Deus não é responsável pela criação do mal.

"Não existe na natureza uma entidade que seja o 'mal' ", escreve ele, em *A cidade de Deus*. "O 'mal' é simplesmente o nome que se dá à ausência do bem."[18] Para ele, o mal surge quando o bem está ausente ou quando as coisas são corrompidas ou usadas de forma errada. Vejamos um exemplo. Uma faca é um objeto bom e útil, mas pode ser usada para matar pessoas. Portanto, não há nada intrinsecamente errado em uma faca; o erro está em enfiá-la no peito de alguém.

Uma boa maneira de entender o argumento de Agostinho é pensar em um buraco numa camisa. O buraco é só uma abertura ou espaço aberto na camisa; afinal de contas, existem dois buracos onde enfiamos os braços, e eles são chamados de mangas. O argumento de Agostinho não trata desse tipo de buraco, mas sim de um buraco que esteja em um ponto da camisa onde deveria haver tecido. Nesse caso, o buraco não é uma coisa; ele é a ausência de uma coisa. Por analogia, o mal é simplesmente o "buraco" onde o bem deveria estar. O exemplo que Agostinho usa é o da cegueira. O que é a cegueira? Ela não é uma coisa em si; é simplesmente a falta de visão. Semelhantemente, o frio é a ausência de calor, e a escuridão é a ausência de luz. Agostinho observa que todos os termos que usamos para falar do mal pressupõem alguma coisa boa que foi corrompida. Impureza pressupõe pureza, maldade pressupõe justiça, transgressão pressupõe uma fronteira que foi violada. Agostinho não está simplesmente dizendo que o mal é parasitário do bem. Ele está dizendo que tudo o que existe é bom.

Para mim, o argumento metafísico de Agostinho não é válido dentro de suas próprias premissas. Não tenho certeza de que o ódio seja apenas a falta de bondade ou que a crueldade seja apenas a ausência

---

[18] Agostinho, **City of God** (New York: Penguin Books, 1984), p. 454. [**A cidade de Deus**. Trad. Oscar Paes Leme (Petrópolis, RJ: Vozes, 2012).]

de amor. Tecnicamente, podemos considerar o sofrimento simplesmente como a ausência de prazer, mas nós sabemos que a dor do sofrimento é sentida com a mesma intensidade que a alegria do prazer. De qualquer modo, a solução de Agostinho realmente não ajuda muito a melhorar nossa situação. Sim, um buraco na minha camisa pode não ser uma coisa, mas eu ainda preciso mandar costurá-lo. Da mesma forma, temos de lidar com as imensas consequências do mal na vida humana; elas são reais para nós.

Que consolação se pode obter do argumento de Agostinho? Imagine só dizer para as crianças de Auschwitz: "Nós entendemos seus sentimentos de dor e perda, mas pelo menos vocês podem ter o consolo de saber que toda essa perversidade não é real. Ela não é uma coisa em si; é só a falta de uma coisa". Como escreve John Polkinghorne, médico e escritor cristão, "parece ser impossível adotar"[19] a solução de Agostinho para o problema do mal, diante dos acontecimentos terríveis que presenciamos no século XX.

O melhor de todos os mundos possíveis

Finalmente, chegamos a uma explicação não menos audaciosa que a de Agostinho: a ideia de Leibniz de que vivemos no melhor de todos os mundos possíveis. Em seu livro *Teodiceia*, ele argumenta: Nós criticamos Deus porque consideramos que existe defeito em sua criação. Pensamos isso porque observamos o mundo em que vivemos e vemos o sofrimento e o mal atuando. No entanto, não podemos condenar Deus sem avaliar as opções que ele tinha. Havia outras possibilidades de mundos alternativos que ele poderia ter criado.

Leibniz defendia a tese de que Deus, sendo onisciente, começou considerando todos os mundos possíveis. Então, comparou uns com os outros em todos os aspectos para identificar qual seria o melhor. Foi esse mundo melhor que ele criou — e nós sabemos que ele criou o melhor porque, sendo Deus, não se contentaria com nada que não

---

[19] John POLKINGHORNE, **Exploring Reality** (New Haven, CT: Yale University Press, 2005), p. 140.

fosse o melhor.[20] A força da argumentação de Leibniz não está no fato de ele saber como ou o que Deus realmente fez, mas em nos desafiar a mostrar que poderíamos nos sair melhor que Deus e criar um mundo melhor que este.

O filósofo Voltaire aceitou o desafio e ridicularizou a posição de Leibniz em seu conto filosófico *Cândido ou o otimismo*. Contudo, Voltaire parece não ter estudado a tese de Leibniz; sua paródia refere-se à versão dessa tese apresentada no "Ensaio sobre o homem", de Alexander Pope, em que este resume o pensamento de Leibniz com a frase: "tudo que existe está certo".

O *Cândido* de Voltaire nos apresenta a personagem Pangloss, um professor de metafísica, a serviço do barão de Westfália. Pangloss defende a tese de que tudo que existe é o melhor: o castelo do barão é o melhor castelo possível, e a esposa do barão é a melhor de todas as possíveis baronesas. Pangloss também afirma que os porcos existem para fazer que haja carne de porco disponível o ano inteiro, e que o nariz foi feito para segurar os óculos. O raciocínio de Pangloss é tão absurdo que ele vê algo positivo até mesmo quando as coisas estão indo de mal a pior. A certa altura, Pangloss diz a Cândido: "Todos os acontecimentos estão devidamente encadeados no melhor dos mundos possíveis; pois, afinal, se não tivesses sido expulso de um lindo castelo, a pontapés no traseiro, por amares a senhorita Cunegundes, se não tivesses sido preso pela Inquisição, se não tivesses percorrido a América a pé, se não tivesses enfiado a espada no barão, se não tivesses perdido todos os carneiros que conseguiste na boa terra do Eldorado, não estarias aqui agora, comendo pinhões assados e pistache".[21]

A história é muito engraçada, mas não tem muito a ver com aquilo que Leibniz realmente argumenta. Leibniz nunca afirma que, no final, tudo terminará da melhor maneira possível para Pangloss ou

---

[20] G. W. LEIBNIZ, **Theodicy** (LaSalle, IL: Open Court Publishing, 1990).
[21] VOLTAIRE, **Candide and Related Texts** (Indianapolis: Hackett Publishing, 2000), p. 79. [**Cândido ou o otimismo**. Trad. Mário Laranjeira (São Paulo: Companhia das Letras, 2012).]

Cândido ou qualquer outra pessoa. O que ele diz é que este modelo de mundo é o melhor esquema possível, em termos de conjunto. "Deus", escreve ele, "escolhe o que é melhor como um todo".²² Leibniz insiste em que é possível entender isso se atentarmos para a harmonia do Universo que se esconde por trás das aparências. Por exemplo, o fato de haver extremos de calor e frio pode parecer uma coisa dolorosa e sem sentido até reconhecermos que eles são uma consequência inevitável do movimento da Terra em torno do Sol, que é muito benéfico para o nosso planeta. À medida que compreendemos melhor a ordem natural, conclui Leibniz, aprendemos a apreciar de forma mais completa a imponente obra de Deus.

Por mais condescendência que tenhamos em relação ao argumento de Leibniz hoje em dia, é muito difícil aceitá-lo quando vemos tanto mal e tanto sofrimento aparentemente desnecessários e evitáveis. Vamos começar com o mundo como ele é. Agora, pense em algum mal que poderia ter sido evitado, por menor que seja. Digamos, por exemplo, que, em vez de dar um soco na esposa, certo homem tivesse desviado o golpe e socado a parede. Bem, isso teria sido um pequeno aperfeiçoamento no mundo. Então, por que Deus não criou exatamente o mesmo mundo que temos, mas com esse pequeno aperfeiçoamento? Se ele poderia ter feito isso, então podemos estender um pouco mais esse mesmo raciocínio. Imagine agora esse mundo com menos um estupro e menos uma epidemia; certamente, um Deus onipotente poderia ter feito que essas tragédias não ocorressem, e isso representaria mais uma redução do sofrimento humano. E podemos continuar assim, aperfeiçoando o mundo gradativamente e provando que o que temos agora decididamente não é o melhor de todos os mundos possíveis, porque cada um de nós consegue pensar em grandes melhorias que Deus poderia fazer.

---

[22] LEIBNIZ, **Theodicy**, p. 196.

Chegamos, então, ao fim da análise das principais teodiceias elaboradas no passado. Não estou dizendo que o que foi esboçado aqui não tenha valor algum nem que tenha sido totalmente refutado, por mim ou por qualquer outro. Não creio que nem Leibniz nem Agostinho se deixariam convencer pelos argumentos contrários apresentados neste capítulo. Quero apenas dizer que, em face de todas as calamidades e aflições do mundo, nós talvez tenhamos muita dificuldade de aceitar os argumentos defendidos nessas tradicionais defesas de Deus. Está faltando alguma coisa, alguma estrutura profunda que possa contextualizar e dar força a esses antigos argumentos. É essa estrutura que tentarei apresentar, e esse é o projeto que passaremos a desenvolver agora.

CAPÍTULO 4

Ilusões ateístas

Contradições da incredulidade

Não há nada que não possa ser compreendido,
Não há nada que não possa ser explicado.[1]
Peter Atkins, **The Creation**

Neste livro, proponho uma nova resposta para o problema do mal e do sofrimento e uma refutação à afirmação ateísta de que nenhum Deus bom e todo-poderoso faria um mundo como este em que vivemos. Contudo, antes que qualquer ateu possa ser convencido, é preciso que ele esteja disposto a ouvir. E aqui temos um problema: muitos ateus são extremamente arrogantes. Encontro-me com eles a todo momento, e até mesmo os que não têm diploma de curso superior geralmente falam comigo naquele tom de quem sabe tudo: "Sr. D'Souza, já passou alguma vez pela sua cabeça que...?". E então me fazem uma pergunta que já ouvi centenas de vezes. A própria razão se torna uma das baixas quando uma pessoa se acha tão inteligente. Neste capítulo, portanto, pretendo mostrar que até mesmo o mais inteligente dos ateus não é assim tão esperto. No entanto, acima de tudo, aplico esse argumento a mim mesmo. Vou demonstrar, com a ajuda da razão, que nós, seres humanos, não somos tão brilhantes quanto geralmente imaginamos. Uma vez que entendamos nossas limitações, e as limitações da própria razão, nós poderemos abordar esse tópico com mais humildade, e depois talvez estejamos prontos para aprender alguma coisa.

No entanto, a arrogância dos ateus é até compreensível nesse caso. É fácil entender isso quando reconhecemos que, da perspectiva

---

[1] Peter Atkins, **The Creation** (Oxford: W. H. Freeman, 1981), p. 3.

ateísta, o mal e o sofrimento, em si mesmos, não representam nenhum tipo de problema intelectual. Se o mundo fosse completamente repleto de mal e sofrimento, esse fato isolado não exigiria nenhuma explicação; ele simplesmente representaria como as coisas são, não mais surpreendente do que quaisquer outros fatos a respeito do mundo. Até mesmo a distribuição do mal e do sofrimento na terra não é intrinsecamente intrigante. Por que deveríamos nos surpreender, por exemplo, com os defeitos de nascença, as calamidades naturais, os crimes hediondos e outras formas de mal que afligem tanto os bons como os maus? Essas coisas podem nos perturbar, mas até aqui não representam nenhum problema filosófico ou teológico intrínseco. Filosoficamente, poderíamos explicar tudo isso como o resultado inevitável do acaso ou da evolução. Teologicamente, poderíamos explicar esses fatos como consequência de um Deus indiferente ou mau ou inexistente. Entretanto, tudo muda de figura quando afirmamos que o mundo é governado por um Deus benevolente e todo-poderoso. Agora sim temos um problema — o problema de conciliar o desastre, o mal e o sofrimento imerecido com a crença em um Deus que é, ao mesmo tempo, totalmente poderoso e totalmente bom.

O ônus da prova

De pé, atrás de um púlpito, diante de 3 mil pessoas presentes na Universidade Biola, em Los Angeles, o filósofo ateu Peter Singer sorriu triunfante. Ele e eu estávamos ali para debater se Deus era o autor da moralidade, e Singer começou seu discurso informando à plateia que não havia nada para debater. Deus não podia ser o autor da moralidade porque Deus não existia. E nós sabemos que ele não existe — argumentou ele — porque o mundo não parece estar sob o governo de nenhuma divindade sábia e onipotente. Singer apresentou sua lista de males que, inegavelmente, assolam nosso planeta. Sua lista incluía não só o sofrimento humano, mas também o dos animais. Os religiosos, disse ele, têm de explicar por que seu Deus permite esses horrores — e isso é algo que eles nunca conseguiram fazer, enfatizou. E continuou: Os ateus, por sua vez, não têm nada a explicar.

Vemos aqui a força do argumento ateísta. Na maioria dos pontos conflitantes entre ateus e crentes existem duas posições, e cada lado deve defender os méritos de seu posicionamento. Contudo, nesse caso em particular, o cristão enfrenta um desafio intimidador: demonstrar não só a existência de Deus, como a sua bondade, enquanto o ateu parece não ter de provar absolutamente nada. Se adotamos um pensamento ateísta, não podemos fazer nenhuma previsão segura sobre como o mundo deveria ser. Portanto, se ele é injusto e cheio de sofrimento, *c'est la vie* [é a vida].

Essa tese foi defendida de uma forma um pouco diferente pelo cético David Hume, há dois séculos. Imagine, disse ele, uma casa em que os cômodos são mal dimensionados e mal construídos. As portas, janelas e corredores geram escuridão, barulho e confusão; e a casa inteira sofre com extremos de frio e calor. Segundo Hume, nós automaticamente poríamos a culpa no arquiteto. Com certeza, o arquiteto poderia dar suas justificativas e até sugerir uma modificação ou outra para tentar sanar os problemas. Mesmo assim, escreve Hume, a deformidade generalizada da estrutura levantaria sérias dúvidas quanto à competência do arquiteto. Hume, então, pergunta: "Será que o mundo, considerado em seu aspecto geral, tal como se apresenta para nós nesta vida, é diferente daquilo que um ser humano, ou qualquer outro ser tão limitado quanto ele, esperaria *de antemão* de uma divindade sábia, benevolente e extremamente poderosa?". A conclusão de Hume foi que nós não esperaríamos que Deus tivesse construído uma estrutura tão defeituosa. Portanto, segundo ele, tomando por base o defeituoso projeto do mundo, podemos inferir que o projetista não existe; podemos até admitir a possibilidade da existência de um arquiteto mau ou indiferente, mas nunca um arquiteto onipotente e benevolente.[2]

---

[2] David HUME, **Dialogues Concerning Natural Religion** (New York: Penguin Books, 1990), p. 114-115.

Em um de meus primeiros debates com Christopher Hitchens, ele apresentou um argumento que me pegou de surpresa, e eu não consegui refutar. Chamo esse argumento de "O Deus Ausente". Hitchens disse, em linhas gerais, que os cristãos afirmam que existe um Deus sábio e bom que se importa conosco e quer que tenhamos um relacionamento com ele. "Mas vejamos como age esse Deus de vocês." O homem está neste planeta há muito tempo. As estimativas variam, mas digamos que o *Homo sapiens* esteja por aqui há cem mil anos. Durante a maior parte da história da humanidade, disse Hitchens, o homem viveu em condições de horror indescritível, com guerras fratricidas, doenças devastadoras, altas taxas de mortalidade infantil e, é claro, sem remédios para aliviar o sofrimento. Então, perguntou Hitchens, o que seu Deus esteve fazendo esse tempo todo? Evidentemente, ele estava indiferente. Esse Deus Ausente estava se divertindo em sua tenda. E essa situação continuou por oitenta a noventa e cinco mil anos. Então, há uns poucos milhares de anos, Deus finalmente decidiu se envolver. Contudo, ainda assim, ele não se deu ao trabalho de transmitir sua mensagem para o mundo inteiro, contentando-se em sussurrá-la a alguns hebreus itinerantes. Essa mensagem levou outros mil anos para chegar à Índia e à China. Agora — perguntou Hitchens, em tom de zombaria — que tipo de Deus age assim? Só um deus voluntarioso, irresponsável e cruel. Hitchens concluiu que Deus, se existe, certamente é algum tipo de monstro.

É claro que, ao elaborar esse argumento contra Deus, o ateu ainda tem de explicar por que há tantas pessoas no mundo que acreditam em um Deus sábio e todo-poderoso. Afinal de contas, o mundo está cheio dessas pessoas. Elas conhecem os mesmos fatos sobre o mal e o sofrimento que Hume, Singer e Hitchens. Será que essas pessoas são simplesmente estúpidas, incapazes de ver o que os ateus veem com tanta clareza? Não, dizem os ateus; em sua grande maioria, as pessoas não são necessariamente estúpidas. Elas só querem acreditar em algo que não é verdade. Elas se apegam a uma crença que vai contra as evidências porque são movidas por esperança, não por fatos.

Aqui está o argumento que foi formulado pela primeira vez por Sigmund Freud em *O futuro de uma ilusão*: A vida é dura, como se depreende da debilidade causada pelo envelhecimento e pela doença. Todos nós estamos aguardando o coveiro. Não gostamos de enfrentar a morte e não queremos viver a vida como ela é; então, inventamos outra vida. Imaginamos um Deus que é uma figura paterna e inventamos um mundo em que o sofrimento e a morte não existem. A crença religiosa é uma ilusão produzida pelo que Freud chamou de realização de desejo. Esse é o argumento que Hitchens repete em seu livro *God Is Not Great* [*Deus não é grande*. Rio de Janeiro: Ediouro, 2007], e encontramos o mesmo sentimento no livro de Sam Harris, *The End of Faith* [*A morte da fé*. Trad. Claudio Carina e Isa Mara Lando. São Paulo: Companhia das Letras, 2009].[3]

Meu propósito, neste capítulo, é examinar alguns elementos-chave da visão de mundo ateísta e mostrar que a confiança que os ateus depositam nela é infundada. O objetivo não é refutar o ateísmo em si, mas sim mostrar que, ao analisar o mal e o sofrimento no mundo, a posição ateísta tem graves limitações. Contrariando a primeira impressão, esse não é um caso em que os ateus não têm nada a explicar, enquanto os que creem em Deus têm muitas explicações a dar. Ao contrário, ambas as posições precisam ser defendidas, e para escolher um dos lados é preciso discutir os méritos de cada um.

Vamos começar com o argumento de Freud, ressuscitado por Hitchens, de que a crença religiosa é um caso de realização de desejo. Certamente, isso explicaria metade da crença religiosa. A maior parte das grandes religiões do mundo, inclusive o cristianismo, tem alguma noção de céu — e não há dúvida de que o céu se encaixa nos critérios da noção freudiana de realização de desejo. Ele é uma esfera onde

---

[3] Sigmund Freud, **The Future of an Illusion** (New York: W. W. Norton, 1961); Christopher Hitchens, **God Is Not Great** (New York: Twelve Publishing, 2007), p. 103 [**Deus não é grande**. Trad. Alexandre Martins (Rio de Janeiro: Ediouro, 2007)]; Sam Harris, **The End of Faith** (New York: W. W. Norton, 2005), p. 223 [**A morte da fé**. Trad. Isa Mara Lando e Claudio Carina (São Paulo: Companhia das Letras, 2009)].

não há sofrimento nem morte. No entanto, o céu é só uma parte da história. As grandes religiões também acreditam em outro lugar que nas religiões abraâmicas (judaísmo, cristianismo e islamismo) se chama inferno. Ora, o inferno representa um problema insuperável para o esquema freudiano, já que ele é muito pior que qualquer doença ou mesmo a morte. A morte, em si, é simplesmente um ponto terminal, como o desligamento de um computador. Contudo, o inferno pressupõe a separação eterna de Deus, a forma suprema de mal e sofrimento. Como isso pode ser produto de realização de sonho? Por que o ser humano inventaria um esquema mais terrível que as forças da natureza que o levaram a inventar esse esquema? Como o próprio Hitchens admitiu, quando levantei essa objeção, o ateísmo não tem uma boa resposta para essa pergunta.

O grande passo à frente

Vejamos agora a acusação de Hitchens contra o Deus Ausente, que fica sentado em sua tenda durante oitenta a noventa e cinco mil anos. Quando Hitchens apresentou esse argumento pela primeira vez, fiquei sem saber o que dizer, mas depois pensei melhor sobre a questão e, em um debate posterior, apresentei minha refutação, que reproduzo aqui para que o leitor possa julgar seus méritos. Em primeiro lugar, afirmei que o cálculo de Hitchens estava invertido; em segundo lugar, disse que o tiro dele saiu pela culatra e acabou atingindo o próprio ateísmo. No primeiro argumento, me baseei em Erik Kreps, do Centro de Análises de Coletas de Dados do Instituto de Pesquisas Sociais da Universidade de Michigan. Kreps, um cara apaixonado por números, comenta que o importante aqui não é o número de anos, mas sim a população humana. O Departamento de Referência Populacional calcula que o número total de pessoas que nasceram na terra até hoje é de aproximadamente 105 bilhões. Desse número, cerca de 2% nasceram nos cem mil anos anteriores ao nascimento de Cristo. "Portanto, de certa forma", comenta Kreps, "Deus não poderia ter escolhido momento melhor. Se ele tivesse vindo antes, qual teria sido a confiabilidade dos registros históricos de seu relacionamento com a humanidade? No entanto, ele se revelou pouco antes da explosão exponencial da população mundial, de modo que, embora 98% da linha do tempo da existência da humanidade já tivesse se passado, somente 2% da humanidade havia nascido até então. Portanto, 98% dos seres humanos passaram pela terra desde a redenção".

Esses números derrubam o argumento de Hitchens, mas a situação dele é ainda pior que isso. Para entendermos por que, vamos aplicar uma análise secular, partindo da premissa adotada por Hitchens de que Deus não existe e o ser humano é apenas um primata mais evoluído. Bem, os biólogos concordam que a estrutura básica e o tamanho do cérebro humano não mudaram substancialmente durante sua existência terrena.[4] Então, aqui está o problema. O *Homo sapiens* está neste planeta há cem mil anos, mas aparentemente, durante a maior parte desse tempo, ele não realizou praticamente nada. Nenhuma arte de verdade, nem escritos, nem invenções, nem cultura nem civilização.

Nicholas Wade, um jornalista especializado em ciência, ilustra esse ponto muito bem em seu livro *Before the Dawn* [Antes da aurora]: Se retrocedermos cinco mil anos na História, diz ele, os registros escritos desaparecem completamente. Se retrocedermos quinze mil anos, desaparecem todos os vestígios arqueológicos. "Antes daquela época, as pessoas levavam uma vida nômade, como caçadores e coletores. Não construíram nada e não deixaram praticamente nenhum sinal de sua existência." Wade chama esse período de oitenta e cinco mil anos de "a longa noite antes da aurora".[5]

E então, num piscar de olhos, em termos históricos, tudo muda. Por algum motivo, por volta de trinta e cinco mil anos atrás, o homem

---

[4] Ernst Mayr, **What Evolution Is** (New York: Basic Books, 2001), p. 252; Henry McHenry, Human Evolution. In: Michael Ruse and Joseph Travis, **Evolution: The First Four Billion Years** (Cambridge, MA: Harvard University Press, 2009), p. 256.

[5] Nicholas Wade, **Before the Dawn** (New York: Penguin Press, 2006), p. 1, 11.

selvagem deu origem ao homem histórico. De repente, o homem primitivo se aprumou. Agora há rodas e agricultura e arte e cultura. Em pouco tempo, surgem as peças teatrais e a filosofia e uma explosão de invenções e novas formas de governo e de organização social. Logo vêm a Catedral de Chartres, a corrida espacial e o iPhone. O antropólogo Jared Diamond chamou essa transição do barbarismo para a civilização de O Grande Passo à Frente. Se compararmos a trajetória humana na terra com a de um avião numa pista de decolagem, veremos o avião parado no solo por um longo período de tempo, e então, de repente, há alguns milhares de anos, aconteceu a decolagem!

Como explicar esse voo bem-sucedido depois de um tempo tão longo em que nada aconteceu? Será que as criaturas humanas da Antiguidade, em nada diferentes de nós em todos os outros aspectos, eram tão idiotas que não conseguiam fazer nada além de pinturas rupestres e guerras rudimentares? E como foi que o *Homo sapiens*, até então uma espécie tão pouco desenvolvida, de repente ficou tão esperto? Essa é uma questão muito séria que os estudiosos têm se esforçado bastante para tentar responder. Uma possível explicação para isso é o desenvolvimento da linguagem. Outra é o uso de ferramentas cada vez mais sofisticadas. Mas talvez a explicação mais comum seja o desenvolvimento da agricultura. Em seu livro *Human Accomplishments* [Realizações humanas], Charles Murray observa com muita perspicácia que "o início da agricultura [...] abre caminho para todas as outras realizações humanas".[6] No entanto, tudo isso só levanta a questão: Por que levou mais de oitenta e cinco mil anos para que a humanidade percebesse que podia se comunicar eficazmente, construir ferramentas úteis, se fixar em um lugar e plantar seus alimentos?

Bem, só existe uma explicação para esse milagre histórico. É como se um ser ou força transcendente chegasse aqui e soprasse algum tipo de espírito ou alma no *Homo sapiens*, porque, depois de

---

[6] Charles Murray, **Human Accomplishment** (New York: Harper Perennial, 2003), p. 7.

passar praticamente 98% de sua existência sem realizar praticamente nada, de repente, nos últimos 2% da história humana, a humanidade produziu quase tudo, desde as pirâmides até Proust, de Newton à nanotecnologia. Portanto, paradoxalmente, o argumento de Hitchens foi como um bumerangue. Ele levantou uma questão que o ateísmo não consegue explicar facilmente, mas que parece ser melhor explicada pela narrativa bíblica da Criação.

Uma charada para os ateus

Os ateus gostam de mostrar como o mal e o sofrimento põem os crentes diante de um problema; vamos virar a mesa e mostrar que o mal e o sofrimento representam um problema para os incrédulos também. Normalmente, a argumentação segue a mesma linha que C. S. Lewis seguiu em *Cristianismo puro e simples* [Martins Fontes, 2009]. Lewis argumentou o seguinte: os ateus invocam o mal objetivo para tentar lançar dúvidas sobre a existência de Deus, mas isso implica admitir que existem padrões objetivos pelos quais identificamos o bem e o mal. Ora, de onde vêm esses padrões? Qual é a fonte da lei moral que nos permite distinguir o bem do mal? Segundo Lewis, leis morais objetivas presumem um legislador dotado de princípios morais. Portanto, ironicamente, o argumento dos ateus contra Deus baseia-se em uma premissa que, pensando bem, indica a existência de Deus.

Eu considero esse raciocínio muito tentador, mas não tenho certeza de que a inferência seja tão óbvia quanto Lewis sugere. Muitos filósofos, de Platão a Kant, tentaram defender uma moralidade objetiva sem referência a Deus. Todavia, esse não é o assunto que quero tratar aqui. Pretendo seguir uma direção diferente e mostrar que o ateísmo tem dificuldade de explicar a variedade e a magnitude dos males que encontramos no mundo. Essa é a charada do mal para os ateus, e eu ainda não vi nenhum deles tentar resolvê-la.

A maioria dos ateus afirma que o mal objetivo existe. Aqui está uma frase típica dos ateus, dita por um deles, Kai Nelson: "Com Deus ou sem Deus, torturar criancinhas só por capricho é errado".[7] Contudo, vejamos esta questão: Partindo de premissas ateístas, será que os seres humanos poderiam ter prazer numa atividade tão sem sentido quanto torturar criancinhas? Veja a perspectiva de um incrédulo: Deus não existe, e a melhor maneira de entender o comportamento humano é admitir que nós somos primatas evoluídos. Como a natureza fez nossos genes dessa maneira, nosso mandato evolucionário é sobreviver e reproduzir. Consequentemente, a sobrevivência e a reprodução são os imperativos que guiam nossas ações, e isso é precisamente o que observamos no reino animal.

Ora, existe um bocado de crueldade no reino animal, pelo menos se quisermos usar o termo em um sentido antropomórfico. Podemos dizer, por exemplo, que os leões são cruéis quando comem os antílopes. No entanto, a crueldade animal é limitada pela necessidade. A leoa mata um antílope para que ela e os filhotes possam se alimentar. Mas alguém já viu um leão torturar um antílope só por diversão? Com certeza, ninguém jamais viu um leão genocida que quer exterminar os antílopes da face da terra. A antropóloga Jane Goodall disse em uma entrevista recente que, embora os chimpanzés, supostamente nossos parentes genéticos mais próximos no reino animal, lutem entre si por território e acesso às fêmeas, eles são incapazes de praticar os atos de perversidade que os humanos praticam: "Os seres humanos são capazes de fazer maldades, de praticar torturas reais e deliberadas". Os chimpanzés, acrescentou ela, nunca planejam mutilar seus congêneres ou "torcer o braço de alguém".[8] A tortura, assim como o genocídio, parece ser uma propensão característica do ser humano.

Desse modo, devolvo aos ateus a questão levantada por Hume: Se tudo que nós sabemos é que os seres humanos são primatas evoluídos,

---

[7] Kai NIELSEN, Ethics Without God. In: J. P. MORELAND e Kai NIELSEN, **Does God Exist?** (Amherst, NY: Prometheus Books, 1993), p. 99.

[8] Jane GOODALL, People Primates. In: Lynn MARGULIS e Eduardo PUNSET (Ed.), **Mind, Life and Universe** (White River Junction, VT: Chelsea Green Publishing, 2007), p. 28.

formados com atributos que tornam mais eficientes a sobrevivência e a reprodução, seria lógico esperar, *de antemão*, que esse grupo praticasse o genocídio e a tortura? Certamente que não! Portanto, uma explicação puramente evolutiva do *Homo sapiens* não consegue justificar um nível de maldade humana que ultrapassa radicalmente a necessidade biológica.

Os limites da razão

Por último, neste capítulo vamos analisar aquele que talvez seja o mais grave defeito do argumento ateísta a respeito do mal e do sofrimento: o problema do conhecimento local. Com esse termo, refiro-me ao conhecimento que tem um campo de aplicação e capacidade limitado; em suma, o conhecimento humano. Para compreender por que isso é um problema, vamos lembrar o que os ateus estão dizendo a respeito de Deus. Basicamente, o argumento é que não existe uma boa razão para que um Deus onipotente e benevolente permita que haja tanta maldade e sofrimento. Quando os ateus afirmam que "não existe uma boa razão", o que eles realmente querem dizer é: Eu não vejo nenhuma boa razão. Em um famoso artigo, William Rowe considera o caso de um filhote de corça morrendo em agonia em um incêndio florestal: Será que é razoável — pergunta Rowe — acreditar que existe algum bem maior que justifique esse sofrimento? Rowe responde à sua própria pergunta: "Certamente, não parece razoável acreditar nisso [...]. Até onde podemos ver, o intenso sofrimento do filhote é absolutamente sem sentido".[9]

Os termos cruciais aqui são "não parece" e "até onde podemos ver". Os filósofos chamam isso de argumentos *noseeum* [forma contraída de *"no see them"* (não os vejo, em inglês). Essa palavra também designa um inseto minúsculo semelhante ao maruim]. A origem desse termo pode ser explicada com uma historinha: Eu digo que existem

---

[9] William Rowe, The Problem of Evil and Varieties of Atheism. In: Marilyn McCord Adams e Robert Adams (Ed.), **The Problem of Evil** (Oxford: Oxford University Press, 1990), p. 130-131.

milhões de bactérias no seu nariz, orelhas e boca. Você responde: "Não os vejo". O seu pensamento é o seguinte: não pode haver milhões de bactérias no seu nariz, orelhas e boca porque você não está vendo nenhuma. Visto nessa pequena escala, esse raciocínio parece bem tolo. No entanto, ele não está muito longe da posição ateísta a respeito de Deus e o sofrimento.

Os argumentos *noseeum* não estão sempre errados; às vezes eles funcionam. Contudo, o que deve acontecer para que eles sejam convincentes? Basicamente, esses argumentos pressupõem que você tenha acesso a toda a informação necessária para dar credibilidade à sua alegação *noseeum*. Imagine que estamos no estacionamento de um *shopping* e vemos um carro com a porta do passageiro aberta. Dentro do carro está uma criança presa em sua cadeirinha. A mãe da criança não está por perto. A primeira coisa que vamos pensar é que não é seguro deixar uma criança exposta assim e, além disso, é perigoso no calor do verão. Como não conseguimos pensar em nenhuma boa razão para uma mãe largar o filho daquela maneira, concluímos que ela é uma pessoa má e negligente que não tem condições de cuidar de uma criança.

Será que esse argumento *noseeum* faz sentido? Não, porque não temos informações suficientes para saber o que realmente está acontecendo. Não sabemos nada sobre o caráter da mãe. Não fazemos ideia do motivo que fez que ela largasse a criança sozinha ali. Talvez a mãe tenha ido atrás de outra criança pequena que desceu do carro e saiu correndo pelo estacionamento. Ou talvez ela tenha corrido desnorteada para dentro do *shopping* depois de receber um telefonema desesperado do marido que estava comprando alguma coisa em uma das lojas e, de repente, teve um ataque cardíaco ou um derrame. Por causa de nossa perspectiva extremamente limitada, seria prematuro passar de um "não vejo motivo" para um "não há motivo". Não podemos condenar algo que não entendemos completamente. Nessa situação, é melhor não fazer julgamento algum e tomar conta da criança até que a mãe volte, em vez de achar que os pais são irresponsáveis e imediatamente ligar para o conselho tutelar.

Aqui está outro exemplo, desta vez tirado dos filósofos Bruce Russell e Stephen Wykstra. Imagine um estudante que encontra um manuscrito de filosofia na biblioteca. O texto tem muitas seções que parecem absolutamente sem sentido (espero que esse exemplo não se aplique a este livro). O estudante está a ponto de achar que aquele manuscrito não tem pé nem cabeça até que, de repente, lhe ocorre que ele pode ter sido escrito por um filósofo renomado. Todo mundo sabe que os filósofos costumam escrever artigos especializados que só um pequeno grupo de outros filósofos consegue entender. Então, o raciocínio *noseeum* do estudante falha. Ele não pode simplesmente dizer: "Não vejo mérito neste artigo; portanto, ele não tem mérito". Mesmo que o artigo tivesse mérito, o aluno provavelmente não conseguiria perceber! Observe que o argumento *noseeum* é inválido, ainda que não se saiba com certeza se quem escreveu o texto foi mesmo um grande filósofo. A simples possibilidade dessa autoria já basta para derrubar a conclusão do aluno de que "não há mérito nesse artigo".[10]

Agora, vamos aplicar o que aprendemos nesses exemplos ao caso que estamos analisando. Se existe um Deus, então podemos supor que a extensão de seu conhecimento e sabedoria é imensamente maior que a nossa. Esse *imensamente* ainda é um termo muito fraco: a distância entre a compreensão que Deus tem das coisas e a nossa seria muito maior do que, por exemplo, a distância entre o grau de conhecimento de um adulto e o de uma criança de 2 anos. Agora, se os pais levam a criança ao médico e ela não consegue entender por que está tomando uma injeção e por que estão fazendo que ela sinta dor, nós não achamos que sua falta de entendimento seja prova de que seus pais não têm bom senso e não são amorosos. Por que não? Porque eles são muito mais sábios que ela. Mesmo que

---

[10] Bruce Russell e Stephen Wykstra, The Inductive Argument from Evil: A Dialogue, **Philosophical Topics** XVI, n. 2 (Outono de 1988).

eles estejam usando de bom senso e compaixão, não esperamos que uma criança de 2 anos reconheça isso. O mesmo se pode dizer de Deus. Como só ele entende todo o projeto e o propósito da criação, é de esperar que a criação só seja plenamente compreensível para ele. Se criaturas limitadas que habitam um cantinho do Universo não entendem por que as coisas são estruturadas de determinada maneira, suas objeções não podem ter muita autoridade. Isso porque sua compreensão do esquema completo de Deus é muito limitada e, além disso, se Deus teve um motivo para permitir a existência de determinados males, não é de esperar que essas criaturas estejam sempre em posição de entendê-lo.

O filósofo Walter Sinnott-Armstrong, um ateu proeminente, tenta salvar a posição ateísta em face dessa crítica. Ele escreve: "Suponha que seu vizinho deixe o filho sofrendo e passando fome [...]. Se ele não *dá* nenhuma explicação razoável, mas poderia fazê-lo, se tivesse uma. Então, você tem toda a razão de concluir que ele *não tem* nenhum motivo razoável".[11] Verdade; mas existe uma falha nesse argumento. Nós estamos em condições de julgar as ações do nosso vizinho, já que também somos seres humanos e moramos na mesma área que ele. Entretanto, entre Deus e nós existe uma distância epistêmica quase infinita. Se Deus tivesse uma boa explicação para cada acontecimento, qual seria a chance de que nós pudéssemos entendê-la em cada caso? Nenhuma, porque nós não somos oniscientes. Consequentemente, os ateus que argumentam: "Se eu fosse onisciente, faria as coisas de outra maneira", podem facilmente ser rebatidos com a resposta: "Desculpe-me, amigo, mas você não é onisciente".

Veja bem que, ao contestarmos os ateus dessa forma, não estamos dizendo que os propósitos de Deus são um mistério e, portanto, os seres humanos não deveriam fazer perguntas. Um mistério é algo que literalmente "não tem explicação". O argumento não é que o mal

---

[11] Walter Sinnott-Armstrong, Some Reasons to Believe That There Is No God. In: William Lane Craig e Walter Sinnott-Armstrong, **God?** (New York: Oxford University Press, 2004), p. 95.

e o sofrimento não têm explicação. Eles têm, mas ela nem sempre é compreensível para nós. Portanto, o mal e o sofrimento podem ser um mistério no que nos diz respeito, mas podem não ser um mistério para Deus. Talvez eles tenham explicações perfeitamente racionais, mas só Deus conhece essas explicações. Isso se deve ao fato de que é preciso ter a "visão de Deus" para ver a criação como um todo. Já o nosso conhecimento é sempre local. Nós vemos as coisas de uma forma limitada, de um ponto de vista muito estreito. Portanto, algo que para nós parece não fazer o menor sentido pode ser perfeitamente explicável quando inserido em uma visão panorâmica a que não temos acesso.

É extremamente importante reconhecer que isso não é um ataque ao uso da razão. É simplesmente uma demonstração do que Hume chamou de "a bússola limitada da razão humana".[12] Hume diz que a razão humana tem seus limites, e é a própria razão que pode nos ajudar a ver quais são eles. O matemático e filósofo Pascal exprimiu-se de maneira diferente: "O último passo da razão é reconhecer que existe um número infinito de coisas que estão além de sua capacidade".[13]

Vemos o argumento de Hume e Pascal dramatizado na conclusão do livro de Jó. O próprio Deus parece responder à ladainha de reclamações de Jó. E aqui estão algumas coisas que Deus disse: "Onde você estava quando lancei os alicerces da terra? [...] Você conhece as leis dos céus? [...] É por sua ordem que a águia se eleva e no alto constrói o seu ninho?".[14]

Essa não é, como alega Bart Ehrman, uma história deplorável, em que Deus usa seu "poder divino bruto" para calar Jó. Ehrman acusa Deus de aparecer para "subjugar Jó com sua presença e intimidá-lo para que se curve até afundar a cara no pó".[15] Na verdade, Deus está ali para fazer que Jó se lembre do quanto sua esfera de conhecimento

---

[12] Hume, **Dialogues Concerning Natural Religion**, p. 92.
[13] Blaise Pascal, **Pensees and Other Writings** (New York: Oxford University Press, 1995), p. 62.
[14] Jó 38.4,33; 39.27.
[15] Bart Ehrman, **God's Problem** (New York: HarperOne, 2008), p. 184, 186.

é pequena. A questão aqui não é só o poder de Deus, mas também a incompreensibilidade do mundo. Deus não está simplesmente afirmando seu direito de fazer o que quiser; ele está também ressaltando como o conhecimento de Jó a respeito da ordem natural é pequeno. Ora, Jó certamente entende o que está acontecendo com ele. Ele sabe que é apenas um homem e que não merece aquele sofrimento. Deus concorda inteiramente com ele. Contudo, pode ainda haver um motivo para a aflição de Jó que não seja evidente para ele, mas que Deus saiba muito bem qual é. A beleza dessa história é que, nesse caso, nós sabemos qual é o propósito do sofrimento: testar a fidelidade de Jó e derrubar as acusações de Satanás. Ignorando o que está acontecendo no reino celestial, Jó não tem a menor condição de saber nada disso, até que Deus finalmente aparece e lhe diz. Então, Jó se rende e admite: "[...] Certo é que falei de coisas que eu não entendia, coisas tão maravilhosas que eu não poderia saber". E, finalmente: "Por isso menosprezo a mim mesmo e me arrependo no pó e na cinza".[16] Deus recompensa o discernimento de Jó e sua submissão com a restauração de sua família, saúde e prosperidade.

O papel da humildade

Vamos fazer um resumo. Neste capítulo, aprendemos que o argumento dos ateus contra Deus é mais fraco do que inicialmente se supõe. Os ateus afirmam, confiantes, que a fé é uma ilusão baseada em realização de desejos, mas seu diagnóstico não consegue explicar aspectos importantes da fé, tais como a crença no inferno — algo que nenhum cristão deseja. Embora os ateus levantem algumas questões legítimas acerca dos insondáveis propósitos de Deus — Por que ele interveio na História em determinado momento? Por que ele escolheu os judeus como veículos de sua revelação? —, eles também têm algumas explicações a dar. Sua perspectiva evolucionista não explica

---

[16] Jó 42.3,6.

o *grande passo à frente* nem as formas extremas de malignidade humana, como o genocídio e a tortura, que parecem não ter absolutamente nenhum propósito evolutivo. Finalmente, o ateu é vítima de sua própria arrogância. Para ele, o fato de não conseguir ver nenhum propósito por trás da permissão de Deus para o sofrimento significa que não há propósito algum. Deus é considerado imperfeito só porque o ateu não "pesca" o que está havendo. Isso é a mesma coisa que a criança de 6 anos que diz que seus pais são incompetentes porque deixaram que o dentista furasse seu dente com uma broca, e ela não vê razão para isso.

Comecei este capítulo com a afirmação triunfante de Peter Singer de que os acontecimentos que vemos no mundo não fazem sentido se supusermos que existe um Deus. Tentei mostrar que a mesma coisa pode ser dita a respeito do ateísmo. O ateísmo também não consegue explicar adequadamente o que acontece no mundo. Nos próximos capítulos, aceitarei o desafio de Singer e procurarei mostrar que sua alegação principal está errada. Não só a existência de um Deus amoroso e todo-poderoso é compatível com os fatos do mundo, como somente em Deus podemos encontrar algum sentido nesses fatos. Neste capítulo, porém, minha tarefa foi mais modesta: empatar o jogo entre os ateus e os crentes e pedir aos dois grupos que tenham a mente aberta e a humildade necessária para que possamos manter o diálogo em prol do nosso objetivo comum de compreender o sofrimento que todos suportamos neste vale de lágrimas e lidar com ele.

PARTE 3
O mal moral

CAPÍTULO 5

Livres para escolher

A onipotência de Deus e a liberdade humana

Nunca me esquecerei daqueles momentos que mataram meu Deus e minha alma e transformaram meus sonhos em pó.[1]
Elie Wiesel, *Night* [Noite]

Chegou a hora de enunciar o problema do mal em sua forma clássica, apresentada muitos séculos atrás pelo filósofo Epicuro: "Ou Deus quer levar embora os males e é incapaz; ou ele é capaz, mas não quer; ou ele não quer nem é capaz; ou ele quer e é capaz. Se ele quer, mas não pode, ele é fraco, o que não condiz com o caráter de Deus. Se ele pode, mas não quer, é mau, o que também não condiz com o caráter de Deus. Se ele não quer nem pode, é mau e fraco e, portanto, não é Deus. Se ele quer e pode, que é a única alternativa adequada para Deus, de onde vêm, então, certos males, e por que ele não os elimina?".[2]

Aqui está uma forma mais moderna de apresentar essa acusação:

1. Deus é onipotente; então, ele tem poder para eliminar o mal e o sofrimento gratuitos.
2. Deus é benevolente e bom; então, ele tem o desejo de eliminar o mal e o sofrimento gratuitos.

---

[1] Elie WIESEL, **Night** (New York: Bantam Books, 1982), p. 32. [**A noite**. Trad. Irene Ernest Dias (Rio de Janeiro: Ediouro, 2006).]

[2] Citado em LACTANTIUS, **De Ira Dei** (Washington, DC: Catholic University of America Press, 1965), p. 92.

3. O mundo contém inumeráveis casos de mal e sofrimento gratuitos.
4. Portanto, não existe um Deus onipotente e bom.

Esse é o argumento mais forte que pode ser construído contra Deus, e sua força está na firme estrutura intelectual do caso. O argumento parece sólido como a rocha: ele começa com premissas de que dificilmente alguém discordaria e depois prossegue em passos que parecem ditados pela própria razão, até a conclusão de que Deus não existe. Portanto, temos aqui uma prova da inexistência de Deus.

A maioria dos argumentos ateístas não é assim. Os ateus podem dizer que não há evidências suficientes de que Deus existe, ou podem apresentar uma forma alternativa para explicar a existência de vida no Planeta, fazendo que seja desnecessário postular um Criador sobrenatural. Contudo, nada disso refuta a existência de Deus. No máximo, esses argumentos mostram que a crença em Deus não é obrigatória. Aqui, entretanto, temos um tipo diferente de argumento. Como escreve o filósofo J. L. Mackie, essa é uma tentativa de mostrar que é impossível que exista um Deus ao mesmo tempo onipotente e benevolente. Se isso for verdade, então a crença nesse Deus seria, nas palavras de Mackie, "positivamente irracional".[3]

Que situação extraordinária! Ela põe Deus em julgamento, assim como na peça de Wiesel. C. S. Lewis escreve: "Antigamente, o homem se aproximava de Deus (ou mesmo de deuses) como um acusado se aproxima de seu juiz. Para o homem moderno, os papéis estão invertidos. Ele é o juiz; Deus está sentado no banco dos réus".[4] No entanto, até mesmo quando Deus é levado diante dos tribunais, obviamente ele não aparece para se defender. Consequentemente, o crente religioso às vezes se vê na posição de advogado de Deus, ou talvez na de defensor público designado para sua defesa. O trabalho

---

[3] J. L. MACKIE, Evil and Omnipotence, **Mind** 64 (1955), p. 200-212.
[4] C. S. LEWIS, **God in the Dock** (Grand Rapids, MI: William Eerdmans Publishing, 1970), p. 244.

do crente — e, em parte, meu trabalho neste livro — é tirar Deus do aperto. Existem duas maneiras fáceis de fazer isso — e eu não vou usar nenhuma das duas.

O primeiro método fácil de "justificar" Deus em relação ao problema do mal é negar a premissa de que Deus é bom. Até onde eu sei, ninguém que esteja envolvido na tarefa da teodiceia faz isso. A razão é óbvia: esse modo de salvar o teísmo responderia à pergunta, mas acabaria com a atração de crer em Deus. Podemos nos submeter atemorizados a um Deus mau, mas nunca poderíamos amá-lo ou adorá-lo. O segundo método é negar que Deus seja onipotente. Essa é a posição que o rabino Kushner assume em *When Bad Things Happen to Good People* [Quando coisas más acontecem a pessoas boas]. A opinião de Kushner é que Deus não impede que as coisas ruins aconteçam porque não pode. Desse modo, ele faz o que pode para diminuir o mal e o sofrimento, e se identifica com as vítimas. Kushner conclui que ainda podemos buscar ajuda em Deus "precisamente porque podemos dizer a nós mesmos que Deus está tão indignado com isso quanto nós".[5]

É interessante que existe todo um ramo da teologia, a chamada teologia de processo, que adota uma visão de Deus semelhante. A ideia básica aqui é que Deus está aprendendo à medida que as coisas acontecem, de certa forma aperfeiçoando e melhorando sua criação. Suponho que tudo isso faça com que Deus pareça estar mais próximo de nós, mostrando-o como alguém que sofre como nós. No entanto, de minha parte, não posso adorar esse Deus patético que faz um trabalho mal feito. Para mim, e acho que para a maioria das pessoas, um Deus que não seja onipotente não merece ser chamado de Deus. Portanto, vamos deixar de lado essas teodiceias fáceis e encarar o desafio ateísta.

---

[5] Harold Kushner, **When Bad Things Happen to Good People** (New York: Anchor Books, 1981), p. 49, 148. [**Quando coisas ruins acontecem às pessoas boas**. Trad. Francisco de Castro Azevedo (São Paulo: Nobel, 2003).]

Na parte inicial deste livro, pretendo assumir o papel de advogado de defesa e desmontar a tese ateísta contra Deus. Por favor, entenda que, ao assumir esse papel, não estou me dirigindo diretamente ao cristão que se sente injustiçado, de cujas preocupações tratarei mais tarde. Como defensor de Deus autoindicado, percebo que tenho uma vantagem: o ônus da prova é do acusador. O ateu tem de provar sua acusação, se não sem sombra de dúvida, pelo menos com um número maior de evidências favoráveis. No entanto, se supusermos que Deus está realmente sendo julgado, a defesa não tem de provar nada. Ela simplesmente tem de provar que a acusação contra Deus não se sustenta. Se isso puder ser feito, então Deus será declarado "inocente".

No entanto, como podemos garantir esse veredito de "inocente"? Vamos voltar ao silogismo ateísta original: Deus é onipotente. Deus é benevolente. O mal existe; portanto, Deus não existe. Observe que a conclusão se apoia na hipótese de que um Deus onipotente e benevolente não poderia ter nenhuma razão para permitir o mal e o sofrimento gratuitos. Se ele permitisse, não poderia ser bom e poderoso ao mesmo tempo. Portanto, a tarefa da defesa é mostrar que poderia haver razões moralmente suficientes para a existência e a magnitude do mal e do sofrimento no mundo. Em particular, pretendo mostrar que o mal e o sofrimento são necessários para que seja possível alcançar um bem muito maior; um bem que até mesmo um ser onipotente não poderia obter sem eles. Não posso explicar cada um dos casos de mal e sofrimento, mas também não há necessidade disso. Eu simplesmente tenho de mostrar que, em geral, Deus tem justificativa para criar e sustentar um Universo que tem um nível observável de mal e sofrimento entre seus ingredientes. Neste livro, pretendo fazer muito mais do que isso. Todavia, se fizer somente isso, a defesa vence a causa.

Vamos, então, ver um esboço da defesa, com minhas respostas em itálico:

1. Deus é onipotente; então ele tem o poder de eliminar o mal e o sofrimento gratuitos. *Sim, ele tem esse poder, mas pode ter razões moralmente suficientes para não fazer isso.*
2. Deus é benevolente e bom; então, ele tem o desejo de eliminar o mal e o sofrimento gratuitos. *Sim, mas Deus quer produzir um bem maior, e isso exige que ele permita a existência do mal e do sofrimento.*
3. O mundo contém inúmeros casos de mal e sofrimento gratuitos. *É verdade, mas alguns deles são necessários para que os seres humanos existam, e os restantes são causados pelos próprios seres humanos, não por Deus.*
4. Portanto, não existe um Deus onipotente e bom. Essa conclusão não é mais uma decorrência lógica.

Vamos começar com o maior exemplo de mal na nossa época, o ponto de partida para praticamente todas as discussões do tema da teodiceia. Nas palavras de Bart Ehrman: "Como é possível explicar o extermínio impiedoso de 6 milhões de judeus? Os judeus deveriam ser o povo escolhido de Deus, eleito por Deus para desfrutar de seu favor especial em troca de sua devoção a ele. Então, os judeus foram escolhidos para *isso*?".[6]

Ehrman está fazendo uma pergunta específica: Por que Deus permitiu o Holocausto? Contudo, existe uma questão mais abrangente aqui. Na História, da mesma forma que nos dias de hoje, vemos exemplos das coisas horríveis que os seres humanos fazem uns com os outros. O século XX foi maculado não só pelos crimes de Hitler, mas também pelos de Stalin e Mao. Pol Pot, que foi um tirano de menor porte, se comparado aos Três Grandes, mesmo assim exterminou 2 milhões de pessoas na Indochina, por intermédio de seu regime, o Khmer Vermelho. No nosso século, vimos os massacres tribais na África e a destruição causada por Osama Bin Laden e

---

[6] Bart EHRMAN, **God's Problem** (New York: HarperOne, 2008), p. 25.

outros terroristas islâmicos. A tudo isso cada um de nós pode ainda acrescentar outros exemplos de males reais e terríveis perpetrados todos os dias neste triste mundo em que vivemos, desde o abandono de uma criança até o crime violento que levou embora alguém que amamos.

Por que Deus permite a existência do mal? Por que ele não o detém? Essas perguntas carregam um compreensível sentimento de perplexidade e até de indignação. Contudo, a resposta está bem diante dos nossos olhos. É claro que Deus não foi o autor do Holocausto. Seus autores foram Hitler e os nazistas. Stalin e Mao cometeram seus próprios crimes, assim como Pol Pot. Vemos seres humanos praticando crimes contra seus semelhantes o tempo todo e, em alguns casos, contra a própria criação de Deus. Por que eles praticam esses atos monstruosos? A resposta simples é que eles decidem agir desse modo. Ao praticarem esses crimes, os seres humanos estão exercendo seu livre-arbítrio. É o livre-arbítrio, não Deus, que torna possível todo o mal moral que existe no mundo e todo o sofrimento resultante dele.

Eu reconheço, é claro, que existe uma enorme quantidade de sofrimento gerada pelas doenças e desastres naturais, e também por outros eventos que não têm nada a ver com a ação humana. Ainda não estou discutindo esse tipo de mal. O foco deste capítulo é o mal moral — uma prerrogativa exclusiva dos seres humanos. Veja que não faz sentido dizer que os fenômenos da natureza são "maus", exceto em um sentido metafórico. Os furacões não fazem nada por maldade, embora causem sofrimento. Até mesmo a ação predatória dos animais não é "má"; eles estão simplesmente fazendo o que a natureza foi programada para fazer. A defesa baseada no livre-arbítrio não tem o objetivo de abranger todos os tipos de sofrimento, mas sim explicar todo o mal. Essa defesa faz a vindicação de Deus, ao pôr a culpa nos seres humanos — não em Deus — pelo que eles decidem fazer por sua própria vontade.

Por que temos livre-arbítrio?

Obviamente, a próxima pergunta é esta: Por que Deus criou o homem como uma criatura livre? Quais são os benefícios do livre--arbítrio para o homem e talvez até mesmo para Deus? Uma resposta possível — de fato, a resposta cristã — é que Deus queria criar um tipo especial de ser que pudesse se relacionar com ele e amá-lo. Embora Deus ame todas as suas criaturas, ele procurou criar uma em particular que pudesse retribuir o seu amor. Ora, faz parte da natureza do amor ser livre: o amor não pode ser forçado. Consequentemente, Deus fez os seres humanos livres para que pudesse amá-los, e eles tivessem como retribuir esse amor.

Está tudo muito bem para Deus, você poderia dizer, mas qual a vantagem do livre-arbítrio para nós? O teólogo John Hick responde a essa pergunta de uma forma muito interessante: O livre-arbítrio — diz ele — nos capacita a usar o mundo para o nosso autoaperfeiçoamento, um projeto que ele chama de "construção da alma". Hick tirou essa expressão de um poema de John Keats, que descreve o mundo como *"the valley of soul-making"* [o vale no qual se constrói a alma]. Ao defender esse ponto de vista, Hick cita a Bíblia, que diz que Deus fez o homem à sua "imagem e semelhança".[7] Deus é livre e, ao nos fazer à sua imagem, ele nos fez livres. Essa característica, por si só, nos dá a dignidade humana, que é a fonte do valor do ser humano, dos direitos humanos e de tantas outras coisas. No entanto, se a dignidade humana é conferida pelo Criador, respeito e estima são coisas que temos de conquistar por nós mesmos. Fazemos isso exercendo nosso livre-arbítrio — essa é a chave — em benefício da virtude. Para Hick, é assim que chegamos a nos parecer com Deus, que nos tornarmos a sua semelhança.

Ao retribuirmos o amor de Deus e realizarmos atos de amor no mundo, com a ajuda da graça, começamos a viver nosso chamado como imitadores de um Deus amoroso e santo. Portanto, a liberdade

---

[7] Gênesis 1.26.

é muito mais que o direito de fazermos aquilo que queremos. Ela é a habilidade dada por Deus para que aprendamos na oficina da vida e nos transformemos na obra bem acabada da qual nosso Criador se orgulharia. Por que precisamos do livre-arbítrio para fazer isso? Porque a liberdade é o pré-requisito necessário para a virtude: ações praticadas sob coação não têm valor moral. Portanto, sem livre-arbítrio não há virtude. Mais do que isso, a liberdade também é um instrumento para o desenvolvimento humano.

Às vezes, tomamos decisões erradas, mas podemos aprender com elas e, desse modo, podemos progredir e crescer.[8] Embora Hick construa seu argumento com um vocabulário religioso, ele também pode ser entendido de uma forma secular. A liberdade é uma escola de responsabilidade para os seres humanos. Podemos entender isso muito bem quando enviamos nossos filhos para o mundo, permitindo que eles tenham liberdade para poderem crescer e aprender a serem adultos responsáveis. Nós não queremos mantê-los em uma infância perpétua, escolhendo o que é bom para eles; queremos que eles aprendam a escolher o que é bom.

O argumento de Hicks é que, sem liberdade, seríamos incapazes de praticar o mal; mas também seríamos incapazes de praticar o bem. Acho que isso é indiscutível, mas gostaria de ir um pouco além. Sem liberdade, nós não seríamos humanos. A liberdade não é uma característica secundária dos seres humanos. Pode-se pintar um edifício, mas não se pode dar redondeza ao círculo. Isso porque a redondeza é uma característica intrínseca dos círculos. Sem ela, eles deixam de ser círculos. A liberdade está para os seres humanos assim como a redondeza está para os círculos. Sem ela, perdemos nossa humanidade.

Vamos pensar, por um momento, a respeito do que a liberdade requer de nós. A liberdade humana requer consciência. Se não tivéssemos consciência, seríamos, na verdade, robôs ou zumbis. Os zumbis, pelo menos nos filmes de Hollywood, são seres sem consciência,

---

[8] John Hick, **Evil and the God of Love** (New York: Harper & Row, 1978).

eles andam e agem como os humanos, mas não têm vida interior. Presumivelmente, Deus poderia ter criado um mundo de zumbis, mas acredito que nenhum de nós preferiria viver nesse tipo de mundo. Ora, muitos animais, ao contrário dos zumbis, são conscientes, mas suas escolhas parecem ser governadas quase inteiramente pelos instintos. Em outras palavras, eles não fazem escolhas livremente, do mesmo modo que os humanos, e é por isso que eles não são considerados moralmente responsáveis por suas ações. Repito, Deus poderia ter criado um mundo composto inteiramente desses animais ou poderia ter criado humanos que agissem unicamente com base no instinto biologicamente programado. No entanto, imagino que esse também não seria um mundo em que gostaríamos de viver — isto é, nem os ateus nem os cristãos — porque, certamente, não continuaríamos sendo reconhecidamente humanos. De fato, em nenhum desses mundos possíveis faríamos perguntas como: Será que Deus foi injusto ao criar um mundo com tanto sofrimento e tanta maldade?

Livre-arbítrio e previsibilidade

Ora, o livre-arbítrio pode ser um bem inquestionável, mas será que ele realmente existe? Durante séculos, essa questão foi estudada do ponto de vista teológico. Agora, vamos examiná-la do ponto de vista científico. Existem duas escolas de pensamento, uma antiga e outra moderna, que negam a possibilidade de livre-arbítrio. Vejamos primeiro a antiga, segundo a qual a livre escolha é incoerente com a presciência de Deus. O argumento é este: Deus é onisciente e, portanto, sabe tudo. Se ele sabe tudo, então sabe o que vai acontecer no futuro. No entanto, se Deus conhece o futuro, então o futuro é fixo — ele não pode ser diferente daquilo que Deus já conhece. E, se o futuro é fixo, então os seres humanos não têm escolha. Nós simplesmente temos de fazer o que Deus já sabe que vamos fazer. Não podemos escolher outra coisa. Portanto, o livre-arbítrio é uma ilusão.

Agostinho, um dos pais da Igreja, examinou essa questão em várias de suas obras, entre as quais *O livre-arbítrio*. Ele argumentou que a presciência de Deus não impõe restrições sobre o livre-arbítrio. O simples fato de Deus saber que você vai fazer alguma coisa, não significa que você está forçado a fazê-la.[9] Aqui está um exemplo que ilustra o argumento de Agostinho. Digamos que, baseado no conhecimento que tenho sobre o caráter e os gostos de minha filha Danielle, eu saiba que ela vai se formar em inglês. Eu também sei que ela vai se casar com um rapaz que goste de viajar e que saiba dançar. O fato de eu saber tudo isso sobre ela — e mesmo que eu soubesse com toda a certeza — de forma alguma cancela a liberdade que ela tem de escolher. É ela que vai tomar essas decisões; simplesmente, acontece que eu sei o que ela vai decidir.

Um segundo exemplo: Digamos que você esteja de pé no terraço de um edifício muito alto, olhando as pessoas lá embaixo. Você vê dois ciclistas que se aproximam um do outro, em ruas perpendiculares. Pela velocidade em que estão, você sabe que eles vão bater. Ainda assim, seu conhecimento a respeito desse acontecimento iminente não é o que provoca o acidente. Os ciclistas vão colidir de qualquer maneira, e o fato de você saber disso não impõe nenhuma condição sobre o acontecimento. Os dois ciclistas estão no pleno controle de suas ações e manobram livremente seu próprio veículo. Sua presciência não limita a liberdade deles de forma alguma. O mesmo acontece com Deus, que sabe o que nós vamos escolher, embora as escolhas em si sejam feitas por nós, não por ele.

O argumento de Agostinho, embora válido, não considera o elemento temporal que faz parte da objeção ao livre-arbítrio. Certamente, a presciência de Deus não leva ninguém a fazer nada, mas o próprio conceito de saber alguma coisa de antemão impõe restrições irremovíveis sobre o que pode acontecer no futuro. Pense só: Se Deus realmente tem presciência, como é possível que nós façamos escolhas diferentes? Se Deus sabia, no início da criação, que, em dado ponto do

---

[9] AGOSTINHO, **On Free Choice of the Will** (Indianapolis: Hackett Publishing, 1993).

tempo, eu iria escrever este livro, então parece que não posso decidir escrever outro livro naquele instante em particular. Essa contestação mais profunda do livre-arbítrio foi feita pelo filósofo Boécio. Em seu livro *The Consolation of Philosophy* [O consolo da filosofia], Boécio abordou o problema baseado em uma das premissas centrais do cristianismo: a de que Deus é um ser que está fora do tempo. Esse conceito de um Deus atemporal — um Deus que está além do tempo — era conhecido por Agostinho e fazia parte da corrente principal da filosofia cristã. A originalidade de Boécio está em dar a esse entendimento a respeito de Deus uma nova aplicação.

Boécio escreve que, como Deus não está ligado ao tempo, ele não experimenta o mundo da mesma maneira que nós. Ele não vive no presente, lembra-se do passado e prevê o futuro. Para Deus, passado, presente e futuro são todos o presente. Tudo para Deus acontece em um agora eterno. Se imaginarmos o tempo como um rio que corre, então Deus não está navegando na correnteza. Ele está na margem, vendo o rio passar. Portanto, Deus vê o passado e o futuro da mesma maneira e com a mesma clareza que vê o presente. A importância dessa concepção de Deus está no fato de que ele não tem *presciência*; ele simplesmente tem conhecimento. Não precisamos mais nos preocupar com a possibilidade de que Deus, por conhecer o futuro, esteja de alguma forma controlando esse futuro. Deus é onisciente, mas isso não impede que criaturas livres tomem suas próprias decisões, as quais Deus conhece, mas não são impostas por ele.[10]

A objeção científica

Hoje em dia, é mais comum ouvirmos as objeções científicas ao livre-arbítrio do que as objeções teológicas. Nós somos produto da hereditariedade e da socialização precoce. Freud mostrou as operações dos impulsos inconscientes que continuamente nos afetam. Além disso, somos incapazes de controlar o próprio modo com que

---

[10] BOETHIUS, **The Consolation of Philosophy** (New York: Penguin Books, 1969).

nosso corpo funciona, sem falar nas circunstâncias externas da vida diária. Contudo, essas restrições ao livre-arbítrio não são decisivas; elas não removem completamente a possibilidade de livre-arbítrio. Certamente, sabemos que apesar de todas as limitações ainda nos restam algumas escolhas no mundo. O livre-arbítrio pode ser limitado, mas ainda é bem real.

Alguns físicos argumentam, entretanto, que essa experiência é uma ilusão. O livre-arbítrio contradiz, segundo eles, a ideia da causalidade. A premissa básica é que o Universo é determinístico, uma teoria enunciada pela primeira vez pelo físico Pierre-Simone Laplace, no século XVIII. Laplace argumentou que as criaturas vivas não são diferentes da matéria inorgânica. As mesmas leis da física regem tudo o que há sobre a terra e no Universo inteiro. No entanto, se isso for verdade, então não há lugar para o livre-arbítrio. Por quê? Raciocine comigo: Na ciência, não há efeito sem causa. Contudo, se isso é verdade, a nossa vontade também tem causas. Em um sentido bem óbvio, nossa vontade é determinada pela operação de neurônios do cérebro. Obviamente, não temos controle sobre esses neurônios. Portanto, embora pareça que temos livre-arbítrio, na realidade estamos apenas respondendo a estímulos neurológicos.

Essa é uma objeção séria e particularmente relevante para o meu argumento principal. Embora grande parte do argumento deste livro dependa da ideia de que seres humanos livres são parte das leis da natureza e surgem no mundo como consequência dessas leis, também é importante para a minha argumentação que a liberdade humana seja real. Contudo, os deterministas insistem em afirmar que as próprias leis que tornam possível a existência de seres humanos impossibilitam a livre escolha. Alguns filósofos dizem que a situação não é tão ruim quanto parece. Ainda podemos, dizem eles, salvar o livre-arbítrio, mesmo dentro do contexto do determinismo. Afinal de contas, nós escolhemos entre alternativas — nesse sentido, somos livres. A liberdade, segundo esse ponto de vista, simplesmente significa que não há restrições externas que nos impeçam de fazer o que queremos. Isso não significa, entretanto, que não haja restrições internas. A nossa mente e a nossa vontade continuam a ser moldadas por restrições físicas que estão fora do nosso controle — nesse sentido, não somos livres. Talvez uma forma melhor de apresentar essa ideia seja dizer que nós somos livres para *fazer* o que queremos, mas não somos livres para *querer* o que queremos. Na minha concepção, esse conceito parcial de livre-arbítrio não é satisfatório. Como podemos ser realmente livres, se algo que foge ao nosso controle nos leva a fazer todas as escolhas? Imagine que eu esteja agindo sob a influência de hipnotismo. Eu vou aonde quero e faço o que quero. Ninguém vai me impedir. Portanto, eu pareço ser livre, pelo menos no sentido de não ter restrições externas. Contudo, que tipo de liberdade é essa? Minha própria vontade está sendo manipulada por alguém — nesse caso, o hipnotizador. Eu estou fazendo o que ele quer, não o que eu quero. Ou, mais precisamente, o que eu quero fazer está sendo controlado por ele. Dificilmente poderíamos chamar isso de liberdade.

O filósofo Immanuel Kant concordava. Ele disse que não existe liberdade sem controle voluntário sobre as decisões que tomamos. Kant apresentou um engenhoso argumento filosófico para mostrar que nós realmente temos esse tipo de liberdade. O argumento de Kant começa com o fato de nós, seres humanos, reconhecermos que somos criaturas morais. Nós não sabemos apenas que fazemos coisas, mas sabemos também que devemos fazer coisas. A moralidade é um fato no mundo; ela é uma parte fundamental da experiência humana, assim como as rochas e as árvores. Contudo, se isso é verdade, segue-se então que, segundo Kant, nós temos verdadeiro livre-arbítrio. Por quê? Porque, se eu *devo* fazer alguma coisa, isso significa que tenho a liberdade de escolher fazer ou não. Se um pai diz a seu filho: "Você não deve mentir", obviamente essa instrução não faria sentido se a criança não pudesse mentir. Se a vontade da criança fosse de tal maneira predeterminada que ela não tivesse escolha nesse assunto, não só a regra do pai, mas todas as regras morais não fariam sentido. Não haveria motivo para dizer a alguém o que essa pessoa deveria fazer. Todas as nossas vontades seriam simplesmente o resultado da ação de forças que estariam além do nosso controle.

Filosoficamente, isso pode ser convincente. No entanto, será que existe também um argumento científico em favor do livre-arbítrio? Na verdade, existe. Não é tanto um argumento que prova o livre-arbítrio, mas sim uma refutação da crítica determinística do livre-arbítrio. Espantosamente, o determinismo do século XIX caiu em descrédito dentro da própria ciência, embora existam pessoas que continuem a argumentar como se isso não tivesse acontecido. Como ressalta o físico Stephen Barr, o determinismo foi derrubado pela mecânica quântica, uma das mais importantes e revolucionárias descobertas da ciência do século XX. A física quântica mostra que, no nível subatômico, o movimento das partículas não só é imprevisível, mas indeterminado.

Barr admite que a mecânica quântica não prova ou sequer explica o livre-arbítrio, mas, diz ele: "Ela abre uma possibilidade para a existência do livre-arbítrio". Isso se deve ao fato de que a mecânica quântica prova que o determinismo, a mais séria objeção ao livre-arbítrio, é falso. A prova é muito simples: O determinismo diz que tudo é, em princípio, previsível e determinado. A mecânica quântica mostra que nem tudo é previsível e determinado. Portanto, o determinismo está errado. Os cientistas modernos falam da "indeterminação quântica", e o próprio termo é a confirmação de que o determinismo foi derrubado.[11] Portanto, o determinismo científico não pode mais ser usado para provar que não existe livre-arbítrio.

Para mim, esses argumentos, tomados em conjunto, são uma contestação mais do que suficiente das objeções ao livre-arbítrio. Portanto, defendo a tese de que nós vivemos em um Universo regido por leis e somos criaturas livres nesse Universo. É claro que você tem

---

[11] Stephen Barr, **Modern Physics and Ancient Faith** (Notre Dame: University of Notre Dame Press, 2003), p. 175-189.

liberdade de discordar, mas veja que, ao discordar, estará confirmando meu argumento, pois estará exercendo seu livre-arbítrio.

O significado da onipotência

Até agora, mostramos que o mal moral é resultado das escolhas humanas e do livre-arbítrio, e que o livre-arbítrio é real, tem valor e é inerente à nossa humanidade. No entanto, se o livre-arbítrio tem um lado positivo, ele também tem seu lado negativo. O mesmo livre-arbítrio que permitiu que Madre Teresa servisse aos órfãos permitiu também que Hitler decidisse massacrar os judeus. O livre-arbítrio não só corrompe a alma da pessoa que o usa de forma errada, como pode impor sofrimento sobre pessoas inocentes. Por que os judeus teriam que pagar pelas ações erradas resultantes das decisões de Hitler? Podemos fazer a mesma pergunta em relação a Deus, pois ele é onipotente, e a onipotência traz em si recursos infinitos. Então, por que Deus não providenciou uma forma de fazer que tivéssemos livre-arbítrio sem o mal e sem o sofrimento? Isso pode parecer um exagero, mas exageros não intimidam seres onipotentes. Um Deus que pode fazer qualquer coisa certamente seria capaz de fazer isso também.

Quero concluir este capítulo mostrando que não há jeito de isso acontecer. A hipótese de que tem de haver um meio fundamenta-se em uma confusão a respeito do significado do termo "onipotência". Nós achamos que onipotência significa a capacidade de fazer qualquer coisa, mas, na verdade, essa palavra não significa isso e não pode significar isso. Se onipotência significasse que Deus pode fazer qualquer coisa, então ele seria capaz de fazer um mais um ser igual a cinco, ou de desenhar um triângulo de quatro lados sobre uma superfície plana. Mas ele não pode fazer essas coisas. Se Deus pudesse fazer qualquer coisa, ele seria capaz de dizer uma mentira. No entanto, é impossível para um ser perfeitamente bom dizer uma mentira. Portanto, sabemos que ele não pode fazer isso. Para entender por que algumas dessas alegações a respeito de Deus não fazem sentido e entender o que onipotência realmente significa, é interessante analisarmos uma charada clássica. A charada é conhecida na filosofia como o paradoxo da pedra. A questão é simples, mas intrigante: Deus pode fazer uma pedra tão pesada que nem ele mesmo consiga levantar? Colocada dessa maneira, é uma pergunta desnorteante, porque qualquer que seja a resposta, parece que Deus não é onipotente. Se ele pode criar essa pedra, ele não é onipotente, porque existe uma pedra que ele não pode levantar. E, se ele não pode criar essa pedra, então ele não é onipotente porque acabamos de encontrar algo que ele não pode fazer. Em seu livro *God: The Failed Hypothesis* [Deus, a hipótese fracassada], Victor Stenger cita o paradoxo da pedra como uma refutação do dogma de que Deus é onipotente.[12]

Na verdade, a refutação não funciona e, de fato, o paradoxo da pedra está baseado em uma concepção errada de onipotência. Podemos resolver isso facilmente definindo melhor nossos termos. Onipotência não significa a capacidade de fazer *qualquer coisa*. Onipotência significa ter um *poder* ilimitado. No caso de Deus, onipotência significa ter poder ilimitado para fazer o que ele quer fazer. Portanto, será que Deus pode mentir? Não. Deus tem poder ilimitado, mas, como não está em sua natureza mentir, esse poder só é usado para fazer o que ele realmente quer fazer. Deus não pode desenhar um triângulo de quatro lados porque a própria ideia de um triângulo de quatro lados não faz sentido. Onipotência não significa a habilidade de fazer o que é impossível e sem sentido. Uma prova disso é o fato de que não haveria como nos dar nenhum poder que nos permitisse construir um triângulo de quatro lados. Será que Deus é capaz de criar uma pedra tão pesada que ele não possa levantar? A resposta é não. E aqui está o porquê: Como Deus tem poder ilimitado, não há pedra que ele não possa levantar; e como não há pedra que ele não possa levantar, ele não pode criar uma pedra tão pesada que ele não consiga levantar. Portanto, a charada da pedra foi resolvida, e agora podemos ver que

---

[12] Victor STENGER, **God: The Failed Hypothesis** (Amherst, NY: Prometheus Books, 2007), p. 33.

a incapacidade de Deus criar uma pedra tão pesada que ele não possa levantar não é refutação à sua onipotência: na verdade, ela é resultado de sua onipotência.

Assim, voltamos à nossa questão inicial: Poderia Deus criar um mundo com livre-arbítrio, mas sem o mal? A resposta óbvia a essa questão é não. Isso seria o mesmo que pedir um triângulo de quatro lados. A própria definição de livre-arbítrio inclui a capacidade real de decidir praticar o mal, da mesma forma que a própria definição de um triângulo implica o fato de ter três lados. Em ambos os casos, percebemos que não poderia ser acrescentado poder suficiente para transformar impossibilidades em possibilidades. Como escreve o filósofo Alvin Plantinga: "Deus pode criar seres livres, mas não pode *causar* ou *determinar* que eles só façam o que é certo. Se ele fizesse isso, essas criaturas não seriam livres — não fariam o que é certo *livremente*. Para criar seres capazes de praticar o *bem moral*, portanto, Deus precisa criar seres capazes de praticar o *mal moral*, e não pode deixar que essas criaturas sejam *livres* para praticar o mal e, ao mesmo tempo, impedi-las de praticá-lo. Deus, de fato, criou seres extremamente livres; mas alguns deles agiram errado no exercício de sua liberdade: essa é a fonte do mal moral. Entretanto, o fato de que essas criaturas livres às vezes fazem coisas erradas não contradiz nem a onipotência de Deus nem a sua bondade, pois ele só poderia ter impedido a ocorrência do mal moral se eliminasse a possibilidade do bem moral".[13]

O mal moral não é a única fonte de sofrimento na terra, mas ele é claramente uma das principais formas de sofrimento humano no mundo. Deus permite esse sofrimento porque vale a pena pagar esse preço em troca de um mundo em que existem criaturas livres, conscientes e racionais, chamadas seres humanos. Ao escolher criar os seres humanos do modo que os criou, Deus teve que decidir se

---

[13] Alvin PLANTINGA, God, Evil, and the Metaphysics of Freedom, In: Alvin PLANTINGA, **The Nature of Necessity** (New York: Oxford University Press, 1974), p. 166-167.

valia a pena correr o risco de nos dar um de seus próprios atributos característicos — o livre-arbítrio. Evidentemente, ele decidiu que sim, e, por mais difícil que seja para nós aceitar o preço a pagar, se damos valor à nossa dignidade e humanidade, temos que concordar que ele estava certo.

CAPÍTULO 6

Escolhas e consequências

Por que o Universo é regido por leis?

Se existe um Deus, é uma pena que ele não tenha providenciado evidências conclusivas de sua existência.[1]
Bertrand Russell, *Russell on Religion*

No capítulo anterior, discutimos por que Deus criou um mundo em que existe livre-arbítrio. Neste capítulo, vamos abordar uma questão diferente, embora relacionada: Por que Deus criou um mundo regulado por leis — isto é, um mundo que funciona segundo leis previsíveis e que podem ser descobertas? O astrônomo Carl Sagan considera que "é um fato profundo e extraordinário que as leis da natureza existam e sejam as mesmas em toda parte". Sagan observa que "as leis da natureza [...] se aplicam não só a Glasgow, mas a pontos muito mais distantes: Edimburgo, Moscou, Pequim, Marte, Alfa Centauro, o centro da Via Láctea e até os quasares mais remotos".[2]

Obviamente, um Deus onipotente não precisaria criar um mundo assim: Deus poderia ter criado um mundo no qual a gravidade às vezes funcionasse e outras vezes não. Ou um mundo no qual as causas físicas às vezes tivessem efeitos previsíveis e às vezes não. O físico Paul Davies escreve: "Existem incontáveis possibilidades que fariam que o Universo fosse totalmente caótico. Ele poderia não ter absolutamente lei alguma, ou simplesmente ter um conjunto de leis incoerentes. [...] Poderíamos imaginar um Universo em que as condições mudassem a todo momento, de uma forma complicada ou randômica,

---

[1] Louis GREENSPAN e Stefan ANDERSSON (Ed.). **Russell on Religion** (London: Routledge, 1999), p. 101.
[2] Carl SAGAN, **The Varieties of Scientific Experience** (New York: Penguin, 2006), p. 149-150, 224.

ou mesmo um Universo no qual tudo deixasse de existir de repente. Aparentemente, não há nenhum obstáculo lógico à ideia desses universos desordenados. Contudo, o Universo real não é assim".[3]

Em vez de criar um Universo tão volúvel e arbitrário, Deus parece ter criado um mundo que opera segundo leis gerais e universais. O físico James Trefil chama isso de "princípio da universalidade". Nas palavras de Trefil, isso significa que "as leis da natureza que descobrimos aqui e agora, nos nossos laboratórios, são válidas em todas as partes do Universo e estiveram em ação desde o início". Trefil admite que "não existe razão lógica para que as mesmas leis sejam válidas em todas as partes do Universo.[4] Contudo, a ciência se baseia na hipótese de que isso acontece. Os cientistas testam essa hipótese o tempo todo; por exemplo: quando medimos a força da gravidade no espaço exterior ou na Lua, essa hipótese se mostra verdadeira. A gravidade não é uma coisa que acontece só na Terra; ela é uma força universal.

Veremos aqui uma razão muito forte para que Deus tenha decidido criar o mundo dessa forma. Acontece que é necessário que haja um Universo regido por leis para que os seres humanos possam exercer seu livre-arbítrio. Sem um Universo assim, o livre-arbítrio seria inútil, porque as escolhas não teriam consequências previsíveis. Nem a moralidade nem a ciência seriam possíveis em um Universo caprichoso ou arbitrário.

Começaremos nosso estudo sobre esse assunto considerando uma dificuldade muito séria na defesa do livre-arbítrio. Quem primeiro apontou essa dificuldade, três séculos atrás, foi o filósofo Pierre Bayle. Ele não estava tratando diretamente da questão do livre-arbítrio, mas respondendo à famosa alegação de Leibniz de que este é o melhor de todos os mundos possíveis. Bayle respondeu que Deus poderia ter feito coisa melhor: "Se o homem fosse obra de um princípio infinitamente bom e santo, ele não só teria sido

---

[3] Paul DAVIES, **The Mind of God** (New York: Touchstone Books, 1992), p. 195.
[4] James TREFIL, **Reading the Mind of God** (New York: Anchor Books, 1989), p. 1, 52.

criado sem maldade, mas também sem nenhuma inclinação para o mal".⁵ O argumento de Bayle é simples: Se Deus tivesse feito um tipo melhor de ser humano, o mundo seria melhor. Então, este não é o melhor de todos os mundos possíveis porque facilmente podemos pensar em um mundo melhor.

Escrevendo cerca de meio século mais tarde, o filósofo David Hume expressou uma crítica semelhante. Em seu *Diálogos sobre a religião natural*, Hume apresenta sua própria sugestão de como Deus poderia ter criado um mundo melhor: "Para curar a maioria das enfermidades humanas, não é necessário que o homem tenha as asas de uma águia, a agilidade de um cervo, a força de um touro e as garras do leão". Hume se daria por contente se o Criador tivesse dado ao ser humano "uma capacidade superior de compreensão e discernimento, um gosto estético mais refinado, uma sensibilidade maior para a benevolência e a amizade [...]. Que todos os membros da espécie possuíssem naturalmente a mesma diligência que muitos indivíduos são capazes de alcançar por meio do hábito e da reflexão". Basicamente, Hume deseja que toda a humanidade tenha os mesmos atributos admiráveis que ele vê em si mesmo.

Entretanto, Hume vai mais além. Por que — pergunta ele — Deus insiste em construir a natureza segundo leis gerais? "Isso não parece de modo algum necessário para uma existência muito perfeita". Certamente, as leis podem fazer a organização do Universo mais simples, mas Hume observa que Deus poderia usar "desejos particulares" para corrigir todas as anomalias e catástrofes da natureza. Por exemplo: "Uma esquadra cujo propósito fosse salutar à sociedade poderia sempre encontrar ventos favoráveis", e os bons governantes poderiam receber "boa saúde e longa vida", enquanto tiranos como César e Calígula poderiam ter morte prematura ou até mesmo ser convertidos, ainda na infância, em pessoas amorosas e preocupadas

---

⁵ Pierre Bayle, Manicheans. In: Mark Larrimore (Ed.). **The Problem of Evil** (London: Blackwell Publishing, 2001), p. 187.

com o bem-estar do próximo. Hume não está simplesmente pedindo milagres aqui e ali; ele quer saber por que os milagres não são a norma; ou seja, por que Deus fez um mundo com leis fixas e depois deixou que as coisas seguissem seu curso sem sua interferência direta e contínua para corrigir males evidentes?[6]

Mais recentemente, o filósofo J. L. Mackie escreveu: "Se Deus fez os seres humanos de tal forma que em suas escolhas livres eles às vezes preferem o que é bom e às vezes o que é mau, por que ele não os fez de modo que sempre escolhessem livremente fazer o que é bom?". Mackie argumenta que isso não é incoerente com a concessão do livre-arbítrio aos seres humanos. "Se não existe impossibilidade lógica no fato de um ser humano escolher o que é bom em uma ou várias ocasiões, não pode haver impossibilidade lógica de que ele escolha o que é bom em todas as ocasiões". O crítico social James Wood apresenta um caso concreto para provar o argumento de Mackie. No céu — diz ele — os anjos e santos supostamente têm livre-arbítrio. Contudo, no céu não há pecado. Portanto, se os santos e anjos podem ter livre-arbítrio e não pecar, então por que Deus não fez os seres humanos na terra da mesma maneira? A defesa do livre-arbítrio — diz Wood — é "elucidada pela própria ideia de céu". Christopher Hitchens diz que Deus está sempre contra os pensamentos maus dos seres humanos, mas foi ele mesmo que nos fez assim: "Se Deus realmente queria que as pessoas não tivessem esses pensamentos, deveria ter tido o cuidado de inventar uma espécie diferente".[7]

Os críticos da teodiceia do livre-arbítrio estão defendendo aqui um argumento muito forte, que podemos ilustrar por meio de um exemplo. Digamos que nós conhecemos um homem que basicamente é uma boa pessoa, mas tem uma forte inclinação, um impulso

---

[6] David Hume, **Dialogues Concerning Natural Religion** (New York: Penguin Books, 1990), p. 116-119.

[7] J. L. Mackie, Evil and Omnipotence, **Mind** (Abril de 1955); James Wood, Holiday in Hellmouth, **The New Yorker**, 9 e 16 de junho de 2008, p. 122; Christopher Hitchens, **God Is Not Great** (New York: Twelve Publishing, 2007), p. 100. [**Deus não é grande**. Trad. Alexandre Martins (Rio de Janeiro: Ediouro, 2007).]

praticamente irresistível para a bebida. Agora, suponhamos que nós mandemos esse homem para uma rua em que há muitos bares dos dois lados. Então, quando nosso amigo aparece bêbado, nós dizemos: "A culpa é toda sua! Você tinha livre-arbítrio, e veja só como usou mal sua liberdade". Nesse caso, entretanto, parte da culpa certamente seria nossa, porque nós sabíamos que ele tinha essa fraqueza e ainda assim o mandamos para um ambiente onde havia grande probabilidade de que ele cedesse à tentação. Nossa culpa seria ainda maior se nós, tendo poder divino, criássemos um ser suscetível ao álcool e depois o culpássemos por exercer livremente a inclinação que implantamos nele desde o início.

Agora vejamos, por outro lado, minha atitude em relação às drogas. Não vejo isso como uma exaltação de minha virtude; só a constatação de que eu nunca usei drogas. Não tenho nenhum mérito moral por isso, porque nunca me senti tentado a usar drogas. A própria ideia de inalar cocaína ou injetar algum tipo de droga no meu corpo me parece completamente repugnante. Eu, simplesmente, não vejo motivo para fritar meu cérebro dessa maneira. Entretanto, tenho a livre escolha de usar drogas. Portanto, assim como tenho liberdade para usar drogas, mas não tenho inclinação para isso, por que Deus não poderia ter criado todos os seres humanos com livre-arbítrio, mas sem inclinação para praticar o mal ou causar dano em outro ser humano? Parece não haver motivo para a decisão que Deus tomou de fazer criaturas inferiores, inclinadas para o mal e para o comportamento destrutivo. E aqui está o erro fatal na defesa do livre-arbítrio que este capítulo pretende abordar.

Entretanto, aqui existe um segundo problema que vale a pena examinar neste momento. No capítulo anterior, eu disse que Deus quer que nós tenhamos livre-arbítrio para que possamos retribuir seu amor. Todavia, onde está Deus? Com certeza, podemos responder que Deus está em toda parte e também dentro de nós. Mas o que significa amar um ser que está em toda parte e dentro de nós ao mesmo tempo? Com certeza, não podemos ter com Deus um tipo de relacionamento normal. Na vida diária, se amamos alguém, podemos vê-lo e tocá-lo. Quando falamos com ele, temos uma resposta direta e audível. No entanto, com Deus não é assim. Relacionamo-nos com ele por meio de um tipo de monólogo interior e mesmo assim não podemos aplicar os testes normais para confirmar se ele está realmente ouvindo ou até mesmo se ele está lá. Como ressalta o filósofo católico Michael Novak no título de seu mais recente livro, *No One Sees God* [Ninguém vê Deus].

Existem importantes questões filosóficas envolvidas aqui, mas é claro que a ausência de Deus é percebida de modo ainda mais agudo quando estamos passando por algum sofrimento. Lembre-se de que, no capítulo anterior, falei sobre os limites da razão humana e argumentei que Deus pode ter razões por trás do nosso sofrimento que nós desconhecemos, mas ele sabe quais são. Apresentei a analogia do pai que leva a criança ao médico para fazer um tratamento doloroso, cujos benefícios só são percebidos pelo pai, mas não pela criança. Mesmo assim, é mais fácil para a criança suportar o tratamento se o pai ou a mãe estiver ali segurando sua mão e dando-lhe a certeza de que ela vai ficar bem. Mas onde está Deus quando nós passamos por dificuldades, quando estamos sofrendo, quando não sabemos por que estamos passando por aquela aflição e precisamos desesperadamente de seu conforto? Certamente, Deus pode pelo menos fazer uma aparição, como fez com Jó, mas geralmente ele não faz isso.

O desaparecimento de Deus

Esse é o enigma do Deus escondido. No extraordinário livro *The Disappearance of God* [O desaparecimento de Deus], Richard Elliot Friedman mostra como Deus vai desaparecendo progressivamente, até mesmo na Bíblia. Nos primeiros livros da Bíblia, Deus está sempre presente: "Aquele não é um mundo de crença em Deus, mas de *conhecimento* de Deus". Adão e Eva desfrutam de um tipo de comunicação direta com Deus. Ele também fala de uma forma clara e íntima com Noé, Abraão e Moisés, embora nenhum deles veja sua face. No entanto, em livros posteriores da Bíblia hebraica, Deus se esconde do homem. Essa própria expressão — escreve Friedman — ocorre mais de 30 vezes no Antigo Testamento. Por exemplo, em Deuteronômio 31.17, Deus diz a Moisés que, quando o povo quebrar sua aliança com ele: "[...] se acenderá a minha ira contra eles, e eu me esquecerei deles; esconderei deles o meu rosto [...]". Em Salmos, há muitas passagens que lamentam o fato de Deus estar escondido: "Desperta, Senhor! Por que dormes?"; "Por que, SENHOR, me rejeitas e escondes de mim o teu rosto?"; "SENHOR, por que estás tão longe? Por que te escondes em tempos de angústia?".[8] Essas queixas não são desconhecidas dos que estão passando por sofrimentos. Nos livros posteriores, Deus usa profetas como mediadores de suas mensagens, e nem mesmo os profetas falam diretamente com Deus, como fez Moisés. Finalmente, escreve Friedman — e isso pode ser aplicado às Escrituras cristãs —, Deus desaparece completamente. O Deus do Antigo Testamento não faz aparições diretas no Novo Testamento. Nas palavras de Friedman: "O retrato bíblico inicial de um mundo em que a divindade está intimamente envolvida foi sendo gradualmente substituído por uma imagem da realidade que não é muito diferente daquela que conhecemos hoje". Na ausência de Deus, escreve Friedman: "Os seres humanos são deixados no controle de seu destino".[9]

Entretanto, Friedman não consegue explicar por que Deus se esconde dessa maneira.

Esse caráter esquivo de Deus, ou pelo menos sua relutância em se mostrar tão claramente quanto em outros tempos, deixa os crentes confusos por causa da promessa bíblica: "Busquem, e encontrarão". Alguns ateus argumentam que o fato de Deus se esconder é, em si

---

[8] Salmos 44.23; 88.14; 10.1.
[9] Richard Elliott FRIEDMAN, **The Disappearance of God** (Boston: Little, Brown and Co., 1995), p. 8, 14, 28, 31, 58, 69.

mesmo, um argumento contra a sua existência. Um Deus bom — diz o filósofo J. L. Schellenberg — nunca iria querer impedir que as pessoas que o buscam em sinceridade ou estão abertas a ele o encontrassem e sentissem o seu amor. Entretanto — escreve Schellenberg —, certamente há muitas pessoas no mundo nessa situação. Elas têm o que ele chama de "incredulidade compreensível". Com base nesse fato, Schellenberg conclui: "Podemos argumentar que a incredulidade na existência de Deus tem certa razão de ser". Em outras palavras, Deus não existe porque, se existisse, faria sua presença mais óbvia a todos que o buscam.[10]

O argumento de Schellenberg é repetido de uma forma menos rigorosa pelo astrônomo Carl Sagan. Ele escreve que Deus não deveria ter se contentado em "fazer declarações enigmáticas a sábios da Antiguidade". Ele deveria ter dado sinais mais evidentes de sua existência. Por exemplo: "Deus deveria ter gravado os Dez Mandamentos na Lua". A outra sugestão de Sagan é: "Um crucifixo de 100 quilômetros em órbita da Terra". Seu argumento pode não ser refinado, mas é explícito: "Por que Deus seria tão claro na Bíblia e tão obscuro no mundo".[11] Este capítulo, creio, pode responder a essa pergunta de Sagan e explicar o fato de Deus estar escondido.

A melhor maneira de responder a essa pergunta é buscar a própria resposta de Deus, conforme revelada na Bíblia. Vamos examinar o relato bíblico da Criação e da Queda, conforme mostrados nos três primeiros capítulos de Gênesis. É um tanto surpreendente a insistência de Bart Ehrman em que "Essa explicação padrão de que Deus tinha que dar livre-arbítrio aos seres humanos, e que o sofrimento ocorre porque as pessoas exerceram mal essa prerrogativa, tem um papel muito pequeno na tradição bíblica".[12] Contudo, o livre-arbítrio é exatamente o tema dos três primeiros capítulos de Gênesis!

---

[10] J. L. SCHELLENBERG, **Divine Hiddenness and Human Reason** (Ithaca, NY: Cornell University Press, 2006), p. 3, 83.

[11] Carl SAGAN, **The Varieties of Scientific Experience** (New York: Penguin Books, 2006), p. 167.

[12] Bart EHRMAN, **God's Problem** (New York: HarperOne, 2008), p. 12.

Existe um debate teológico acerca de quão literalmente devemos considerar o relato da Queda. Não tenho dúvidas de que, historicamente, houve um primeiro casal humano que pecou e, em consequência disso, introduziu o pecado no mundo. Entretanto, isso não é crucial para o meu argumento. Portanto, vamos deixar de lado a historicidade da Queda e nos concentrar na questão mais importante, que é o significado do relato bíblico da Queda. É interessante notar que muitos dos cristãos de antigamente, inclusive Agostinho, interpretavam as passagens bíblicas simbolicamente; eles não achavam que essa abordagem diminuísse a veracidade ou a confiabilidade da Escritura.

Os ateus frequentemente ignoram isso. O psicólogo cognitivo Steven Pinker, em seu livro *Tábula rasa*, afirma: "As ciências modernas da cosmologia, geologia, biologia e arqueologia tornaram impossível para uma pessoa que tenha conhecimento científico acreditar que a história bíblica da criação tenha realmente ocorrido".[13] Contudo, a Bíblia tem algumas coisas profundas a dizer a respeito das origens: A origem do Universo, a origem do homem e a origem do mal.

Nesse sentido, o relato bíblico se assemelha ao relato dos primeiros filósofos modernos, como Thomas Hobbes, John Locke e Jean Jacques Rousseau. Esses filósofos visualizaram o homem em um "estado natural" e discutiram como os seres humanos, por meio de um "contrato social", deixaram uma existência nômade e eminentemente solitária para estabelecer uma comunidade política e social. Até mesmo os "direitos" supostamente são derivados desse contrato original. Contudo, como Pinker sabe, ninguém jamais encontrou esse contrato. De fato, os primeiros filósofos modernos não afirmaram que ele existiu. Rousseau, em seu *Segundo discurso*, chega a escrever: "Vamos [...] começar deixando todos os fatos de lado, pois eles não afetam a questão [...]. Este assunto não deve ser considerado como verdade histórica, mas somente como um conjunto de raciocínios hipotéticos

---

13 Steven PINKER, **The Blank Slate** (New York: Viking, 2002), p. 2.

e condicionais que são mais adequados a esclarecer a natureza das coisas do que a mostrar sua verdadeira origem".[14]

Pinker sabe de tudo isso, pois ele escreve ainda em *Tábula rasa*: "É claro que os seres humanos nunca estiveram sozinhos [...] e não inauguraram a vida em grupo lavrando um contrato em determinada época e lugar [...]. Mas a *lógica* dos contratos sociais pode ter impulsionado a evolução das faculdades mentais que nos mantêm nesses grupos".[15] Em outras palavras, Pinker admite que, embora o verdadeiro contrato possa ser uma ficção, entender a gênese e a identidade dos grupos sociais dessa maneira pode ser muito proveitoso, e talvez tenha até valor científico.

Contudo, nunca passou pela cabeça de Pinker entender o livro de Gênesis dessa mesma forma intelectualmente aberta. Portanto, vou fazer isso aqui. Ora, Pinker poderia levantar a objeção: *Espere um minuto! Não é verdade que a apologética cristã deve ser feita, supostamente, usando o vocabulário da razão? Por que, então, estamos ouvindo um relato da Bíblia?* De modo geral, essa objeção seria válida, e meus outros livros defendem Deus, a imortalidade e o cristianismo, sem apelar para revelação ou textos sagrados. No entanto, neste livro e nesta seção, é inteiramente legítimo discutir o que a Bíblia tem a dizer a respeito do mal.

Eis o motivo: o cerne do argumento ateísta é que existe uma contradição entre o que os cristãos acreditam a respeito de Deus e a existência e magnitude do mal e do sofrimento no mundo. Todavia, quando se trata de discutir o que os cristãos realmente creem acerca de Deus, o ateu se restringe a dois atributos de Deus: Deus é onipotente e Deus é benevolente. Os cristãos, entretanto, têm uma compreensão muito mais abrangente e detalhada de Deus. Portanto, obviamente, o relato ateísta é inadequado se tudo o que tem para mostrar é o embate entre dois atributos de Deus e o fato de que o

---

[14] Jean-Jacques Rousseau, **The First and Second Discourses** (New York: St. Martin's Press, 1964), p. 103.
[15] Pinker, **The Blank Slate**, p. 285.

mal e o sofrimento existem. É possível que alguns outros atributos de Deus esclareçam a aparente contradição. Por isso, o ateu tem de mostrar que existe uma contradição entre o mal e o sofrimento, por um lado, e toda a visão cristã de mundo, por outro. Enquanto isso, o cristão tem todo o direito de se basear em toda a perspectiva cristã para anular a contradição e reconciliar o caráter de Deus com o mal e o sofrimento que existem em sua criação.

De fato, não cabe ao cristão sequer provar que Deus fez as coisas deste ou de outro modo. Lembre-se de que o ateu é que tem que provar sua tese. É ele que diz que é *impossível* que um Deus benevolente e todo-poderoso permita tanto mal e sofrimento. No entanto, nós podemos refutar completamente a alegação de que algo é impossível simplesmente mostrando que é possível. Vemos essa mesma estratégia ser empregada por advogados de defesa nos casos de homicídio; quando o promotor diz que o acusado fez determinada coisa de certa maneira, a defesa só tem que provar que os mesmos fatos podem ser interpretados de outra maneira e que as coisas poderiam ter acontecido de outro jeito. Se a defesa puder fazer isso, então existe base suficiente para a absolvição.

É isso que vamos fazer aqui: mediante um exame minucioso do relato bíblico da Queda, vamos investigar algumas questões fundamentais. Como foi que os seres humanos se tornaram o que são? Qual é a origem do mal? De onde vêm a consciência e a moralidade? Por que nos sentimos tão insatisfeitos com o mundo? Por que Deus se esconde até mesmo daqueles que querem conhecê-lo melhor? Ao examinar essas questões, não vou me restringir ao que a Bíblia diz; vou também me basear em uma interpretação profunda e engenhosa de outra queda — a queda de Satanás —, elaborada pelo filósofo medieval Anselmo. E, no final, acredito que grande parte dessa confusão terá sido esclarecida.

A queda do homem não tem nada a ver com o fato de se comer uma maçã, é claro; a Bíblia se refere simplesmente ao fruto proibido.

O texto de Gênesis também não apresenta a serpente como Lúcifer disfarçado. Encontramos essa imagem em *Paraíso perdido*, e podemos ver que ela representa elaborações posteriores, baseadas na história bíblica. Uma dessas invenções modernas, aceita pelos eruditos cristãos e seculares, é a interpretação do primeiro pecado como um ato que envolveu o sexo. Não há nada mais natural que a tentativa de impor nossas próprias obsessões sobre a Bíblia! Contudo, o sexo é irrelevante para o pecado original de Adão e Eva, embora eles tenham sofrido os efeitos dessa transgressão em termos de culpa e vergonha de sua nudez.

O pecado original

Então, qual foi o pecado original? A narrativa bíblica gira em torno de uma proibição imposta por Deus. Em Gênesis 2.16,17, Deus diz: "[...] Coma livremente de qualquer árvore do jardim, mas não coma da árvore do conhecimento do bem e do mal, porque no dia em que dela comer, certamente você morrerá". Dada a amplitude da permissão de Deus, a proibição é absurdamente insignificante. Deus diz a Adão e Eva que desfrutassem de toda a fartura do jardim, exceto daquela árvore. A árvore não traz vida ou felicidade; ela é a árvore do conhecimento do bem e do mal. Aparentemente, Deus não quer que Adão e Eva conheçam o bem e o mal. E que razão ele dá para que o homem não coma daquele fruto em particular? Ele não dá razão alguma. Deus quer que o homem obedeça simplesmente porque ele deu uma ordem.

Será que Deus está sendo injusto aqui? Eu não acho. Ele está basicamente dizendo a Adão e Eva: "Vocês podem viver do meu jeito ou do jeito de vocês. Eu fiz vocês para que tivessem um relacionamento comigo, me amassem e me adorassem. Eu tenho um plano para vocês. Sigam esse plano para que sejam perfeitamente felizes. Vocês devem querer fazer isso porque eu sou seu Criador e, portanto, devem saber que meu plano para vocês é o melhor, ainda que, como criaturas, não possam entendê-lo. Portanto, não vou dar a vocês nenhuma razão para que não comam dessa árvore. Se eu desse alguma explicação, vocês estariam agindo com base em seu próprio raciocínio, não por que eu dei uma ordem. Meu plano é melhor porque fui eu que o elaborei e porque eu sou Deus, perfeitamente sábio e benevolente. Contudo, embora seja melhor para vocês fazerem as coisas do meu jeito, não vou forçar vocês a fazer isso. Eu sou livre e os fiz livres. Assim, vocês têm a opção de decidir o que querem fazer".

A mensagem da Queda não é apenas a de que Adão e Eva preferiram fazer sua própria vontade em vez da vontade de Deus, mas a de que toda a humanidade escolhe fazer as coisas do seu próprio jeito. Adão é o protótipo do homem (o próprio nome Adão significa "homem" ou "humanidade"). De certa forma, Adão e Eva representam a humanidade, e a escolha deles, conforme apresentada na Bíblia, é a mesma que qualquer outro ser humano faria — e realmente faz. Essa escolha é seguir o nosso próprio caminho em vez do caminho traçado por Deus; seguir nosso próprio plano em vez do plano de Deus. Em outras palavras, nós optamos pela liberdade — conhecimento e escolha entre o bem e o mal — em vez da submissão à suprema vontade de Deus. E o resto da narrativa trata da relutante aceitação de Deus quanto à decisão humana e das consequências lógicas e necessárias dessa decisão.

No entanto, por que a Bíblia chama de pecado o fato de o homem escolher a liberdade em vez da subordinação? Por que não deveríamos conhecer o bem e o mal? O que há de errado em escolher a nossa própria vontade em vez da vontade de Deus? A resposta é que isso é exatamente a definição de pecado: seguir o nosso plano em vez do plano de Deus. A árvore é chamada de árvore do conhecimento do bem e do mal porque, ao comerem o seu fruto, Adão e Eva escolheram seu próprio entendimento de bem e mal em vez do entendimento de Deus. O entendimento de Deus é muito simples: uma coisa é errada porque eu a proíbo; uma coisa é certa porque eu a permitiu. Contudo, a árvore oferece aos seres humanos uma estrutura diferente: a proibição explícita de Deus é ignorada, e nós decidimos sozinhos o que é certo e o que é errado.

A Queda é um pecado de desobediência, porque representa infidelidade em relação ao caminho de Deus. Ela também é um pecado de orgulho, porque é necessária uma arrogância muito grande para que criaturas finitas prefiram seguir seu próprio plano em vez do plano elaborado por seu Criador sábio e infinito. Randy Alcorn escreve: "Qualquer tentativa de nos libertarmos dos padrões de Deus constitui rebelião contra ele. Ao substituir os padrões divinos pelos nossos, estamos não só negando Deus, mas nos colocando no lugar dele. O mal é sempre uma tentativa de golpe, uma tentativa de usurpar o trono de Deus".[16]

Será, porém, que a busca do conhecimento, em si, pode ser considerada uma usurpação? O conhecimento nos parece uma coisa muito boa. Então, o que há de errado em saber distinguir entre o bem e o mal? Na verdade, o conhecimento em si *é* bom, e Adão e Eva tinham todo o conhecimento de que precisavam. Eles sabiam o que seu Criador queria deles, e isso era tudo o que precisavam saber. O problema foi o fato de que Adão e Eva não queriam o conhecimento intelectual, mas sim um tipo diferente de conhecimento. Eles queriam conhecer o bem e o mal de modo que pudessem decidir por si mesmos se queriam fazer um ou outro. Em particular, eles queriam saber se o que Deus proibia por ser mau era realmente mau, quando parecia ser bom. E a mensagem da Queda é que esse conhecimento tem um preço muito alto. Adão e Eva não só perderam a inocência, como passaram a conhecer o bem e o mal de uma forma muito diferente de antes. Antes, eles conheciam o mal por meio da proibição; agora eles o conhecem por experiência.

É importante compreender que Adão e Eva não caem porque descobriram o significado do mal; eles caem porque praticaram o mal.

---

[16] Randy Alcorn. **If God Is Good** (Colorado Springs: Multnomah Books, 2009), p. 25.

O conhecimento que eles obtêm não é apenas intelectual. Ao contrário, eles "conhecem" o mal da mesma maneira que muitas personagens bíblicas conhecem seus cônjuges. Aqui, o verbo "conhecer" é usado no hebraico com o significado de conhecimento profundo, uma intimidade que nasce de "experimentar" o mal e tornar-se "mau".

É por isso que o castigo do pecado é a morte. Deus adverte Adão e Eva de que, se comerem do fruto proibido, morrerão. Eles comem e, é claro, não morrem imediatamente. No entanto, se tornam conscientes de sua própria mortalidade. E tanto a mortalidade como também a antecipação dessa mortalidade são apresentadas como consequências do pecado. A espera pelo dia da morte é consequência da Queda.

Mais importante ainda é o fato de que a desobediência de Adão e Eva trouxe a morte espiritual, que é a alienação de Deus. O relacionamento dos seres humanos com Deus é rompido quando eles decidem trilhar seu próprio caminho em vez de seguir o caminho que Deus estabeleceu. Tudo isso, nos dias de hoje, pode nos parecer meio "exagerado", uma reação fora de proporção da parte de Deus. Nós estamos tão corrompidos pelo pecado, tão semelhantes a Adão e Eva nas nossas inclinações, que temos dificuldade de avaliar a gravidade do ato que os dois praticaram. No entanto, Adão e Eva tiveram uma reação diferente. Os dois reconheceram imediatamente a dimensão de sua transgressão. Foi por isso que eles se sentiram envergonhados e se esconderam. A Bíblia retrata esse momento como o instante em que o ser humano se tornou moralmente consciente. Adão e Eva estão agora plenamente conscientes do que escolheram por vontade própria, e essa escolha traz vergonha, não felicidade. A vergonha de Adão e Eva não se deve à sua nudez física — eles estavam nus antes e nem sequer se apercebiam disso —, mas sim ao pleno reconhecimento de que optaram por sua própria vontade em vez da vontade de Deus. Eles agora conhecem o pecado e sentem vergonha e remorso — vergonha por causa da culpa, e remorso por sentirem a alienação de Deus como efeito imediato de sua desobediência.

Portanto, a Queda é um relato de como os seres humanos se tornaram pecadores ao se separarem de Deus. E a Bíblia conta a história como uma "queda" de um estado original de felicidade e inocência com o objetivo de transmitir a ideia de que era assim que Deus queria que nós vivêssemos originariamente. Deus queria que o homem fosse inocente e feliz, mas o homem preferiu ser livre. Desde o início, o homem estava determinado a escolher entre o bem e o mal, baseado no que lhe parecia melhor, segundo o seu próprio julgamento limitado, em vez de livremente escolher obedecer à benevolente sabedoria de Deus.

Motivo para pecar

Resta ainda um profundo mistério: Qual foi o motivo que levou o homem a pecar? As respostas superficiais são de que o homem queria ser como Deus ou descobrir se Deus estava dizendo a verdade ou, simplesmente, de que o homem queria ser independente de Deus e "fazer o que quisesse". Contudo, essas respostas só fazem surgir a seguinte pergunta: Por que o homem, criado por Deus e feliz no jardim do Éden, iria querer romper com seu Mestre, em um ato de deslealdade e desobediência tão flagrantes? Em outras palavras, de quem é a culpa pela decisão do homem de se rebelar contra Deus — do homem ou de Deus? A resposta cristã tradicional, é claro, é que a culpa é do homem. No entanto, é possível construir um argumento segundo o qual a resposta correta seja de que a culpa é de Deus.

Agostinho foi talvez o primeiro a reconhecer esse problema, e ele começa um de seus livros com a surpreendente pergunta: Deus é o autor de todo mal? A pergunta é simples, mas inquietante: De onde Adão e Eva tiraram o desejo de pecar? Se Deus é o Criador e todas as coisas vêm dele, então isso significa que o desejo de pecar no coração de Adão e Eva também veio de Deus? Se for assim, então é Deus, não o homem, o autor do mal.

Agostinho teceu um argumento elaborado para resolver esse problema, mas seu sucesso foi apenas limitado. Em minha opinião, o tratamento mais profundo da questão está na obra de Anselmo, *Tratado sobre a queda do Diabo*. À primeira vista, pode parecer estranho que Anselmo não trate da queda dos seres humanos, mas da queda de Lúcifer. A razão pela qual Anselmo enfoca a queda do Diabo é que ele quer descobrir quem é o responsável máximo pela rebelião contra Deus. No jardim do Éden, pode-se atribuir alguma responsabilidade à astuta serpente. Contudo, no caso da primeira queda — a queda de Lúcifer e dos anjos rebeldes — não há um terceiro elemento. Só existem os anjos e Deus. Alguns deles caíram, e outros permaneceram ao lado de Deus. A discussão de Anselmo a respeito de como isso aconteceu e quem foi o responsável se aplica igualmente a anjos e a seres humanos. Desse modo, sua solução para a primeira queda também esclarece a segunda.

O texto de *Tratado sobre a queda do Diabo* foi escrito como um diálogo entre um discípulo e seu mestre, que é o próprio Anselmo. O interlocutor começa citando uma passagem da carta de Paulo aos Coríntios. Em 1Coríntios 4.7, Paulo pergunta: "[...] O que você tem que não tenha recebido?". A resposta implícita é: Nada. E nós sabemos que essa é a resposta porque Paulo escreve logo após sua pergunta: "E, se o recebeste, por que te glorias, como se não o houveras recebido?". Paulo parece estar convicto de que Deus é a fonte de tudo o que temos. Contudo — diz o interlocutor de Anselmo —, isso gera um sério problema. Se tudo que temos vem de Deus, então de onde vem a nossa inclinação para o pecado?

O discípulo cita o caso de Lúcifer e dos anjos rebeldes. Se eles pecaram — diz ele — é porque se afastaram de Deus. Se eles se afastaram de Deus, isso se deve, provavelmente, ao fato de que não tinham firmeza, o que, no cristianismo, é chamado de "graça". Contudo, se eles não tinham firmeza ou graça, só pode ser porque Deus não lhes deu isso. O discípulo enfatiza que não está questionando a autoridade de Deus para punir os rebeldes — como Criador, Deus tem plenos direitos sobre sua criação. Apesar disso, o discípulo se pergunta como podemos culpar os anjos rebeldes por não terem algo que Deus preferiu não lhes dar. A questão levantada nesse diálogo se aplica igualmente a Adão e Eva: Como podemos culpá-los por contrariarem o plano original de Deus, se Deus não lhes deu a força e a graça para permanecerem fiéis àquele plano? De onde o homem tirou a ideia de se rebelar contra Deus, senão do próprio Deus? Dizer que o homem tirou essa ideia da serpente não é resposta, porque a própria serpente faz parte da criação de Deus e está debaixo de sua soberania. Então, por que Deus permitiu que a serpente corrompesse o homem? Parece que não importa de que ponto de vista olhemos a questão — a responsabilidade última por tudo e, desse modo, também pelo mal, recai sobre Deus.

Anselmo responde dizendo que Deus deu a todos os anjos, assim como a todos os homens, a graça e o poder para resistirem ao mal e optar por fazer a vontade divina. No entanto, os anjos rebeldes usaram esse poder de forma errada e, portanto, caíram, enquanto os anjos bons usaram bem e permaneceram firmes. A originalidade de Anselmo está em mostrar por que alguns caíram e outros não. Anselmo diz que os anjos, assim como os seres humanos, têm basicamente duas motivações para tudo que fazem: A primeira é o interesse próprio ou felicidade, e a segunda é a justiça ou moralidade. Felicidade aqui significa fazer o que nos beneficia e moralidade significa fazer o que Deus quer que façamos. Até mesmo como uma descrição dos motivos humanos, isso parece correto. É difícil pensar em qualquer decisão que tomamos que não seja motivada ou pelo desejo de sermos felizes ou pelo desejo de fazer o que é certo.

Anselmo afirma que Deus deu felicidade aos anjos, mas não uma felicidade perfeita. Ele lhes negou alguma coisa que, se tivessem, teria feito que fossem mais felizes. Como Deus é o Criador, ele tem todo o direito de fazer isso, e o certo seria que os anjos aceitassem, agradecidos, o que Deus lhes tinha dado. Os anjos bons — diz Anselmo — se contentaram. Embora não estivessem perfeitamente felizes, estavam suficientemente felizes e dispostos a abrir mão daquela felicidade extra que Deus não queria que tivessem. Os anjos bons escolheram a moralidade em lugar da felicidade. Nas palavras de Anselmo, eles "amaram a justiça que tinham em vez da felicidade que não tinham". Os anjos maus, no raciocínio de Anselmo, preferiram o contrário. Eles escolheram a felicidade em lugar da moralidade. Anselmo escreve que eles não só desejaram aquilo que Deus não queria que eles tivessem, como também desejaram ser iguais ou até superiores a Deus, porque queriam colocar sua própria vontade acima da vontade de Deus. Sob a liderança de Satanás, esses anjos rebeldes se amotinaram, embora o motim não tenha sido bem-sucedido. Anselmo termina sua história com uma reviravolta irônica. Deus castigou os anjos maus que escolheram a felicidade em lugar da moralidade tirando deles toda a felicidade que tinham anteriormente, e recompensou os anjos bons que preferiram a moralidade dando-lhes a felicidade que até então não conheciam.[17]

Existe aqui uma mensagem para nós: Em nossa própria vida, longe dos céus, talvez um dos benefícios do sofrimento seja o de alcançarmos uma felicidade maior, resultante da escolha do caminho de Deus, do que teríamos se escolhêssemos o nosso próprio caminho.

Anselmo nos deu não só um poderoso relato da motivação, mostrando por que seres criados se rebelaram contra o Criador, como também deu aos cristãos os recursos para responder aos ateus que perguntam como pode haver livre-arbítrio e nenhum pecado no céu, enquanto na terra não existe livre-arbítrio sem pecado. A resposta é que no céu, ao contrário da terra, ninguém tem motivo para pecar. As criaturas que vivem lá estão perfeitamente felizes e, como diz Anselmo, elas "chegaram até o ponto em que não veem nada mais que possam desejar".[18]

---

[17] ANSELMO, On the Fall of the Devil, **Anselm of Canterbury: The Major Works** (New York: Oxford University Press, 2008), p. 196-204.
[18] Ibidem, p. 230.

Anselmo também responde à pergunta que fizemos anteriormente: Deus é o autor do mal? A resposta de Anselmo é um enfático não: Deus nos dá a graça e o poder para fazer o que é certo, mas qualquer decisão de fazer o que é errado não vem de Deus; vem inteiramente de nós. Se formos honestos com nós mesmos, teremos que admitir que Deus não nos abandonou; fomos nós que o abandonamos.

A consequência da liberdade

Até aqui, enfocamos o significado da Queda e sua causa. Agora, vamos examinar suas consequências. Por causa da escolha do homem, Deus, de certa forma, revisou seu plano original. Adão e Eva não podiam permanecer no jardim do Éden porque aquele era um lugar que funcionava segundo a vontade de Deus. Com relutância, ele pôs em prática uma espécie de segunda criação. Deus expulsou os seres humanos do jardim e os enviou para um mundo novo; um mundo que lhes permitiria viver segundo sua própria vontade e aplicar seu recém-descoberto conhecimento do bem e do mal. Isto é, em vez de obterem iluminação diretamente da sabedoria de Deus, eles teriam que se esforçar para entender o bem e o mal, aprender da maneira mais difícil, por meio de experiências difíceis, em vez de simplesmente agir com base na confiança em Deus.

De certo modo, isso é uma "maldição", porque envolve um maior grau de separação entre o homem e seu Criador, além de dificuldades, tanto para o homem quanto para a mulher. Deus declara que tanto o nascimento de filhos, no caso da mulher, quanto o trabalho, no caso do homem, envolveriam esforço, dor e dificuldade; nunca foram ditas palavras mais verdadeiras que essas. Ainda assim, o homem não está completamente abandonado aos seus próprios desígnios. Podemos ler em Gênesis 3.21: "O SENHOR Deus fez roupas de pele e com elas vestiu Adão e sua mulher". Esse ato simboliza que Deus protege continuamente a sua criação humana. Ele dá independência a Adão e Eva, mas também lhes dá os meios de proverem o próprio sustento.

Podemos ser tentados a perguntar com que se parece esse novo mundo, essa segunda criação. Contudo, não há necessidade disso, porque estamos vivendo nele. Sabemos que esse mundo teria que conter — como de fato contém — seres humanos livres, isto é, seres humanos com livre-arbítrio. No entanto, precisamos também reconhecer que esse mundo precisa ser física e materialmente independente do controle de Deus. Em outras palavras, precisamos de um mundo que opera segundo leis da natureza, não pelo comando direto de Deus.

A razão disso foi apresentada dois séculos atrás por David Hume: "Se tudo fosse conduzido por volições particulares — escreveu ele —, o curso da natureza seria perpetuamente quebrado, e nenhum homem poderia empregar a razão para conduzir sua vida". Martin Gardner usa outras palavras: "Não é possível que seres humanos com livre-arbítrio existam, senão em um mundo físico cujo ambiente é estruturado por leis naturais".[19] Imagine só viver em um mundo em que os acontecimentos sejam realmente aleatórios, imprevisíveis e impossíveis de descrever por meio de leis. Obviamente, a ciência seria impossível, assim como a maior parte da tecnologia moderna. Além disso, a liberdade perderia grande parte de seu significado moral. Certamente, a virtude e o vício perderiam o sentido em um mundo no qual as ações não tivessem consequências previsíveis. Por exemplo, o assassinato assume um significado inteiramente diferente se as balas às vezes matam e às vezes não. Assim, para dar liberdade ao homem e permitir que as escolhas humanas tenham consequências, Deus cria para ele um Universo independente e regido por leis. A liberdade do homem requer, por sua vez, a autolimitação de Deus, assim como a independência do mundo.

Deus escondido

Outra consequência da Queda é que esse novo mundo tem que ser um lugar onde Deus não se mostra. A razão disso é que, se Deus

---

[19] HUME, **Dialogues Concerning Natural Religion**, p. 116; Martin GARDNER, **The Whys of a Philosophical Scrivener** (New York: St. Martin's Press, 1999), p. 260.

tivesse feito a sua presença óbvia para todos, os seres humanos, de certa forma, seriam forçados a acreditar nele. A presença de Deus seria tão irresistível e controladora que o agnosticismo, para não falar no ateísmo, nem sequer seria uma opção. Mesmo aqueles que não quisessem se submeter Deus seriam praticamente forçados a fazer isso. É óbvio que Deus não quis que fosse assim. Ele deu liberdade e queria que essa liberdade servisse para alguma coisa. Portanto, Deus se tornou invisível no mundo para que a sua presença só fosse óbvia para aqueles que desejam encontrá-lo. Deus queria garantir que, se nós o buscarmos, de fato o encontraremos; mas, se não o buscarmos, teremos muitas desculpas para ignorá-lo ou rejeitá-lo. Como disse Pascal: "Existe luz suficiente para aqueles que desejam ver e escuridão suficiente para os que têm uma disposição contrária".[20]

Em um ensaio recente, o filósofo Paul Moser explica mais um pouco essa dificuldade de ver Deus, argumentando que ele não quer que nós simplesmente o conheçamos; ele quer que nós o conheçamos de determinada maneira. Moser escreve: "Existe o conhecimento proposicional de uma coisa, que é diferente do conhecimento filial. O conhecimento proposicional é conhecer algo a respeito de alguém, como saber que Deus existe. Conhecimento filial é realmente conhecer essa pessoa, ter um relacionamento com ele e, no caso de Deus, colocar-se debaixo de sua divina jurisdição". Moser argumenta que Deus não está interessado em que nós simplesmente saibamos que ele existe; ele quer que nós nos relacionemos com ele. O fato de ele se esconder é uma estratégia necessária para encontrar aqueles que estão dispostos a ter um relacionamento filial com Deus.[21]

Os estudiosos do Antigo Testamento há muito identificaram os dois relatos da Criação encontrados na Bíblia. Muitas vezes, esses dois relatos são tratados como coisas contraditórias ou muito diferentes.

---

[20] Pascal, **Pensées and Other Writings** (New York: Oxford University Press, 1995), p. 57.
[21] Paul Moser, Cognitive Idolatry and Divine Hiding. In: Daniel Howard-Snyder e Paul Moser (Ed.), **Divine Hiddenness** (Cambridge, UK: Cambridge University Press, 2002), p. 125-141.

O primeiro retrata o ato de criação de Deus que começa com o mundo e culmina no homem. O segundo retrata a rebelião do homem contra Deus e as consequências desse ato. Ora, é fácil entender por que há dois relatos e por que não há nenhuma contradição entre eles: o primeiro representa como as coisas deveriam ser, e o segundo representa como elas realmente são.

Não admira que exista tanto mal em um mundo em que o mal não é determinado pela vontade de Deus, mas pela escolha humana. Não admira que a natureza opere segundo leis que podem ser fonte de aflições e dificuldades. Não admira que Deus se esconda de nós. Não admira que o mundo em que vivemos contenha tanta ansiedade e que nós desejemos ardentemente, quase como uma lembrança distante, outro mundo no qual tudo funcione segundo um plano-mestre infalível e onde sejamos felizes. À primeira vista, a Queda é uma história absurda; contudo, ao refletirmos sobre ela, vemos que ela revela muita coisa: como nos tornamos humanos; como herdamos o mundo em que vivemos; por que nos sentimos assim a respeito do mundo.

A teodiceia não tem que fingir, como fez Leibniz, que nós vivemos "no melhor de todos os mundos possíveis". Isso não é verdade. No entanto, a teodiceia pode nos ajudar a entender como perdemos esse mundo. Nós o perdemos não porque Deus o tirou de nós, mas porque escolhemos não viver no lugar onde sua vontade é suprema. Em vez disso, optamos por um lugar onde a nossa vontade é suprema. Deus aceitou a nossa opção, mas, é claro, temos que lidar com as consequências dessa escolha. Tendo dito não ao mundo de Deus, estamos agora vivendo em um mundo diferente; um mundo que nós escolhemos e, dessa forma, um mundo que nós mesmos fizemos.

PARTE 4
Crimes da natureza

CAPÍTULO 7

Atos de Deus

Por que existem terremotos?

*Todo o Universo então, sem o inferno abissal,
sem Lisboa engolir, se acresceria em mal?*[1]
Voltaire, *O poema sobre o desastre de Lisboa*

Em 1º de novembro de 1755, um terremoto de grandes proporções atingiu a cidade de Lisboa, na época uma das metrópoles mais ricas da Europa, com um dos portos mais movimentados do mundo. O terremoto aconteceu ao meio-dia do Dia de Todos os Santos, quando muitas pessoas estavam na igreja. Diversas igrejas e casas foram ao chão; museus e bibliotecas ficaram reduzidos a pó; quadros e manuscritos de valor incalculável foram destruídos; 30 mil pessoas morreram instantaneamente. Relatos posteriores indicavam que o número de mortos chegara a 50 mil — ¼ da população da cidade. Cronistas contemporâneos que descreveram a devastação também relatam que o céu ficou enegrecido pela poeira. O terremoto foi seguido de incêndios que se espalharam por toda a cidade, causando ainda mais mortes e destruição. Depois disso, uma sequência de ondas de maremoto arrasou o porto, afogando centenas de pessoas nas áreas costeiras.

Os historiadores observam que o terremoto de Lisboa produziu uma comoção como não se via na Europa desde o choque produzido pela queda de Roma.[2]

Após o desastre, Voltaire escreveu um poema em que questionava a ideia comum de que os terremotos eram um castigo divino para a maldade humana:

---

[1] Voltaire, **O poema sobre o desastre de Lisboa**. Trad. Vasco Graça Moura (Lisboa: Alêtheia, 2005).
[2] Susan Neiman, **Evil in Modern Thought** (Princeton, NJ: Princeton University Press, 2002), p. 240.

> Direis do amontoar que as vítimas oprime:
> "Deus vingou-se, e a morte os faz pagar seu crime?"
> As crianças, que crime ou falta terão, qual?,
> esmagadas sangrando em seio maternal?

Voltaire admite que havia muita maldade em Lisboa, ainda assim:

> Lisboa, que se foi, pois mais vícios a afogam
> que a Londres ou Paris, que nas delícias vogam?
> Lisboa é destruída, e dança-se em Paris.[3]

Voltaire prossegue e culpa Deus pelo desastre de Lisboa. Certamente, um Deus que pode fazer milagres poderia ter impedido o terremoto. E se Deus não estava disposto a fazer milagres, poderia ter projetado um mundo de tal forma que tragédias como os terremotos não acontecessem.

Reconhecemos aqui o problema do mal em sua forma moderna — o protesto de Voltaire contra Deus é muito semelhante aos que tratamos no capítulo 5. Entretanto, ali discutimos o problema do mal moral; agora precisamos analisar o problema dos desastres naturais. De fato, neste assunto estamos, historicamente, em um ponto crucial, porque, durante séculos, desastres naturais como terremotos, furacões, fomes e incêndios não parecem ter provocado reações desse tipo. O terremoto de Lisboa foi particularmente destruidor porque Lisboa era uma cidade muito populosa. No entanto, era também uma cidade muito rica e que dispunha dos recursos necessários para se recuperar do desastre. Antes daquela data, os desastres naturais transtornavam a vida de pessoas muito mais pobres. Estas, porém, em vez de questionarem Deus, viam naqueles acontecimentos mais uma razão para buscá-lo. Para elas, os tumultuosos movimentos dos elementos eram um sinal do poder de Deus — um poder que gerava perplexidade e, no final, uma humilde devoção.

---

[3] Voltaire, **O poema sobre o desastre de Lisboa**, p. 204-206.

O terremoto de Lisboa ocorreu na época do Iluminismo, quando um novo tipo de pensamento estava tomando conta da Europa. Essa nova corrente de pensamento se espalhou entre os intelectuais, enquanto as pessoas comuns reagiram ao terremoto de Lisboa com o mesmo fervor dos povos do passado. No entanto, a nova corrente intelectual se opunha à antiga ordem das coisas, em que o mundo era visto como uma evidência da grandiosa engenhosidade de Deus. Os maiores pensadores do Iluminismo — Hobbes, Locke, Hume, Voltaire e outros — não negavam que o mundo tivesse sido criado por algum tipo de Deus, mas começaram a questionar se esse Deus era mesmo o Deus amoroso e paternal da Bíblia ou uma força suprema, mas indiferente, semelhante, talvez, ao *Primeiro Motor* de Aristóteles, que pôs as leis da natureza em movimento e depois tirou longas férias. O questionamento de Voltaire pode ser entendido como parte desse debate. Voltaire não está defendendo o ateísmo, mas perguntando que tipo de divindade projetaria o mundo dessa maneira aparentemente defeituosa.

Os desastres naturais continuam devastando o Planeta. Em 11 de março de 2011, um terremoto cataclísmico no Japão foi seguido por *tsunamis*, assim como aconteceu no terremoto de Lisboa. As baixas no fim daquele mês chegavam a 11 mil mortos e 17 mil desaparecidos. A já estagnada economia japonesa levou um novo golpe, e os reflexos econômicos foram sentidos no mundo inteiro. Podemos apenas especular quão mais devastadora teria sido essa catástrofe se tivesse havido um desastre nuclear após o derretimento dos reatores do Japão. Apenas alguns anos antes, em dezembro de 2004, um terremoto de intensidade 9.1 na escala Richter desencadeou um *tsunami* que varreu o sudeste da Ásia, arrasando o litoral de Sri Lanka, Mianmar e Índia e causando mais de 200 mil mortes. O *New York Times* publicou o perfil de Santosh Selvam, "um homem gigantesco e carismático, com uma imensa barba negra", um fisiculturista cuja grande força não foi capaz de impedir que quatro de seus cinco filhos se afogassem: "Ele recitou os nomes dos meninos, do mais velho ao mais novo. Shankar Das, 12. Sadishwaran, 10. Quanto menor a idade da criança, mais dificuldade tinha o sr. Selvam de dizer o seu nome. Quando chegou a Tara Singh, 6 anos, ele começou a soluçar. Ao chegar a King Kong — um menino de 4 anos que já estava tentando levantar pesos como seu pai —, as lágrimas desciam pelo seu rosto".[4]

Além dos terremotos, o mundo luta o tempo todo contra furacões, tempestades, fomes, epidemias, doenças, enchentes, incêndios, secas, avalanches, deslizamentos de terra e outras calamidades naturais. As pestes e enfermidades podem ser particularmente mortíferas, e dezenas de milhões de pessoas são infectadas e morrem anualmente de tuberculose, lepra, malária, derrames e doenças cardiovasculares, enquanto outras ficam incapacitadas por cegueira, surdez, malformações físicas, retardamento mental e insanidade. Além dessas tragédias, existem ameaças raras, mas potencialmente catastróficas na natureza: em 1996, por exemplo, um asteroide com cerca de 500 metros de diâmetro passou a quase 500 mil quilômetros da Terra, muito perto para os padrões astronômicos.[5] Aparentemente, vivemos em um planeta perigoso.

As companhias de seguros geralmente se referem às calamidades naturais como "atos de Deus". O termo é revelador porque transmite a ideia de que os seres humanos não são responsáveis por esses desastres. Eles estão fora do nosso controle, o que significa que, se nós não os provocamos, eles devem ter sido provocados por Deus. Consequentemente, o sofrimento produzido pelos desastres naturais não pode ser diretamente explicado pelo livre-arbítrio. No capítulo anterior, entretanto, eu disse que existe uma ligação indireta. Por causa da Queda, causada pela decisão do homem de seguir seu próprio caminho em vez do caminho de Deus, o Criador mandou os seres

---

[4] Amy Waldman, Torn from Moorings, Villagers from Sri Lanka Grasp for Past, **New York Times**, 6 de março de 2005, <http://www.nytimes.com/2005/03/06/world/asia/torn-from-moorings-villagers-from-sri-lanka-grasp-for-past.html>. Acesso em: 11 nov. 2015.

[5] Nature's Extremes, **Time**, edição especial, 2011.

humanos para um mundo no qual eles pudessem agir como criaturas livres e responsáveis: um mundo controlado por leis físicas regulares e previsíveis, em cujo tecido estão entrelaçados a dor, o trabalho árduo e a morte. Essas leis — argumentei — são a precondição necessária para que haja escolhas com consequências previsíveis, quer dizer: a precondição da responsabilidade humana. Elas são leis que definem um mundo em que Deus não está diretamente presente e onde seu poder de organização se manifesta, na melhor das hipóteses, indiretamente por meio dessas leis. E é nesse mundo que lutamos para distinguir entre o bem e o mal, por nós mesmos. Esse argumento, entretanto, não resolve o dilema dos "atos de Deus". Ele explica por que Deus fez um mundo governado por leis, mas não responde por que Deus fez um mundo com *essas* leis, em particular. O filósofo Bertrand Russell pergunta por que Deus criou o mundo com tanta doença e, principalmente, por que permite que até as crianças sofram: "Eu desafio qualquer cristão", escreve ele, "a me acompanhar à ala pediátrica de um hospital e, depois de ver o sofrimento que há ali, insistir na afirmação de que aquelas crianças são tão moralmente corrompidas que merecem o que estão padecendo. É preciso não ter dentro de si nenhum sentimento de misericórdia e compaixão para dizer uma coisa dessa. Em resumo, para dizer algo assim é preciso que a pessoa seja tão cruel quanto o Deus em que acredita".[6]

Um argumento semelhante foi apresentado por David Hume, mais ou menos na época do terremoto de Lisboa. Hume perguntou por que a natureza é tão pouco generosa. É verdade — disse ele — que a natureza nos dá coisas úteis, como o solo, o ar, o fogo e a água. Contudo, a mesma terra de que precisamos para a agricultura pode também se abrir e provocar terremotos; os mesmos ar e água tão necessários para a vida podem se juntar para produzir furacões. Hume também comentou que os seres humanos precisam constantemente suportar doenças e enfermidades, muitas vezes acompanhadas de dor

---

[6] Louis Greenspan e Stefan Andersson (Ed.). **Russell on Religion** (London: Routledge, 1999), p. 173.

emocional e física. Em *Diálogos*, ele escreve: "Se todos os seres vivos fossem incapazes de sentir dor, o mal nunca teria entrado no Universo". Finalmente, Hume fala sobre a atitude "hostil e destrutiva" que as criaturas vivas têm umas em relação às outras. Ele se refere aqui à ação predatória — uma espécie comendo a outra — e também às amargas rivalidades que ocorrem dentro das espécies animais. "O conjunto", conclui ele, "não mostra nada além de uma natureza cega [...] que tem filhos aleijados e abortivos, sem nenhum discernimento ou cuidado parental!".[7]

Hume parece escrever como se o sofrimento natural estivesse totalmente fora do controle humano. Ele supõe uma linha divisória bem definida entre o mal moral e o sofrimento natural. Na verdade, essa distinção não é assim tão clara. As ações humanas podem ajudar ou exacerbar o sofrimento natural. Por exemplo, o hábito de fumar e beber pode aumentar o risco de câncer. Christopher Hitchens, que teve câncer de esôfago, admitiu que seu tabagismo e alcoolismo crônicos com certeza não o ajudaram. A seca pode causar fome, mas os governos podem agravar o problema se não prepararem nenhum plano para socorrer as vítimas ou se roubarem a comida que é enviada por agências internacionais de ajuda humanitária. Uma urbanização mal planejada e a má construção dos edifícios podem aumentar os efeitos destrutivos dos terremotos. Após o terremoto de Lisboa, Rousseau escreveu uma carta a Voltaire, em que dizia: "A maioria dos males físicos que nos afligem é [...] causada por nós mesmos [...]. Em Lisboa [...], não foi a natureza que amontoou 20 mil casas de seis ou sete andares cada uma". Se os habitantes da cidade estivessem mais espalhados — acrescentou Rousseau —, a destruição teria sido bem menor.[8]

Mesmo assim, em muitos casos de sofrimento por causas naturais, a participação humana é desprezível; e até mesmo quando existe uma

---

[7] David HUME, **Dialogues Concerning Natural Religion** (New York: Penguin Books, 1990), p. 120-121.

[8] ROUSSEAU, Letter to Voltaire on Optimism, 18 de agosto de 1756, reimpressa em VOLTAIRE, **Candide and Related Texts** (Indianapolis: Hackett Publishing, 2000), p. 110.

parcela de responsabilidade humana, existem forças da natureza que estão fora do nosso controle. Usando novamente o exemplo de Hitchens, se ele não gostasse tanto de uísque ou de seus cigarros, pode ser que, mesmo assim, ainda tivesse tido câncer, porque sua família tem um histórico dessa doença. Dado o papel óbvio das forças naturais no *tsunami* de 2004, a colunista Barbara Ehrenreich publicou um artigo na revista *The Progressive*, intitulado "God owes us an apology" [Deus nos deve desculpas]. Ela escreveu: "Se nós somos responsáveis por nossas ações, como afirma a maioria das religiões, então Deus também deveria ser, e eu proponho que, após esse *tsunami*, haja uma imediata suspensão das orações e outras formas de louvor dirigidas a uma divindade supostamente moral — pelo menos até que haja um pedido de desculpas".[9]

O tom adotado por Ehrenreich sugere que ela já não estava orando muito, mesmo antes do *tsunami*. Contudo, ainda assim, os crentes têm que aceitar o desafio. Será que Deus tem que pagar alguma penitência pelo sofrimento natural que parece infligir a nós?

Nos próximos três capítulos, eu analisarei essa questão perguntando o porquê da existência de terremotos, *tsunamis*, doenças, ataques de predadores e outras formas de sofrimento natural. Por que o mundo natural é desse jeito? Será que Deus poderia ter feito um Universo regido por leis e com seres humanos, mas que funcionasse de outra maneira? Aparentemente, estou tentando encontrar a causa do mal natural, independentemente do mal moral. Contudo, por incrível que pareça, a resposta que vamos encontrar nos ajudará a explicar tanto o sofrimento natural como o mal moral. Afinal de contas, os seres humanos também fazem parte da natureza. Portanto, ao procurar explicar a construção do mundo natural, vamos também investigar o modo pelo qual criaturas livres e racionais, chamadas seres humanos, se tornaram parte desse mundo. Até onde sei, pela primeira vez na história da teodiceia, vamos encontrar uma explicação unificada para

---

[9] Barbara EHRENREICH, God Owes Us an Apology, **The Progressive** (março de 2005), <www.commondreams.org>.

o sofrimento natural e o mal moral, uma explicação que torna os dois mais inteligíveis e suportáveis e, ao mesmo tempo, exime Deus da culpabilidade que os ateus querem jogar sobre ele.

Os benefícios da tectônica de placas

Vamos começar fazendo uma pergunta simples: Por que existem terremotos? Na mesma linha, podemos também perguntar por que existem vulcões, *tsunamis* e furacões. Durante muitos séculos, a única resposta que as pessoas tinham para essa pergunta era que os deuses estavam zangados. Até mesmo na época do Iluminismo, a causa dos terremotos era desconhecida. Portanto, era natural que Voltaire e outros achassem que os terremotos eram ocorrências gratuitas e sem sentido. De certa maneira, Voltaire e Hume concordavam com o consenso primitivo — os terremotos não têm nenhuma outra explicação senão a ação divina arbitrária —, embora os dois tivessem distorcido o argumento: Se existisse um Deus bom e poderoso, é claro que ele não permitiria que houvesse terremotos; portanto, suspeitamos que o Planeta não seja governado por um Deus bom e maravilhoso. No entanto, agora pergunto se existe uma boa razão para que Deus permita a existência dos terremotos. Se existir, então o argumento de Voltaire e Hume cai por terra. Aproveitando a frase de Voltaire, citada no início deste capítulo, seremos capazes de especificar que mal se acresceria ao Universo se Lisboa não fosse engolida.

No último século, a ciência moderna descobriu que os terremotos são uma consequência do movimento tectônico — o movimento de gigantescas placas que existem abaixo da superfície da terra e no solo dos oceanos. Quando o conceito das placas tectônicas foi proposto pelo meteorologista Alfred Wegener, em 1920, os cientistas disseram que tudo aquilo era fantasia, e não deram crédito à teoria. Contudo, as evidências em favor da tese de Wegener continuaram a aumentar, até que sua tese tornou-se aceita por todos, por volta da década de 1960. Hoje em dia, não há dúvida de sua veracidade.

Sabemos que a crosta da terra divide-se em placas. Nas fronteiras das placas, a crosta antiga é destruída, e forma-se uma nova. Em linhas gerais, as fronteiras entre as placas são de dois tipos: cordilheiras e trincheiras. A nova crosta é produzida nas cordilheiras quando a rocha líquida do magma terrestre, produzida abaixo da crosta, extravasa. A antiga é dissolvida nas trincheiras, pelo afundamento de uma parte da crosta dentro do manto. O físico teórico Freeman Dyson escreve: "A ação da tectônica de placas garante que a geografia da terra esteja em constante mudança. Novos continentes, como a Austrália e a Antártida, são formados pela fragmentação dos antigos. Novas cadeias de montanhas, como o Himalaia, surgem ao longo da linha onde os continentes da Índia e da Ásia, que antigamente eram separados, se chocam. E novos arquipélagos, como o Japão e as Aleutas, são criados pelos vulcões que surgem na borda de uma placa descendente".[10]

À medida que as placas gigantes se movem e se chocam umas contra as outras, elas às vezes rompem a superfície da crosta, partindo-a em pedaços e separando-a. É isso que causa os terremotos. Os vulcões surgem quando os materiais em fusão no interior da terra são cuspidos para cima e se espalham. Quando acontece essa fragmentação do solo do oceano, grandes massas de água são deslocadas, e é assim que acontecem os maremotos (terremotos no mar) e os *tsunamis*. No livro *Rare Earth* [Terra rara], uma obra notável publicada em 2003, de autoria de Peter Ward e Donald Brownlee, os autores, um paleontólogo e um astrônomo, fazem esta espantosa observação: "O nosso planeta é o único planeta conhecido que ainda apresenta tectônica de placas". A Terra também é o único planeta conhecido onde existe vida. Obviamente, essas afirmações se baseiam no conhecimento atual; quem sabe o que as futuras descobertas irão revelar? Ainda assim, Ward e Brownlee perguntam: "Será que existe uma ligação entre esses dois fatos?". O que a tectônica de placas tem a

---

[10] Freeman Dyson, **A Many-Colored Glass** (Charlottesville, VA: University of Virginia Press, 2007), p. 66.

ver com o fato de que, aparentemente, a Terra é o único planeta onde existe vida?

Os autores mostram que a tectônica de placas é uma "necessidade crucial para a existência de vida em um planeta". A tectônica de placas também é a principal responsável por permitir que haja diferentes altitudes na Terra e, portanto, separação entre a terra seca e a água. Sem a tectônica de placas — escrevem os autores —, "os oceanos contêm água em quantidade suficiente para cobrir a Terra esférica até cerca de 4 mil metros. Se as altitudes na superfície do Planeta variassem apenas alguns quilômetros, não haveria porção seca". Lembre-se de que, embora ⅔ da Terra sejam cobertos por água, mais de ⅔ de todas as espécies animais vivem na porção seca. Os peixes poderiam sobreviver em um ambiente em que não existisse terra seca, e talvez os pássaros também, mas não os tatus ou os antílopes ou nós. A tectônica de placas também ajuda a explicar a biodiversidade da terra, porque ela provoca a divisão da porção seca em continentes, cada um com sua topografia e clima distinto e, portanto, permite a existência de diferentes formas de vida. Desse modo, a tectônica de placas é responsável pela extraordinária variedade que existe na terra; e, se nós apreciamos essa variedade, temos que admitir que os terremotos e vulcões ajudaram a produzi-la.

No entanto, não devemos pensar que se eliminássemos a tectônica ainda teríamos pelo menos os oceanos cheios de peixes. Muito provavelmente, sem a tectônica não haveria vida alguma. A vida, afinal de contas, depende profundamente da existência de dióxido de carbono na atmosfera. Hoje em dia, ouvimos a todo momento que a atmosfera tem dióxido de carbono demais — a suposta causa do aquecimento global —, mas quer essa afirmação seja verdadeira quer não, o fato é que nós precisamos de dióxido de carbono; sem ele, é quase certo que a terra se pareceria com a Antártida. Quem recircula o dióxido de carbono para a atmosfera é o sistema tectônico, e isso mantém os níveis dos gases do efeito estufa "e, portanto, a temperatura da terra, estáveis. Todo o sistema tectônico funciona como uma espécie de termostato planetário", ajudando a regular o clima da terra e impedindo que as temperaturas se tornem escaldantes ou congelantes, o que impossibilitaria a vida dos mamíferos e, provavelmente, de todas as outras formas de vida. A tectônica de placas também ajuda a formação dos minerais na terra e sua recirculação para a superfície, por meio da atividade tectônica. Sem nosso rico estoque de minerais disponíveis, é difícil imaginar a existência de vida complexa — e ainda mais difícil imaginar o desenvolvimento de qualquer tipo de civilização complexa. A tectônica também mantém o equilíbrio químico do mar, permitindo sua rica biodiversidade. Como se isso não fosse o bastante, a tectônica de placas torna possível a existência do campo magnético da Terra, sem o qual "o planeta e os seres vivos seriam bombardeados por um fluxo potencialmente letal de radiação cósmica".[11]

Outros eminentes cientistas concordam com Ward e Brownlee. Após o terremoto de 2004, William Broad, do *The New York Times*, entrevistou importantes cientistas e constatou que eles concordavam que os terremotos e outros eventos semelhantes, apesar de seus efeitos trágicos, são absolutamente vitais para a existência de vida na terra: "O tipo de processo geológico que causou o terremoto e o *tsunami* é uma característica essencial da terra" — disse o geoquímico Donald De Paolo. "Esse fenômeno não ocorre em nenhum outro corpo planetário e está, de algum modo, diretamente relacionado com o fato de que a Terra é um planeta habitável." O geofísico Robert Detrick afirmou: "Não há dúvida de que a tectônica de placas rejuvenesce o Planeta". Frank Press, ex-presidente da Academia Nacional de Ciências, disse: "É possível que a vida na terra não tivesse surgido sem a tectônica de placas ou a atmosfera ou os oceanos". E o cientista ambiental William Schlesinger acrescentou: "A tectônica de placas [...] é absolutamente essencial para a manutenção das condições

---

[11] Peter Ward e Donald Brownlee, **Rare Earth** (New York: Copernicus Books, 2004), p. xii, 30, 35, 53, 194, 213, 220.

climáticas da Terra. Sem ela, todo o dióxido de carbono desapareceria, e o Planeta se transformaria em uma bola congelada".¹²

Portanto, a tectônica de placas, o processo que provoca os terremotos, é também um processo vital para permitir e sustentar a vida na terra. Do ponto de vista científico, devemos nossa existência à tectônica de placas. Então, qual é a lógica de ficarmos inconformados com a existência dos terremotos? De fato, eles causam devastação quando ocorrem perto da civilização, mas, se levarmos em conta os notáveis benefícios que eles trazem, desejar que eles não existam é um absurdo quase tão grande quanto amaldiçoar o Sol. O Sol pode causar insolação ou até mesmo câncer — certamente, doenças terríveis. Mas onde estariam os seres humanos sem ele? De fato, nós não existiríamos. Nós não só precisamos do Sol, como precisamos que ele esteja posicionado exatamente onde está, a oito minutos-luz da Terra. Se ele estivesse só um pouquinho mais distante, nós congelaríamos; se estivesse um pouquinho mais perto, morreríamos assados.

Já que estamos falando de superaquecimento, os incêndios (como os que ocorreram após o terremoto de Lisboa) podem ser devastadores — mas, por outro lado, o que seria da civilização sem o fogo? Os avanços tecnológicos complexos simplesmente não teriam ocorrido sem a capacidade de fundir metais. Hoje se sabe que até mesmo os incêndios florestais ajudam a manter o equilíbrio do ecossistema, um dos motivos pelos quais muitas vezes permitimos que eles queimem, sem tentar apagá-los — e até os iniciamos de maneira controlada. Além disso, o fogo é resultado de se ter exatamente a quantidade certa do elemento mais importante para a existência da vida complexa, o oxigênio. Não haveria o menor risco de incêndio se a atmosfera não tivesse oxigênio. No entanto, muitas formas de vida, como os seres humanos, teriam que enfrentar graves problemas respiratórios.

É claro que podemos desenvolver um raciocínio semelhante a respeito da água — ela é responsável por furacões e inundações, mas

---

¹² William Broad, Deadly Yet Necessary, Quakes Renew the Planet, **New York Times**, 17 de janeiro de 2008.

como sobreviver sem ela? "Sem água", escreve o bioquímico Michael Denton em *Nature's Destiny* [Destino da natureza], "a vida que existe na terra seria impossível". Intuitivamente, todos nós sabemos que a água é o "líquido da vida", e é por isso que os cientistas que procuram vida em outros planetas consideram a presença de água como um fator determinante. Entretanto, Denton também cita algumas propriedades óbvias e extraordinárias da água que tornam possível a existência da vida na terra. Por exemplo, a água é uma substância praticamente única no fato de ser mais densa no estado líquido do que no sólido. Por causa dessa propriedade, o gelo flutua na água, isolando a água que fica abaixo dele e impedindo que perca mais calor. Esse simples fato — escreve Denton — impede que os lagos e oceanos congelem de baixo para cima. Se a água não tivesse essa propriedade e o gelo fosse mais denso que a água líquida, cada camada sucessiva de gelo afundaria e não tornaria a subir, e o resultado disso seria que os oceanos do mundo inteiro logo estariam permanentemente congelados. Mas não é só isso: "O gelo superficial também ajuda a regular o clima, alterando a capacidade que a Terra tem de absorver ou refletir a luz", e assim ajudando a manter a temperatura da terra dentro dos limites necessários para a sobrevivência das formas de vida complexas.

A lista das estranhas propriedades e benefícios da água é enorme. A água tem também um calor específico maior que o de qualquer outro líquido, exceto a amônia; isso significa que a água se aquece muito lentamente. Consequentemente, a água presente no nosso corpo mantém nossa temperatura, impedindo que ela suba abruptamente. Da mesma forma, os oceanos desempenham um papel estabilizador no ambiente. De fato, a evaporação dos oceanos retira calor das regiões tropicais da terra, e esse calor latente é carregado para as regiões mais frias. Lá, o vapor se condensa, voltando a ser água líquida. Nesse processo, ele descarrega seu calor latente e aquece as regiões mais frias. A água é um solvente que fragmenta e distribui os minerais por toda a terra; ela faz o mesmo com os nutrientes que transporta para as várias partes do corpo, na corrente sanguínea.

Denton conclui: "Analisando as evidências [...] vemos que a água está adaptada de uma forma única e ideal para servir como meio fluido para a vida na terra, não apenas em um único aspecto ou em muitos, mas em *todas* as suas propriedades físicas e químicas conhecidas".[13] Entretanto, essa mesma água provoca inundações, *tsunamis* e furacões. Esses também têm sua função dentro do maravilhoso ecossistema da natureza. Os furacões, por exemplo, regulam as temperaturas dos oceanos tropicais e circulam elementos de uma forma muito positiva para a vida em geral e a humanidade em particular.

É claro que existe uma questão mais abrangente aqui. Nós vivemos em um planeta que é extremamente raro em sua capacidade de sustentar a vida. A Terra é um planeta *biocêntrico*, o único planeta que, até onde sabemos, tem vida, e o único que conhecemos que reúne as condições necessárias para a existência de vida. Outros planetas, inclusive nossos vizinhos mais próximos, Vênus e Marte, não reúnem essas condições. Marte tem flutuações dramáticas de temperatura, e grande parte do planeta é completamente congelada. A calota polar sul de Marte é composta principalmente de dióxido de carbono congelado — gelo seco —, e o ar de Marte é muito mais rarefeito do que o do topo do monte Everest. Vênus, assim como Marte, é um planeta seco; mas, ao contrário de Marte, é extremamente quente: a temperatura de sua superfície alcança frequentemente 482ºC. No entanto, não é só a Terra que está situada em uma posição ideal no sistema solar. Segundo o cosmólogo Joel Primack, o nosso sistema solar está situado no que ele chama de "uma zona galáctica habitável" — a Terra não está no centro da nossa galáxia, a Via Láctea, mas na borda, entre dois de seus braços espiralados. Isso é muito bom porque, segundo Primack, "uma radiação letal provavelmente destruiu ou impediu a vida em planetas que estão em órbita das estrelas mais próximas do centro da galáxia.

---

[13] Michael Denton, **Nature's Destiny** (New York: The Free Press, 1998), p. 22, 28, 45.

Contudo, nos *subúrbios galácticos* em que vivemos, as supernovas estão suficientemente distantes do nosso sistema solar para que sua radiação seja fraca e a atmosfera terrestre consiga nos dar a proteção adequada".[14] A questão é que a vida, como nós a conhecemos, depende do fato de vivermos em um planeta minuciosamente equilibrado, localizado em um sistema solar posicionado exatamente onde o nosso está e apresentando um conjunto de processos naturais idênticos aos que vemos à nossa volta. São esses os processos — inclusive os terremotos e as erupções vulcânicas — que nos dão terra seca, água, ar e calor. Antigamente, era intelectualmente respeitável pensar que esses processos eram opcionais ou acidentais, de modo que um Deus verdadeiramente bom poderia ter deixado alguns deles de fora e todos nós viveríamos felizes em um ambiente em que eles não existissem. Voltaire pôde defender essa ideia dois séculos atrás. Entretanto, hoje em dia essa posição seria vergonhosa, em termos intelectuais. Somente alguém cientificamente ignorante poderia dizer atualmente que nós podemos viver sem processos naturais extremamente destruidores e perigosos — como os terremotos — e continuar tendo o mesmo tipo de planeta que temos, com seres humanos vivendo neles. Os mesmos processos naturais essenciais para a nossa existência na terra são também responsáveis pelas calamidades naturais — mas essas calamidades não são gratuitas; são processos intrínsecos que basicamente sustentam a vida.

Por que ficamos doentes

Vejamos agora outra classe muito ampla de fontes de sofrimento natural: as doenças. Embora os terremotos e *tsunamis* possam matar uma quantidade extraordinária de pessoas de uma só vez, as doenças geralmente nos pegam um por um, mas matam de uma forma muito mais sistemática e eficaz. Alguns anos atrás, a escritora Joan Didion

---

[14] Joel PRIMACK e Nancy Ellen ABRAMS, **The View from the Center of the Universe** (New York: Riverhead Books, 2006), p. 213.

perdeu o marido inesperadamente. O relato de Didion sobre seu sofrimento, no famoso livro *O ano do pensamento mágico*, é de cortar o coração. No final, ela aponta o dedo acusador para Deus: "Nenhum olho", conclui ela, "estava sobre o pardal".[15]

Assim como os terremotos, a doença parece ser um crime da natureza; outro "ato de Deus" que não pode ser atribuído à ação humana. Entretanto, em seu livro *Plagues and People* [As pestes e as pessoas], o historiador William McNeil defende a tese de que isso não é totalmente verdade. Muitas doenças e praticamente todas as pestes são espalhadas e agravadas pelo comportamento humano. Por exemplo, a domesticação dos animais, útil em muitos aspectos, também importou diversas doenças que antigamente estavam restritas aos quadrúpedes. As guerras e imigrações, a conquista de grandes áreas da Ásia central e da Europa pelos mongóis, e também a descoberta da América pelos europeus, trouxeram em sua esteira doenças mortais para as quais as populações nativas não tinham imunidade. A população nativa americana, por exemplo, foi seriamente dizimada não pelo genocídio, mas principalmente por epidemias de malária e outras doenças às quais os indígenas não tinham resistência.[16]

Até mesmo o câncer, em seus atuais níveis de ocorrência, está ligado ao nosso estilo de vida moderno. Em *Why We Get Sick* [Por que ficamos doentes], Randolph Neese e George Williams escrevem que a incidência de câncer mamário e ovariano nas mulheres está ligada ao número de filhos que elas têm: "Quanto mais ciclos menstruais a mulher tem", escrevem eles, "maior a probabilidade de que venha a ter câncer no sistema reprodutor". Isso ocorre porque os ciclos menstruais provocam "grandes variações na concentração dos hormônios", e esses hormônios provocam respostas celulares que aumentam a vulnerabilidade ao câncer. No passado, dizem Neese

---

[15] Joan DIDION, **The Year of Magical Thinking** (New York: Knopf, 2005), p. 190. [**O ano do pensamento mágico**. Trad. Paulo Andrade Lemos (Rio de Janeiro: Nova Fronteira, 2006).]

[16] William MCNEILL, **Plagues and Peoples** (New York: Anchor Books, 1998), p. 162-163, 171, 176, 212-213, 216-217.

e Williams, as mulheres tinham muitos filhos e passavam grande parte da vida adulta amamentando; o número total de seus ciclos menstruais "não era muito maior do que 150". Por outro lado, uma mulher moderna, com um ou dois filhos, facilmente tem entre 300 e 450 ciclos.[17] Outros tipos de câncer se devem à radiação, ao fumo, à dieta, a produtos químicos artificiais e a outras transformações humanas do ambiente. Obviamente, não quero aqui atribuir culpa, mas simplesmente mostrar que as doenças e epidemias devem-se tanto às condições naturais como às alterações que o homem provoca nessas condições. Ainda assim, por que Deus permitiria o mal de Alzheimer, a tuberculose, a lepra, a difteria, a doença de Parkinson e o câncer? Será que a doença também tem um papel no ecossistema da vida? Na verdade, sim, mas para ver isso temos que adotar uma perspectiva mais abrangente. Considere este fato: A terra está repleta de trilhões de micróbios e bactérias. De fato, nosso corpo está fervilhando com bilhões de bactérias. Nossa boca, nossas orelhas e até mesmo nossos olhos estão cheios de criaturas invisíveis. Isso é meio perturbador, e com certeza algumas dessas bactérias provocam infecções agudas. Contudo, a maior parte das bactérias que habitam a Terra é inofensiva, e algumas são até bastante úteis. No solo, por exemplo, as bactérias contribuem para a decomposição de plantas e animais mortos e, assim, ajudam a reciclar os elementos que constituem a vida. Até mesmo no nosso corpo as bactérias geralmente não causam doenças. Algumas delas não fazem mal nem bem. Mas a maioria é formada de "bactérias boas" — do tipo que hoje em dia é vendido no mercado como probióticos — que nos ajudam a digerir os alimentos, a eliminar os resíduos, nos fornecem vitaminas, protegem de germes nocivos e, em alguns casos, até retardam ou impedem o câncer.[18]

Normalmente, só nos importamos com o bem-estar da nossa própria espécie, e perguntamos: O que a doença faz por nós? É

---

[17] Randolph NESSE e George WILLIAMS, **Why We Get Sick** (New York: Vintage Books, 1994), p. 180.
[18] Matthew HERPER, Our Germs, Ourselves, **Forbes**, 30 de março de 2009, p. 70.

uma pergunta legítima, mas, de certa forma, limitada e egocêntrica. O ponto de vista de Deus pode muito bem ser mais amplo que isso. Afinal, nós não fomos as únicas criaturas que ele fez no mundo. Temos que dividir a terra com um número incontável de outras criaturas, algumas delas tão pequenas que não conseguimos ver, e todas em competição conosco e umas com as outras para sobreviver e se multiplicar neste planeta. Entre os nossos competidores estão o mosquito anófeles, o parasita mortal e o vírus oportunista. Essas criaturas vivas são nossas inimigas, mas não tenho certeza de que sejam inimigas de Deus. Ninguém pode nos culpar por pedir a Deus que acabe com todas essas formas de vida ameaçadoras. Contudo, nesse aspecto, somos como os camundongos; gostaríamos de viver em um mundo sem gatos. Ou como os peixes, que realmente não veem a necessidade da existência de gaivotas e outros animais predadores. Deus, que fez todas essas criaturas, pode achar que elas têm valor no panorama da criação. Vemos isso no capítulo 39 do livro de Jó, quando Deus responde às queixas de Jó falando sobre o bem-estar de outras criaturas: o avestruz, o jumento, o cabrito montês, o cavalo, o gavião, a águia e até mesmo o gafanhoto. Nessa passagem, Deus está rejeitando a visão puramente antropocêntrica que diz que tudo que Deus criou deve ser diretamente benéfico aos seres humanos. Deus parece deixar implícito que, embora sejamos os únicos criados à sua própria imagem, ele também tem outros interesses, e não é demais imaginar que esses interesses possam incluir o piolho, o cupim e a aranha.

Da perspectiva dessas pequenas criaturas, é claro que o inimigo somos nós. William McNeil escreve: "Do ponto de vista de outros organismos, a humanidade [...] é uma doença epidêmica aguda".[19] Isso porque fazemos tudo que está ao nosso alcance — e somos muito eficientes nisso — para exterminar as pragas. Mas é claro que, se o cupim tivesse atributos humanos, ele não *se* consideraria uma praga.

---

[19] McNeill, **Plagues and Peoples**, p. 41.

Se os cupins pudessem falar, poderiam até dizer que o que eles fazem representa progresso! De fato, embora a terra seja organizada para sustentar a vida humana em particular, o cuidado de Deus pode se estender num raio que envolva todas as criaturas da terra, inclusive as que são pragas para o homem.

Revidando

Com certeza, Deus nos colocou em um mundo na companhia de outras criaturas. Mas ele não fez o homem soberano sobre todas as criaturas? Deus não pôs o homem no controle — pelo menos de acordo com o relato bíblico? De fato, ele fez isso, e a prova está no fato de possuirmos uma arma de sobrevivência que nenhuma outra criatura possui: a razão. Os seres humanos podem usar o raciocínio para domar a natureza e combater outras criaturas que representam ameaças ao nosso bem-estar.

O maior exemplo disso é o esforço para combater as doenças. Antigamente, os seres humanos eram praticamente indefesos contra a maioria das doenças. Não havia nenhuma forma eficaz de controlar as epidemias. Consequentemente, a expectativa de vida dos seres humanos era muito menor, e nós sofríamos muito mais. Mesmo nos séculos XVIII e XIX, quando havia doenças como tuberculose, febre tifoide, cólera, malária, varíola e diversas doenças da infância, não só na África e na Ásia, mas também na Europa — a família de Darwin, por exemplo, teve praticamente todas as doenças listadas anteriormente. Até mesmo inimigos naturais menores — como a cárie dentária, causada por uma bactéria — antigamente provocavam grande sofrimento nos seres humanos.

Tudo isso mudou drasticamente nos últimos cento e cinquenta anos. A aplicação do raciocínio ao estudo da natureza trouxe importantes descobertas científicas. Escovar os dentes com flúor protege-os contra infecções bacterianas e evita a perda dos dentes. Hoje em dia, algumas das doenças mais mortíferas da História não matam mais como antigamente. A descoberta da penicilina e dos antibióticos mudou dramaticamente o equilíbrio de poder entre os seres humanos e as bactérias causadoras de doenças, pois nos deu uma técnica para destruir bactérias que não mata também o hospedeiro. É claro que todo mundo sabe que as bactérias podem revidar. Por causa de suas altas taxas de reprodução e mutação, elas são capazes de desenvolver resistência aos antibióticos. Os seres humanos precisam desenvolver coquetéis de drogas mais complexos e mortíferos para debelar as bactérias mais resistentes. A luta pela vida continua.[20] Contudo, permanece o fato de que, do lado humano, a razão está sendo aplicada para vencer a batalha, e na maioria dos casos só precisamos disso para vencer.

Podemos usar nossa razão com toda essa eficiência porque vivemos em um mundo previsível e regido por leis. Sabemos por que Deus fez um mundo desse jeito: para dar condições aos seres humanos de exercerem sua liberdade. No entanto, estamos aprendendo por meio da ciência que mundos regidos por leis fixas são um pacote só. Tudo está interligado por um conjunto de regras independentes e elaboradas; puxe alguns fios, e todo o novelo se desmancha. Portanto, não faz sentido pedir a Deus que acabe com os terremotos, *tsunamis* e outros desastres naturais. Nós podemos continuar a lamentar as catástrofes e desejar que o mundo não as tivesse — principalmente quando testemunhamos o efeito devastador de um *tsunami* sobre uma cidadezinha ou quando temos que lidar com a perda de um ente querido para uma doença debilitante. Quando, porém, nos damos conta de que a alternativa seria o desaparecimento completo da vida humana como a conhecemos, podemos ver que a humanidade está muito melhor em um mundo que tem de lidar com essas calamidades. Por piores que sejam, elas são males necessários que temos de suportar para poder estar aqui e lamentá-los.

---

[20] Bacterial Evolution. In: Michael RUSE e Joseph TRAVIS (Ed.), **Evolution:** The First Four Billion Years (Cambridge, MA: Harvard University Press, 2009), p. 440; Brett FINLAY, The Art of Bacterial Warfare, **Scientific American** (fevereiro de 2010), p. 57-63.

CAPÍTULO 8

Com unhas e dentes vermelhos

A evolução e o sofrimento dos animais

> O Deus de Galápagos é negligente, destruidor, indiferente, quase diabólico. Certamente, ele não é o tipo de Deus a quem alguém se sentiria motivado a orar.[1]
> David Hull, "The God of the Galapagos"
> [O Deus das Galápagos]

A fêmea do louva-a-deus não é uma criatura muito romântica. Esse inseto tem o hábito peculiar de comer a cabeça do macho enquanto ele está copulando com ela. Obviamente, isso faz que a corte seja particularmente perigosa para os machos! O canibalismo na natureza não se limita aos louva-a-deus. Ele também é comum entre os embriões de tubarões, que às vezes devoram uns aos outros enquanto nadam no útero da mãe. Os biólogos também revelam que o infanticídio é comum entre diversas espécies animais, especialmente entre os cães da pradaria. Quando um leão encontra uma nova leoa que está amamentando filhotes de outro macho, a primeira coisa que ele faz é matar esses filhotes. O primeiro filhote de águia que nasce no ninho geralmente mata os irmãos mais jovens para não ter que dividir a comida com eles. Os pelicanos muitas vezes chocam um ovo extra, o chamado "filhote de segurança", para o caso em que os outros não consigam sobreviver. Entretanto, se eles sobreviverem, o filhote de segurança é abandonado para morrer de fome. Como escreve Annie Dillard em *Pilgrim at Tinker Creek* [Peregrino em Tinker Creek]: "As formigas nem precisam

---
[1] David Hull, The God of the Galapagos, **Nature** 352 (1991), p. 485-486.

capturar sua presa. Elas se aglomeram em torno de pássaros ainda sem penas, recém-saídos dos ovos, e os comem, pedacinho por pedacinho".²

Tudo isso parece muito cruel e implacável. Não precisamos ser cientistas — basta observar a natureza ou assistir ao canal que passa documentários sobre a natureza — para saber que ela se mostra "com unhas e dentes vermelhos", como Tennyson escreveu certa vez. Não estamos aqui falando apenas de canibalismo e infanticídio, mas também de ação predatória. A maioria dos animais parece, de uma forma ou de outra, terminar no estômago dos outros.

Os ateus se agarram a essa triste realidade e a usam para mostrar como a natureza é sedenta de sangue. Essa sede de sangue, insistem eles, não é acidental nem aleatória. Ao contrário, ela surge de um processo evolutivo, que é um sistema baseado na violência e na ação predatória. Já notei que quando os ateus discutem a evolução, ao responderem aos que defendem o *design* inteligente, eles geralmente parecem muito positivos e entusiasmados com o que o filósofo Daniel Dennet chamou de "a ideia perigosa de Darwin". Entretanto, em conversas particulares, muitos cientistas se mostram menos assertivos. Não é que eles tenham dúvidas a respeito da evolução; o fato é que eles se revoltam moralmente contra ela. Duas décadas atrás, o biólogo George Williams escreveu que não conseguiu conter seu asco: "Com o que mais, senão com condenação", escreveu ele, "qualquer pessoa que tenha senso moral deve reagir a um sistema em que o propósito final da vida é superar seu vizinho na obtenção de genes para a geração futura; em que os genes de sucesso transmitem a mensagem que instrui o desenvolvimento da próxima geração; em que essa mensagem é sempre 'tire o máximo de seu meio ambiente, explore seus amigos e parentes, para maximizar o sucesso dos nossos genes'?"³ Há mais de um século, Charles

---

² Annie DILLARD, **Pilgrim at Tinker Creek** (New York: Harper Perennial, 1988), p. 6.
³ George WILLIAMS, **The Pony Fish's Glow** (New York: Basic Books, 1997), p. 154.

Darwin, autor da teoria da evolução, notou que ali estava um meio de questionar a sabedoria do Criador da natureza, se de fato havia um Criador. Charles escreveu uma carta a J. D. Hooker: "Que livro um capelão do Diabo poderia escrever a respeito das cruéis, horríveis, desajeitadas obras da natureza".⁴ Para avaliar essa aparente horrível crueldade, vamos examinar mais detalhadamente o que Darwin e Williams estão dizendo. Em primeiro lugar, eles estão dizendo que a evolução é o resultado de eventos aleatórios — os estresses e desafios produzidos pelo meio ambiente. Darwin nem sequer conhecia genética; se conhecesse, saberia a respeito do caráter aleatório das mutações genéticas. Entre os genes e o ambiente, parece que todo o *design* das criaturas vivas surgiu por acaso. Nas palavras de Jacques Monod: "Apenas o acaso é a fonte de toda inovação, de toda criação na biosfera". Quanto ao homem, nós somos o resultado de um acidente que deu certo: "Saiu o nosso número na roleta de Monte Carlo".⁵ Será que um Deus amoroso permitiria a ação cruel do acaso?

Em segundo lugar, Darwin e Williams estão respondendo ao fato de que a evolução se baseia numa cruel competição não só entre as espécies, mas frequentemente entre criaturas da mesma espécie. Imagine um bando de gazelas que está sendo observado por um guepardo. Com quem as gazelas estão competindo quando tentam fugir do guepardo? Elas estão competindo umas com as outras. As gazelas sobreviventes não têm que correr mais que o guepardo. Elas só têm que correr mais que a gazela mais lenta do bando. Quando olhamos para o corpo da gazela e o do guepardo, percebemos que a magreza e velocidade do guepardo são resultado de uma preparação natural macabra. De fato, o corpo dos guepardos tem o formato perfeito para matar gazelas e antílopes. Richard Dawkins escreve: "Os dentes, garras, olhos, nariz, músculos das pernas, coluna dorsal e cérebro de um

---

⁴ Charles Darwin, carta a J. D. Hooker, 13 de julho de 1856, <www.darwinproject.ac.uk>.
⁵ Jacques Monod, **Chance and Necessity** (New York: Vintage Books, 1971), p. 112, 146.

guepardo são exatamente o que se esperaria encontrar se o propósito de Deus ao projetar as gazelas fosse aumentar o número de mortes entre os antílopes".[6]

É claro que as gazelas e outros antílopes desenvolveram defesas para não serem comidos. Por meio da seleção natural, esses animais ficaram mais rápidos e mais eficientes na identificação dos predadores — mas os guepardos também desenvolveram meios para vencer essas defesas. É uma corrida armamentista evolucionária, na qual os mais capazes geralmente sobrevivem, e os mais fracos, os aleijados e vulneráveis são mortos e devorados. Devorados! O filósofo Arthur Schopenhauer achava esse aspecto do processo especialmente assustador. Schopenhauer não estava só reagindo à ideia da "natureza com dentes e garras vermelhas". Ele notou algo que o poeta Alfred Tennyson não percebeu. Refletindo sobre o guepardo que caça a gazela, ele viu que um animal está correndo para conseguir seu jantar, enquanto o outro corre por sua vida. Que desequilíbrio e que desproporção de perdas e danos! Schopenhauer escreveu de forma contundente: "O prazer neste mundo, alguém já disse, supera a dor. Ou, pelo menos, existe um equilíbrio entre os dois. Se o leitor quiser verificar rapidamente se essa afirmação é verdadeira, compare os sentimentos dos dois animais, um dos quais está tentando comer o outro".[7]

Portanto, os ateus consideram inaceitável a crueldade do mundo natural, e aqui está a grande ironia. Durante cento e cinquenta anos, desde a publicação do livro de Darwin, *A origem das espécies*, tem havido um grande debate entre os cristãos para verificar se a evolução fornece uma explicação alternativa para a criação divina da arquitetura da vida — se a evolução elimina a necessidade de um Criador. Ateus como Richard Dawkins insistem em afirmar que, ao contrário da noção religiosa de Deus como um relojoeiro divino que tudo vê, a evolução é

---

[6] Richard Dawkins, **River out of Eden** (New York: Basic Books, 1995), p. 105. [**O rio que saía do Éden**. Trad. Maria Teresa Castanheira (Coração de Jesus, PT: Rocco, 1996).]

[7] Arthur Schopenhauer, On the Sufferings of the World, **Collected Essays of Arthur Schopenhauer** (Radford, VA: Wilder Publications, 2008), p. 202.

o relojoeiro *cego*. A genialidade da evolução, segundo Dawkins, é que ela faz que a vida *pareça* ter sido projetada, quando, na realidade, ela é adaptada ao ambiente. Os ateus afirmam que o acaso e a seleção natural podem agora explicar o que antigamente era atribuído à mão de Deus. Ironicamente, alguns cristãos rejeitam totalmente a teoria da evolução por causa desse raciocínio — esse raciocínio *ateísta*. Alguns cristãos aceitam a evolução em parte, enquanto outros a aceitam completamente. E há aqueles que não fazem a menor ideia do que os outros estão falando. No entanto, vamos deixar claro que a maioria dos cientistas cristãos crê pelo menos nas linhas gerais da teoria evolucionista.

A maior parte dessa discussão é tão familiar para nós que atualmente parece quase enfadonha. Meu objetivo aqui não é resolver essa disputa entre a ciência e a fé que já dura mais de cento e cinquenta anos. No entanto, eu estaria sendo omisso se não tratasse da evolução em nossa discussão sobre o sofrimento e a dor em um livro de teodiceia, porque os ateus usam a evolução como um aríete contra o cristianismo. Estou convencido de que os ateus estão atacando a fortaleza errada, e talvez o mesmo esteja acontecendo com os cristãos.

O que estou querendo dizer — e essa ideia está tomando corpo nos círculos científicos — é que talvez a evolução não seja um argumento assim tão forte contra o *design*, afinal de contas. Não seria possível que Deus usasse o sistema da evolução para executar seu projeto? De fato, isso é completamente possível. Tudo que Dawkins e companhia mostraram foi que, em vez de criar criaturas uma por uma, Deus projetou uma fábrica, ou mecanismo, para gerar essas criaturas.

Pense nisso como um problema de engenharia. Uma coisa é um engenheiro construir uma máquina que funciona de certa maneira dentro de um conjunto fixo de regras e circunstâncias; a maioria dos engenheiros diria que isso é bem fácil de fazer. Todavia, um problema bem diferente é criar uma máquina ou mecanismo que não apenas copie a si mesmo, mas que tenha também dentro de si um sistema de monitoramento que realinhe e reconfigure esse equipamento de acordo com circunstâncias dinâmicas e depois passe esses ajustes benéficos às futuras gerações de máquinas. Essa analogia não é perfeita — organismos vivos não são simples máquinas —, mas é uma boa descrição da tarefa envolvida no projeto. O que os cristãos talvez não tenham compreendido é que um Deus que faz um organismo que gera vida não é um Deus menos impressionante do que um Deus que faz cada criatura separada e distintamente.

O que muitos ateus não perceberam, entretanto, é que a evolução, que não dá nenhum argumento contra a existência de Deus, suscita questionamentos muito profundos acerca da justiça e da misericórdia de Deus. O filósofo Daniel Dennet, em *Darwin's Dangerous Idea* [A perigosa ideia de Darwin], argumenta que "a ideia de Darwin é um solvente universal capaz de penetrar até o âmago de tudo o que vemos".[8] No entanto, Dennet perde totalmente de vista as implicações da evolução na teodiceia. O que ele deveria ter dito, se lhe tivesse ocorrido, é isto: Nós vivemos em um mundo em que o *design* orgânico prospera às custas do sofrimento extremo. Não se trata apenas do "jeito que as coisas são", mas do jeito que as criaturas que há no mundo literalmente foram feitas; um mundo em que os mais fortes se alimentam dos mais fracos; um mundo em que a própria sobrevivência é movida pela incessante predação e em que a natureza está encharcada de sangue. Que tipo de Deus nos deu este mundo? Os cristãos conscientes reconhecem esse problema. O teólogo John Hick, por exemplo, chama o sofrimento dos animais de "o aspecto do problema do mal que nos deixa mais desconcertados".[9]

Francisco Ayala, biólogo e ex-padre católico, aceita o desafio e propõe uma surpreendente solução. Em um livro publicado recentemente, *Darwin's Gift* [O presente de Darwin], Ayala argumenta que a evolução realmente resolve o problema do sofrimento natural. Darwin, escreve ele, realmente deu um grande presente para a teologia.

---

[8] Daniel Dennett, **Darwin's Dangerous Idea** (New York: Simon & Schuster, 1995), p. 521.
[9] John Hick, **Evil and the God of Love** (New York: Palgrave Macmillan, 2010), p. 309.

Vejamos, por exemplo, algumas das falhas e enfermidades do corpo humano: o canal pelo qual a fêmea dá à luz é estreito, fazendo que o parto seja um processo doloroso; nossos olhos têm pontos cegos; nossa mandíbula geralmente é muito pequena, tornando necessária a extração do dente do siso. Se essas características são anormalidades, então considere o fato de que nossos ossos começam a enfraquecer à medida que envelhecemos; nós perdemos virilidade e fertilidade; a visão diminui, e o tempo de reação aumenta, e até mesmo o cérebro se atrofia. Certamente, tudo isso parece normal para nós, mas é essa norma que estamos questionando aqui. Se Deus é um engenheiro onipotente, por que ele projetaria criaturas com tantos defeitos e que se deterioram? A resposta de Ayala é que os defeitos e a deterioração não são uma falha de Deus; eles são uma falha da evolução. A evolução, escreve ele, não começa no início, mas trabalha com o que já existe. Assim, os membros humanos são modificações dos membros de nossos ancestrais que viviam em árvores, e, para desenvolver um cérebro maior, o *Homo sapiens* teve de abrir mão de algumas vantagens que os outros primatas tinham.

Um segundo exemplo que Ayala aborda é a atividade predatória. Ele nos dá uma lista de horrores que poderia ter saído direto do manual dos ateus: Predadores que devoram sua presa viva, fêmeas que devoram seus bebês, canibalismo no reino animal, e assim por diante. Se Deus fosse diretamente responsável por tudo isso, pondera Ayala, ele teria muitas explicações a dar. No entanto, o que anteriormente era atribuído a um "projeto defeituoso do Criador" pode agora ser atribuído aos "caminhos desordenados do processo evolutivo". Ayala conclui: "A evolução, que a princípio parecia remover a necessidade de Deus no mundo, agora removeu de uma forma convincente a necessidade de explicar as imperfeições do mundo como resultado de um projeto divino malfeito".[10]

---

[10] Francisco AYALA, **Darwin's Gift to Science and Religion** (Washington, DC: Joseph Henry Press, 2007), p. xi, 5, 155-156, 159.

Embora a solução de Ayala seja engenhosa, ela não funciona, pelo menos não no modo com que é apresentada. A razão foi apontada por William Dembski, um crítico da evolução e defensor do chamado movimento do DI (*design* inteligente) — embora seu argumento seja teológico e não tenha nada a ver com alegações de DI. Dembski observa que, do ponto de vista religioso, das duas, uma: ou Deus projetou todos os seres vivos que há diretamente, ou ele os criou por meio de um sistema evolutivo. De uma forma ou de outra, ele é o arquiteto e, portanto, é responsável pelo que faz. Um engenheiro que projeta uma fábrica que produz carros defeituosos e perigosos, dificilmente conseguiria se defender das críticas e processos legais, dizendo: "Ei! Eu não fiz nada! A culpa é dos defeitos e acidentes da fábrica". Dembski dá o exemplo de um assaltante: "Que diferença faz se um assaltante brutaliza alguém com as próprias mãos (i.e., usa meios diretos) ou usa um cão assassino que leva numa coleira (i.e., usa meios indiretos)? O assaltante é igualmente responsável nos dois casos. Pelo mesmo raciocínio, quando se trata do modo pelo qual as criaturas vivas foram feitas, "a responsabilidade sempre recai nas mãos do Criador".[11]

Sim, concordo que a responsabilidade recai sobre o Criador. No entanto, podemos sair em socorro do argumento de Ayala se o situarmos em um contexto mais amplo.

O leão e o cordeiro

Segundo a Bíblia, a atividade predatória não fazia parte do projeto original — não era assim que a vida deveria ser. Nenhuma atividade predatória é descrita no jardim do Éden, e o plano ideal de Deus, delineado em Isaías 11, era de que o leão se deitasse com o cordeiro, uma imagem da harmonia da natureza. No entanto, a Queda representou um triunfo do egoísmo, ao revelar o desejo do homem de viver à sua maneira em vez de à maneira de Deus. Além disso, esse egoísmo não se refletiu apenas na interação humana com Deus, mas

---

[11] William DEMBSKI, **The End of Christianity** (Nashville: B & H Publishing Group, 2009), p. 163.

também em como os seres humanos passaram a interagir uns com os outros. Imediatamente após comer do fruto, o homem e a mulher começaram a se acusar mutuamente, a usar sua independência recém-descoberta como uma forma de exercer poder um sobre o outro. Assim, por causa da escolha do homem, Deus parece ter dado a ele um mundo baseado no egoísmo.

Para o ateu, tudo isso parece um pouco fantasioso. Entretanto, isso não deve nos preocupar. Não estamos tentando convencer os ateus de que a Queda realmente aconteceu; estamos simplesmente dizendo que ela é possível. Lembre-se, possibilidade é tudo de que precisamos para vencer o desafio ateísta. O que os ateus têm dito é que existe alguma coisa de inconsistente naquilo em que os cristãos acreditam, que existe uma contradição fundamental entre a concepção cristã de Deus e, nesse caso, o banho de sangue que testemunhamos no reino animal. O que nós estamos fazendo é invocar uma das doutrinas centrais do cristianismo — a doutrina da Queda do homem — para mostrar que não há necessariamente nenhuma contradição. Nós não esperamos que os ateus aceitem as doutrinas cristãs; se aceitassem, não seriam mais ateus. Todavia, esperamos que reconheçam que, à luz dessas doutrinas, a suposta inconsistência ou contradição interna da fé cristã não existe.

Para o cristão, é claro, é muito importante saber se essas doutrinas são verdadeiras ou não. E aqui está o problema. Se a Queda explica por que Deus criou um mundo que evolui, então por que os animais caçaram uns aos outros durante milênios, antes que houvesse humanos no Planeta? Mais uma vez, buscamos apoio em William Dembski, que apresentou uma forma original de pensar na história humana a fim de resolver esse dilema.

Dembski nos recorda o ponto de vista cristão de que Deus está fora do tempo e, portanto, as intervenções de Deus no mundo não são determinadas temporalmente. Ele pede que nos lembremos daquilo em que os cristãos acreditam acerca de Jesus: Será que a graça salvadora da morte de Cristo só se aplica àqueles que viveram durante o período em que ele esteve na terra ou depois de sua morte, ou será que se aplica também aos que viveram antes dele? A resposta cristã é enfática: Cristo morreu pelos pecados de todos, tanto os que viveram antes dele como os que viveram depois. Contudo, se o efeito da ação de Cristo pode retroagir, por que o mesmo princípio não pode ser aplicado aos efeitos da Queda? Deus sabia que nós cairíamos. Portanto, desde o início, ele criou um mundo que refletia o impacto dessa escolha humana catastrófica.[12] Esse é o mundo em que vivemos; um mundo em que existe ação predatória e enaltecimento próprio.

Observe que há uma estreita relação entre a natureza humana, conforme mostrada no evolucionismo, e a visão cristã das coisas após a Queda. Ambas mostram um retrato pouco lisonjeiro a respeito da natureza humana; ambas mostram o homem motivado principalmente pelo egoísmo. Contudo, mais do que isso, a evolução também sugere que a vida é infinitamente criativa e inovadora, não se limitando apenas a se reproduzir, mas gerando também, ao longo do tempo, novas formas de vida. O filósofo John Haught diz que a criação de Deus pode ser vista não como um evento único, mas como um processo permanente: "O Deus da evolução", escreve Haught, "é uma fonte inextinguível de *novos* modos de ser".[13]

O argumento de Haught se apoia em outro que foi apresentado muitos séculos antes da teoria da evolução, por Agostinho, um dos pais da Igreja. Para Agostinho, o livro de Gênesis é uma descrição de dois "momentos" da criação: Uma criação original primária e um processo contínuo de criação. Portanto, para Agostinho, a Criação não era um evento fechado de seis dias, mas sim algo que Deus faz continuamente por intermédio das leis da natureza.[14] A vida não é

---

[12] William Dembski, **The End of Christianity**, p. 50, 110, 169.
[13] John Haught, **God After Darwin** (Boulder, CO: Westview Press, 2008), p. 9.
[14] V. discussão desse ponto em Alister McGrath, Augustine's Origin of Species, **Christianity Today** (Maio de 2009).

estática; ela está envolvida em um processo de incessante novidade e inovação. Contudo, a novidade e a inovação têm como ponto de partida algo que surgiu anteriormente.

Assim como ocorreu com o irônico benefício dos desastres naturais discutido no capítulo anterior, existe uma bela harmonia e continuidade em ação aqui, apesar da ação predatória e da violência. É preciso reconhecer que a beleza das criaturas vivas é uma beleza terrível, comprada com sangue. Nas palavras do filósofo Holmes Rolston III: "Os caninos do puma esculpiram as pernas da ágil gazela". Até mesmo nos cubículos protegidos de um zoológico podemos ver isso: os delicados membros e os olhos atentos da corça são forjados pelo perigo e aperfeiçoados pela vulnerabilidade. Contudo, essa é uma parte essencial de sua aparência adorável.

No entanto, nem tudo é predação e violência: podemos ver no reino animal muitos exemplos de serenidade, contentamento e alegria. Observe a leoa brincando com seus filhotes, ou um cão deitado ao sol, ou os esquilos pulando de árvore em árvore. A severidade da natureza é inquestionavelmente equilibrada por sua prodigalidade e generosidade. Darwin viu seu mal-estar em relação à severidade da natureza dar lugar a um tipo de reverência diante da beleza e da criatividade de todo o processo criativo: "Existe uma grandeza nessa visão da vida, com seus diversos poderes, tendo sido originariamente instilada em algumas poucas formas ou em apenas uma; e também no fato de que, enquanto este planeta completava suas órbitas segundo a lei da gravidade, de um começo tão simples, inúmeras formas mais belas e mais maravilhosas evoluíram e continuam a evoluir".[15]

Levando tudo isso em consideração, a evolução pode realmente ser vista como uma teoria unificada que ajuda a explicar a riqueza e a diversidade da vida neste planeta, conquanto a dor aparentemente seja um fator inseparável desse sistema. Essa é uma forma de reviver o

---

[15] Charles DARWIN, **The Origin of Species** (New York: Barnes & Noble Classics, 2004), p. 384. [**A origem das espécies**. Trad. John Green (São Paulo: Martin Claret, 2004).]

argumento de Ayala de que a dor não é de forma alguma gratuita, mas sim um instrumento para atingir o objetivo de produzir vida ao longo do tempo. A dor, nesse sentido, é criativa e tem um propósito. Veja o exemplo da visão aguçada da águia ou de seu rápido mergulho desde as alturas. Os cientistas acreditam que essas duas características foram aprimoradas pela evolução para capacitar a águia a enxergar sua presa e descer rapidamente sobre ela. Da mesma forma, o rugido imperial do leão não é meramente um efeito sonoro. Ele está lá para afugentar leões rivais e espantar outros animais que possam querer disputar seu território de caça. É notável observar que as características que mais admiramos na natureza são o produto de um processo que envolve dor — uma observação feita em muitas outras esferas além da científica. Isso não quer dizer que a dor seja a única característica da vida animal; longe disso — mas, ainda assim, é verdade que sem a dor não haveria nenhuma das outras características para admirar. Nem nós estaríamos aqui para admirá-las. Veja só um exemplo muito significativo da severidade da natureza, a extinção dos dinossauros. Os ateus sempre citam as extinções em massa, das quais essa é a mais famosa, como exemplo da crueldade da natureza. Além dos dinossauros, não temos mais entre nós criaturas extraordinárias como o mamute peludo, o mastodonte e o tigre de dentes de sabre. Eu lamento a falta de todos eles, mas tenho de confessar que, desde criança, meus preferidos sempre foram os dinossauros. Entretanto, minha própria existência — na verdade, a existência de todos os mamíferos — está diretamente relacionada com a extinção dos dinossauros. A ciência calcula que os dinossauros dominaram a terra por cento e cinquenta milhões de anos até serem varridos do mapa, sessenta e cinco milhões de anos atrás, possivelmente por um asteroide ou cometa que colidiu com a Terra. Escrevem Joel Primack e Nancy Ellen Abrams: "Com o desaparecimento dos dinossauros, nossos ancestrais mamíferos conseguiram se desenvolver".[16] O que eles

---

[16] Joel Primack e Nancy Ellen Abrams, **The View from the Center of the Universe** (New York: Riverhead Books, 2006), p. 219.

estão sugerindo é que não é razoável pensar que poderíamos ter um planeta habitado ao mesmo tempo por dinossauros e seres humanos. Eles tiveram que desaparecer para que nós pudéssemos surgir.

O exemplo da extinção dos dinossauros pode levar alguém a acreditar que o surgimento da vida complexa aconteceu por acidente. O biólogo Stephen Jay Gould é conhecido pela ideia de que, se nós pudéssemos retroceder o filme da vida e tornar a passá-lo, certamente não teríamos criaturas como nós.[17] Por umas duas décadas, esse foi o pensamento convencional entre os biólogos evolucionistas.

No entanto, agora essa ortodoxia está sendo contestada por alguns dos principais cientistas do mundo, entre eles o físico Freeman Dyson, o biólogo Christian de Duve e o paleontologista Simon Conway Morris. Esses estudiosos afirmam que a evolução mostra uma óbvia progressão: vida nenhuma, formas de vida simples, vida complexa e criaturas racionais. De fato, Dyson ressalta que esse padrão de complexidade e ordem crescente caracteriza não apenas a vida, mas o próprio Universo. Dyson escreve: "Antes que os intricados padrões ordenados de vida — árvores e borboletas e pássaros e seres humanos — surgissem para cobrir nosso planeta, a superfície da terra era uma tediosa paisagem não estruturada de rocha e areia. E, antes que as grandes estruturas ordenadas de galáxias e estrelas existissem, o Universo era um conjunto uniforme e desordenado de átomos. O que vemos [...] é [...] o Universo visivelmente aumentando seu grau de ordenação à medida que envelhece".[18] Isto é, o Universo não deu origem a seres humanos por acaso, mas seguiu um projeto pré-programado.

Conway Morris argumenta que a evolução que ocorre em caminhos paralelos frequentemente converge para o mesmo tipo de solução adaptativa. Segundo ele, os olhos, por exemplo, se desenvolveram independentemente em múltiplas espécies. Até mesmo a consciência e a mente, definidas aqui como a capacidade de planejar e resolver

---
[17] Stephen Jay GOULD, **Wonderful Life** (New York: W. W. Norton, 1989), p. 51.
[18] Freeman DYSON, **A Many-Colored Glass** (Charlottesville, VA: University of Virginia Press, 2007), p. 76.

problemas, "evoluíram independentemente de diferentes pontos e chegaram a soluções e resultados semelhantes". Certos tipos de pássaros, por exemplo, mostram níveis de inteligência comparáveis aos dos macacos. Todos esses desenvolvimentos, diz ele, sempre partem da simplicidade para uma complexidade cada vez maior: "O que vemos ocorrer ao longo do tempo geológico é o surgimento de mundos cada vez mais complexos".[19]

De Duve, em seu livro *Vital Dust* [Poeira Vital], retrata uma árvore da vida "que cresce progressivamente em direção a uma complexidade cada vez maior". Na raiz da árvore estão as eubactérias e arqueobactérias; logo depois, os eucariontes e protistas primitivos; depois, as plantas e os fungos; então, os animais; e, no topo da árvore, os seres humanos. De Duvet fala sobre a "seta da evolução", que atravessa diversos estágios, desde a "era da química", passando pela "era da informação", depois pela "era monocelular", depois pela "era dos organismos pluricelulares" e, finalmente, chegando à "era da mente".[20]

Essas observações acerca do caráter direcional da evolução levam a um argumento mais profundo, desenvolvido pelo filósofo Michael Ruse, que examina a compatibilidade entre o darwinismo e o cristianismo. Ruse cita Richard Dawkins, que diz que não há possibilidade de complexidade adaptativa para a vida sem evolução. A seleção natural não é opcional; ela é uma exigência para o tipo de fecundidade, complexidade e diversidade que vemos nas formas de vida na terra. Se isso é verdade, Ruse diz que não parece existir no Universo que conhecemos cada vez melhor outra forma organizada de gerar tamanduás, avestruzes e seres humanos. Segundo Ruse, sabemos atualmente da biologia que, se as leis da natureza ou o ambiente fossem

---

[19] Simon Conway Morris, **Life's Solution** (Cambridge, UK: Cambridge University Press, 2003), p. 307; Simon Conway Morris, **The Deep Structure of Biology** (West Conshohocken, PA: Templeton Press, 2008), p. viii.

[20] Christian de Duve, **Life Evolving** (New York: Oxford University Press, 2002), p. 171; Christian de Duve, **Vital Dust** (New York: Basic Hooks, 1995), p. 299.

substancialmente diferentes, nenhuma das criaturas que conhecemos agora existiria. Em outras palavras, se Deus queria criar tamanduás, avestruzes e seres humanos, ele parece ter fornecido precisamente os ingredientes e as condições apropriados para que isso acontecesse. Se esse argumento for correto, se não existe nenhuma outra maneira de criar os seres que Deus queria criar no Universo em que vivemos, com suas leis particulares, então, que razão os ateus têm para acharem que o Criador cometeu erros? É claro que podemos dizer que não existe nada assim tão extraordinário a respeito dos avestruzes e dos tamanduás — ou até mesmo dos seres humanos — e que Deus poderia ter criado uma palheta completamente diferente de criaturas. Contudo, isso é tão absurdo quanto dizer que preferíamos ser robôs ou zumbis em vez de seres humanos. Não desejar os aspectos "ruins" da evolução e aprovar a abundante complexidade da vida é a mesma coisa que querer que os terremotos sejam eliminados: no fim das contas, isso é defender um processo que faria que nós não existíssemos.

No entanto, será realmente verdade que não havia nenhum outro meio de fazer que o Universo contivesse seres humanos? Vamos examinar mais profundamente essa questão no próximo capítulo. Por ora, o que podemos concluir — e isso é muito importante — é que nenhum cientista ou ateu jamais propôs um esquema alternativo para fazer isso; e, certamente, cabe aos que dizem que Deus deveria ter feito o mundo diferente mostrar que existia essa opção alternativa. Ninguém jamais fez isso; nem sequer tentou. Não podemos argumentar com base numa fantasia a respeito de uma vida luxuriante sem terremotos, carrapatos e ação predatória entre as espécies; só podemos argumentar com base no que conhecemos. Portanto, podemos concluir com segurança que, baseado no conhecimento existente, se o objetivo é produzir criaturas como nós, a dor e a violência que testemunhamos são, como diz Ruse, "simplesmente a tarifa inevitável que se precisa pagar para atingir o objetivo desejado".[21]

---

[21] Michael Ruse, **Can a Darwinian Be a Christian?** (Cambridge, UK: Cambridge University Press, 2001), p. 137.

O sofrimento da lagarta

No entanto, de quanto é essa tarifa que a natureza impõe à vida? O filósofo René Descartes contestou a afirmação de que a magnitude do sofrimento animal no mundo mostra que Deus é cruel e impiedoso. Descartes usou um argumento audacioso em defesa de Deus, afirmando que os animais não sentem dor. Segundo ele, os animais são diferentes das pessoas. Eles são uma espécie de mecanismo; uma versão orgânica, poderíamos dizer, do automóvel ou do cortador de grama. Ora, se batermos com o carro ou chutarmos o cortador de grama, ele pode fazer um barulho desagradável, mas isso não significa que ele sinta dor. O ruído é só um sinal de que a máquina está quebrada ou com defeito. O mesmo acontece, segundo Descartes, quando um animal solta uivos estridentes. Nós pensamos que ele está gritando de dor, mas na verdade é só o mau funcionamento de um mecanismo.[22] A maioria das pessoas de hoje, inclusive eu, acha essa explicação revoltante. É o tipo de argumento que traz má reputação à teodiceia.

Contudo, se Descartes estava errado, o que podemos saber sobre como os animais sofrem e sentem dor? Hoje em dia, sabemos muito mais sobre biologia do que na época de Descartes, e podemos afirmar que mamíferos complexos como nós sentem o máximo de dor. Algumas criaturas situadas mais abaixo na escala de complexidade sentem pouca dor. E muitas criaturas vivas — talvez a maioria delas — não sofrem absolutamente nada. Como assim? Elas não são sequer conscientes ou têm um sistema nervoso. O paradoxo é que quanto mais complexo o organismo — quanto mais desenvolvida a sua consciência — mais ele sofre; quer dizer, a dor aumenta à medida que subimos na escala evolutiva.

Vejamos a simples lagarta. Richard Dawkins se preocupa muito com as lagartas. Ele escreve que "se a natureza fosse gentil, ela pelo menos teria feito a pequena concessão de anestesiar as lagartas

---
[22] René Descartes, **Discurso do método**. Trad. Paulo Neves (Porto Alegre: L&PM Pocket, 2005).

antes que elas fossem comidas vivas de dentro para fora".[23] Dawkins deveria estar distraído quando escreveu isso, porque, sendo um biólogo, ele deveria saber o que seus colegas entomologistas escreveram sobre o assunto. O tópico é explorado em um importante artigo de revisão científica intitulado "Os insetos sentem dor?" Os autores observam que os insetos têm um sistema nervoso, mas ele é diferente do nosso e não possui os nociceptores — os neurorreceptores da dor — que permitem que os seres humanos sintam dor. É verdade que os insetos podem ter mecanismos diferentes para perceber a dor, mas, se esse for o caso, eles não demonstram nenhum dos sintomas que nós esperaríamos encontrar.

Por exemplo, os autores do artigo ressaltam que a experiência mostra que, se ferirmos gravemente um inseto ou mesmo arrancarmos parte de seu corpo, "ele continua sua atividade normal". Os autores citam o exemplo de um "gafanhoto que continuou a se alimentar enquanto estava sendo devorado por um louva-a-deus; pulgões continuavam a se alimentar enquanto eram comidos por joaninhas; uma mosca tsé-tsé que voou para se alimentar, embora já estivesse meio dissecada; lagartas que continuavam a se alimentar enquanto larvas de moscas escavavam buracos dentro delas [...] e machos de louva-a-deus que continuavam a copular enquanto eram comidos por sua parceira". Conclusão: "Considerando todos os exemplos, [...] as evidências [...] de seus comportamentos não parecem sustentar a hipótese de que os insetos experimentem um estado de dor, como ocorre com os seres humanos". Tradução: não deveríamos supor que o inseto esteja reagindo da mesma maneira que nós reagiríamos se alguém estivesse nos comendo por dentro ou arrancando a nossa cabeça a dentadas.[24]

---

[23] DAWKINS, **River out of Eden**, p. 131. **[O rio que saía do Éden**. Trad. Maria Teresa Castanheira (Coração de Jesus, PT: Rocco, 1996).]

[24] C. H. EISEMANN et al., Do Insects Feel Pain? — A Biological View, **Experientia** 40 (Basel: Birkhäuser Verlag, 1984), p. 164-167. V. tb. V. B. WIGGLESWORTH, Do Insects Feel Pain? **Antenna** 4 (1980), p. 8-9.

E as criaturas mais complexas? Os peixinhos de aquário, as gaivotas e os morcegos sofrem? A verdade é que não sabemos. Algumas décadas atrás, o filósofo Thomas Nagel publicou um interessante artigo intitulado "Como é ser um morcego?" Quando vi esse artigo pela primeira vez, confesso que ri do título. Eu pensei com meus botões: "Olha só como esses filósofos perdem tempo com bobagens". Fiquei imaginando Nagel sentado, pensando em como seria se ele fosse um morcego! Mas, lendo o artigo, vi que ele não estava pensando em como seria se ele, ou qualquer um de nós, fosse um morcego; ele estava tentando se colocar no lugar do morcego, tentando imaginar o que ele sentia. A tese de Nagel é que nós não podemos responder a essa pergunta por que não existe meio de nos transformarmos em um morcego.

Consequentemente, tudo que podemos fazer são conjecturas sobre como um animal se sente. Provavelmente, faz sentido dizer que, quanto menos desenvolvido é o sistema nervoso, menor a sensibilidade de um animal à dor. Parece razoável dizer que somente os animais superiores sentem dor. Entretanto, essa dor é limitada, porque, quando apanhado por um predador, antes do ponto da morte, o animal geralmente entra em choque. De fato, o choque é o anestésico da natureza; ele impede que o animal sinta alguma coisa. Se você assistir àquele canal de TV que passa documentários da natureza, preste atenção à expressão dos animais quando estão na boca do predador. Eles parecem estar totalmente em paz, quase imperturbáveis.

Isso parece loucura. Pense só, se fosse você ou eu. O ser humano extremamente complicado às vezes também fica em estado de choque. Ao descrever esse fenômeno conhecido, o neurocientista V. S. Ramachandran cita o famoso exemplo do explorador David Livingstone, que foi atacado por um leão. O braço dele foi horrivelmente dilacerado, mas ele não sentiu medo nem dor. Livingstone contou que parecia que ele não estava ali, como se estivesse vendo tudo de longe. Ramachandran explica: "Nesses momentos de intenso perigo, o giro cingulado anterior do cérebro, parte dos lóbulos frontais, se torna extremamente ativo.

Isso inibe ou desliga temporariamente a amígdala e outros centros emocionais do sistema límbico, suprimindo temporariamente emoções potencialmente paralisantes, como a ansiedade e o medo. Ao mesmo tempo, a ativação do giro cingulado anterior gera uma situação de agilidade e vigilância extremas, preparando o indivíduo para qualquer reação defensiva que seja necessária".[25] Isso quer dizer que nosso próprio instinto de sobrevivência reduz a sensação de dor ao mesmo tempo que nos prepara para alguma possibilidade de fuga.

No entanto, existe uma diferença entre a reação dos seres humanos e dos animais à dor e os mecanismos que a disparam em cada caso. Talvez uma das piores emoções que afetam o corpo humano seja o estresse. Os médicos vivem dizendo: "O estresse vai matar você". Contudo, ironicamente, o estresse protege a vida dos animais. O psicólogo Robert Sapolsky diz: "Para a grande maioria dos animais selvagens deste planeta, o estresse é a resposta a uma crise repentina, depois da qual não há mais estresse ou não há mais animal". Os seres humanos — escreve Sapolsky — ativam as mesmas reações psicológicas, mas não foram projetados para serem constantemente provocados. Segundo ele, "a doença relacionada ao estresse surge, predominantemente, do fato de que nós ativamos o mesmo sistema fisiológico que evoluiu para responder a emergências físicas agudas, mas o fazemos durante meses, preocupados com as prestações da casa, com nossos relacionamentos afetivos e com as promoções no trabalho".[26] Os animais são muito mais "sensatos" ao usarem o estresse instintivamente para se manterem vivos, enquanto nós o usamos de uma forma que faz mal à nossa saúde.

Outra diferença é que os animais, ao contrário dos seres humanos, não parecem ser capazes de pressentir a morte. Isso, é claro, reduz muito a ansiedade animal. A antecipação da dor ou do prazer faz que estes sejam intensificados; de certa maneira, experimentamos a sensação

---

[25] V. S. Ramachandran, **A Brief Tour of Human Consciousness** (New York: Pi Press, 2004), p. 92.
[26] Robert Sapolsky, **Why Zebras Don't Get Ulcers** (New York: Henry Holt, 1998), p. 6.

antes que a coisa aconteça. Para o animal, a morte não é uma constante fonte de terror; em vez disso, ela é algo que simplesmente acontece.

Em um de meus debates com Bart Ehrman, lembro-me de que um dos exemplos da crueldade da natureza apresentados por ele foi o de um gato que brinca de jogar um ratinho de um lado para o outro antes de matá-lo. Na interpretação de Ehrman, o gato era um verdadeiro torturador, uma espécie de Himmler dos gatos. Mas, na verdade, Ehrman estava só mostrando como um teólogo pode não saber nada de biologia. Os gatos não torturam os camundongos; isso é puro antropomorfismo. O gato está simplesmente prendendo o camundongo de um jeito que nós achamos que "parece tortura". Além do mais, o camundongo não sente terror. Esse é outro exemplo de antropomorfismo: isso é o que nós sentiríamos se um predador estivesse nos segurando dessa forma ameaçadora. Ao contrário dos seres humanos, os camundongos parecem ser incapazes de pressentir a morte. Portanto, o exemplo de Ehrman, mesmo que aconteça como ele descreveu, é uma interpretação errada de todo o episódio.

Voltando a Thomas Nagel, Ehrman parece estar nos dizendo como ele mesmo se sentiria se fosse um ratinho, não como um ratinho se sente sendo um ratinho. Darwin diz: "Quando refletimos sobre essa luta, podemos nos consolar com a firme convicção de que a guerra da natureza não é incessante, de que os animais não sentem medo, de que a morte geralmente é súbita e de que os vigorosos, os sadios e os felizes sobrevivem e se multiplicam".[27]

Alguns ateus perguntam por que os seres humanos têm de morrer, afinal de contas, e culpam Deus por não ter dado às criaturas uma vida muito mais longa, talvez até infinita. Discutiremos a morte e a vida eterna mais detalhadamente em um dos capítulos seguintes, mas gostaria de chamar a atenção aqui para um fenômeno interessante: existem criaturas vivas que, de fato, não morrem. Amebas não morrem; elas só se dividem ao meio. Assim, uma ameba se torna duas, e

---

[27] DARWIN, **The Origin of Species**, p. 73. [**A origem das espécies**. Trad. John Green (São Paulo: Martin Claret, 2004).]

ambas continuam sua feliz existência. Isso é interessante, mas muito mais interessante é o fato de que esse processo constitui a reprodução assexuada — e as únicas criaturas da terra que de fato morrem são as que se reproduzem de forma sexuada. Contudo, ao mesmo tempo, a reprodução sexuada garante a verdadeira individualidade. Quando criaturas se reproduzem de forma sexuada, isso garante que os descendentes nunca são exatamente iguais a seus pais. O significado disso é que os biólogos descobriram que a individualidade de uma criatura — a qualidade de ser totalmente única — está de alguma forma associada aos processos naturais da morte. Em outras palavras, ainda que não existisse uma razão teológica para a morte, temos de admitir que as descobertas científicas indicam que não haveria morte se Deus só quisesse fazer amebas e outras criaturas semelhantes. De minha parte, estou feliz por ele não ter parado por ali.

Sofrimento *versus* morte

Para nós, seres humanos, existe aqui uma lição que dá o que pensar não só sobre a morte, mas também sobre a dor e o sofrimento. Geralmente, usamos os termos "dor" e "sofrimento" como sinônimos, mas eles não são a mesma coisa. A dor é física, enquanto o sofrimento é mental. Dor é a sensação de estar machucado, enquanto sofrimento é a consciência da dor. Sofrimento também envolve a antecipação da dor, a capacidade de sentir dor antes mesmo que ela venha, assim como a capacidade reflexiva de continuar com dor mesmo depois que a verdadeira sensação provocada pelo ferimento já passou. O sofrimento muitas vezes é pior que a dor. A doença, por exemplo, causa sofrimento não só por causa do problema físico, mas também porque produz medo e ansiedade: preocupações com as finanças, a carreira e a família, e também sobre quanto tempo pode durar essa impotência e dependência dos outros.

Embora os animais sintam dor, eles não *sofrem*. O sofrimento, na plena acepção da palavra, parece ser uma capacidade distintamente humana. Ora, Deus poderia ter feito um mundo sem sofrimento, se tivesse feito um mundo sem seres humanos. Além disso, Deus poderia ter evitado a dor, se tivesse criado apenas amebas, vírus, insetos e outras criaturas inferiores. É difícil imaginar qualquer ser humano que preferisse isso. Deus parece ter tomado um caminho diferente. Ao criar formas de vida complexas, ele permitiu que houvesse níveis de consciência mais elevados e, necessariamente, níveis mais elevados de dor e sofrimento. Consequentemente, não podemos lamentar a capacidade de sentir dor e experimentar o sofrimento — nem sequer lamentar a quantidade de sofrimento natural que há no mundo — sem com isso lamentar também a existência do próprio mundo natural.

Compreensivelmente, gostamos de imaginar um mundo igual a este em que vivemos, mas sem dor nem sofrimento. As descobertas científicas que discutimos aqui mostram que isso é uma fantasia infantil, como imaginar uma neve que não seja fria ou doces que não deixem as crianças mal acostumadas — ou até, como vimos, vida sem terremotos e vulcões. Também é compreensível que não gostemos de sentir dor. A dor machuca! No entanto, é assim que tem de ser, porque o propósito da dor é nos ensinar algumas lições importantes. De fato, a dor é o mais eficaz instrutor da natureza. Quem já pôs a mão no fogão quente ou quase se afogou raramente se esquece da experiência ou da lição aprendida. Até mesmo a dor que sentimos por causa de um machucado é uma mensagem para parar, descansar e esperar que o machucado fique curado. Sem a dor, nós provavelmente iríamos continuar nossa atividade e piorar o quadro ou levar mais tempo para nos recuperarmos. Os sintomas de uma doença, como febre e dor de cabeça, também fazem parte da cartilha de saúde da natureza, e a mensagem que transmitem para nós é a de que devemos parar e cuidar do nosso corpo.

Veja, por exemplo, o caso da lepra. Os leprosos não sentem dor, e isso é muito ruim para eles, porque, se uma pessoa não sente dor, pode botar a mão sobre a chapa quente do fogão e deixar lá. Essa pessoa pode perder um dedo e nem perceber. Paul Brand, um médico que trata de leprosos, escreveu um livro intitulado *Pain: The Gift Nobody Wants* [Dor: o presente que ninguém quer]. Brand comenta que os membros mutilados dos leprosos não são resultado da lepra em si, mas sim de sua insensibilidade à dor: "Hoje em dia, vejo a dor como uma das características mais notáveis do corpo humano e, se eu pudesse dar um presente para os meus pacientes leprosos, escolheria a dor".[28] O que ele está querendo dizer é que nós, que temos a capacidade de sentir dor, não sabemos quanto ela é valiosa. Muitos pacientes de Brand invejam essa nossa habilidade e gostariam de poder sentir dor, porque isso os ajudaria a se protegerem melhor e viverem com mais segurança.

Os leprosos não são os únicos que conseguem dar valor à dor. Existem pessoas que sofrem de insensibilidade congênita à dor — são incapazes de sentir dor. Alguns pacientes que sofrem de diabetes e outros distúrbios neurológicos também têm esse problema. E existe ainda a assimbolia à dor, uma estranha condição em que as pessoas não reagem à dor com gritos ou contrações da face, mas com risos e expressões divertidas. Todas essas pessoas podem até parecer que têm muita sorte por causa de sua imunidade à dor, mas, na verdade, são muito infelizes. Em um livro sobre a doença, Randolph Neese e George Williams comentam que "quase todas as pessoas que não sentem dor morrem antes dos 30 anos".[29]

Nada do que foi escrito aqui tem por objetivo convencer as pessoas a gostarem de sentir dor, mas sim mostrar que devemos ser gratos pelo papel que a dor tem na conservação da nossa vida e saúde. Aprendemos que a dor é um fato da vida, tanto para os seres humanos como para os animais, mas não necessariamente um fato gratuito. Ao contrário, a dor e o sofrimento estão entrelaçados na trama das leis da natureza. Eles desempenham um papel no modo pelo qual

---

[28] Paul BRAND, **Pain: The Gift Nobody Wants** (New York: HarperCollins, 1993), p. 12.
[29] Randolph NESSE e George WILLIAMS, **Why We Get Sick** (New York: Vintage Books, 1994), p. 35.

a natureza cria novidade, beleza e até mesmo nós, seres humanos. A dor dos animais é real, pelo menos no caso dos animais superiores; mas não é o mesmo tipo de aflição que nós sentimos. Nossa dor é mais intensa, e isso é um reflexo de nossas capacidades humanas mais complexas. Além disso, a dor muitas vezes é útil para nós, mesmo que não gostemos dela — e principalmente por causa disso. A natureza pode se apresentar às vezes com unhas e dentes vermelhos, como disse Tennyson, mas, quando levamos em conta todos esses pontos, vemos que não gostaríamos que fosse de outra forma, e não seria mesmo possível. No que diz respeito àquilo que conseguimos discernir pela razão acerca do único mundo que podemos realmente conhecer, a dor e o sofrimento são inseparáveis de tudo o que há de bom.

CAPÍTULO 9

Um Universo sintonizado com precisão
....
O princípio antrópico

> Quanto mais examino o Universo e estudo os detalhes
> de sua arquitetura, tanto mais evidências encontro de que o Universo,
> em algum sentido, devia saber que estávamos chegando.[1]
> Freeman Dyson, *Disturbing the Universe* [Perturbando o Universo]

Os ateus parecem achar que seria fácil criar um Universo melhor, principalmente sendo Deus. "Não há razão alguma para que não seja possível existirem leis melhores regendo os objetos da natureza [...]. Com certeza, se Deus é todo-poderoso, ele poderia ter feito um Universo melhor desde o início, ou um Universo governado por leis melhores, de modo que a ação dessas leis não produzisse calamidades e dor".[2] Nos dois capítulos anteriores, apontamos falhas nessa tese ao examinarmos alguns fenômenos específicos: terremotos, *tsunamis*, doenças e ação predatória dos animais. Vimos por que a Terra precisa ter determinadas características a fim de sustentar a vida. Realmente, vivemos em um planeta biocêntrico, um planeta afortunado, um planeta capaz de sustentar vida ou, como nós, cristãos, diríamos, um planeta providencial. Os males e sofrimentos que suportamos aqui na Terra são o preço que temos de pagar para viver como criaturas livres e racionais nesta magnífica habitação.

Esse argumento, inatacável em si mesmo, está sujeito, no entanto, a uma séria objeção, como observou o físico Victor Stenger.

---

[1] Freeman Dyson, **Disturbing the Universe** (New York: Basic Books, 1979), p. 250.
[2] H. J. McCloskey, God and Evil. In: Peter Angeles (Ed.), **Critiques of God** (Amherst, NY: Prometheus Books, 1997), p. 211.

Ele defende a ideia de que "como o Universo contém centenas de bilhões, se não trilhões, de planetas, parece razoável pensar que a chance de encontrar outro planeta com as condições certas para abrigar nosso tipo de vida sejam muito grandes". Para Stenger, isso não tem nada de providencial; é simplesmente uma questão probabilística. "Nós, por acaso, vivemos em um planeta adequado, tendo evoluído para sobreviver em suas condições específicas".[3]

É claro que ainda poderíamos perguntar: "Mas por que nós? E por que aqui?". Contudo, a resposta é óbvia. Tinha de ser nós e tinha de ser aqui. Em outras palavras, somos o produto do que os cientistas chamam de um "efeito de seleção". Se dezenas de bilhões de estrelas, por meio de uma combinação de forças, produzem alguns poucos pontos isolados com vida consciente, então somente nesses pontos haverá criaturas capazes de se maravilharem com sua sorte. De fato, do ponto de vista ateísta, o Universo como um todo continua atestando a arquitetura errática de Deus. Para Stenger, "se Deus criou o Universo como um lugar especial para a humanidade, ele parece ter desperdiçado um bocado de espaço onde a humanidade jamais aparecerá". Uma página ateísta na internet acrescenta, com sarcasmo: "Só um Projetista teria tido a infinita sabedoria de criar mundos desabitados que orbitam o Sol junto com a Terra; e também criar imensos discos de matéria e planetas que foram detectados orbitando outras estrelas, isto é, incontáveis hectares de território presumivelmente desabitado e estéril".[4]

À primeira vista, essa refutação ateísta parece não atingir nossa teodiceia. Afinal de contas, quem se importa se Deus criou áreas e mais áreas de espaço extra? E se Deus gostar de "construir demais"? Contudo, o que os ateus estão realmente dizendo é que o modo pelo qual o Universo é estruturado, com trilhões de hectares de espaço não utilizado, mostra que não existe um arquiteto cuidadoso responsável

---

[3] Victor STENGER, **God: The Failed Hypothesis** (Amherst, NY: Prometheus Books, 2007), p. 144.
[4] Ibidem, p. 156; Cretinism or Evilution, <www.talkorigins.org>.

por sua construção. Além disso, se existe um Deus, ele claramente não tem nenhuma preocupação especial com a humanidade. Ele não criou o mundo pensando em nós. Ele pode não ter nos criado; talvez tenhamos surgido, por obra do acaso, em um planeta afortunado, em um Universo sem nenhum propósito. Talvez o nosso sofrimento possa ser explicado como uma consequência — e uma consequência necessária — das forças que nos fizeram surgir aqui. No entanto, Deus não teve nenhuma participação nisso. Se ele não é culpado pelo nosso sofrimento, então também não merece louvor pela nossa existência.

Este capítulo é dedicado a dar uma resposta a esse argumento. Mostrarei que a refutação do planeta afortunado está baseada numa falácia. Sim, nós vivemos em um planeta afortunado. Nesse aspecto, existe um "efeito de seleção". Contudo, a ciência moderna mostra que o Universo inteiro precisa ser do tamanho que é, ter a idade que tem e possuir as características que possui para que nós estejamos aqui. Em *The Constants of Nature* [As constantes da natureza], o físico John Barrow escreve a respeito do Universo: "Muitas de suas características mais surpreendentes — seu tamanho imenso e idade avançada, a solidão e escuridão do espaço — são condições necessárias para que haja observadores inteligentes como nós".[5] Por mais incrível que pareça, hoje sabemos que bilhões de anos e bilhões de estrelas são necessários para que haja um único posto avançado de vida em um único planeta. Nós não habitamos simplesmente um planeta afortunado; nós habitamos um Universo afortunado. Esse é o princípio antrópico, o princípio do Universo com sintonia fina. Ao longo de vários capítulos, temos apontado para ele; agora podemos finalmente entrar em sua discussão.

Como você chegou aqui

Precisa um Universo inteiro para fazer um ser humano? Sim, precisa. Se a ideia parecer absurda, pense em tudo que teve de acontecer para que você fosse gerado. Se seus pais não tivessem se

---

[5] John Barrow, **The Constants of Nature** (New York: Vintage Books, 2002), p. 113.

relacionado como fizeram, cada um contribuindo com exatamente aquele óvulo e aquele espermatozoide, você não existiria. Além disso, se seus avós não tivessem se encontrado e se casado, você também não estaria aqui. De fato, se apenas um de seus antepassados não tivesse tido filhos, sua existência seria impossível. Talvez um daqueles antepassados tenha emigrado da Inglaterra para os Estados Unidos — se os anglicanos não tivessem perseguido os protestantes dissidentes, essa imigração não teria acontecido. Em suma, literalmente milhões de eventos e milhares de pessoas cooperaram necessariamente para garantir sua existência na terra hoje. Você poderia dizer: "Nada demais. Se as coisas tivessem acontecido de maneira diferente, eu poderia não existir, mas existiria outra pessoa". Esse é exatamente o ponto central de meu argumento, e ele se aplica não apenas a você, mas aos seres humanos de forma geral. Se o Universo tivesse sido construído de maneira diferente, outros tipos de criaturas poderiam habitar nele, ou talvez nenhuma criatura, mas podemos ter certeza de que os seres humanos não estariam por aqui para interagir com elas.

Não só é necessário um Universo inteiro para fazer um ser humano; é necessário um Universo que tenha bilhões de anos de idade, como este em que vivemos agora. Vamos analisar por que isso é necessário. Nosso corpo é composto de elementos químicos, tais como carbono, ferro e oxigênio. No total, o corpo humano tem cerca de 25 elementos. Então, de onde vieram esses elementos? Na verdade, não havia carbono, ferro ou oxigênio no Universo primitivo. Quando o Universo foi formado, ele continha principalmente hidrogênio e hélio. A maioria dos outros elementos foi formada posteriormente, quer no interior das estrelas, quer na explosão de supernovas que acabaram com a vida de astros imensos.

O cosmólogo Joel Primack escreve: "Estrelas de tamanho médio, com massa maior do que a do nosso Sol, produziram os átomos de peso médio como o carbono e o nitrogênio, que compõem mais de 20% do peso do nosso corpo". O carbono, em particular, "veio principalmente das nebulosas planetárias", que são nuvens de gás expelidas pelas chamadas estrelas gigantes vermelhas. As estrelas moribundas ou supernovas são responsáveis por expelir esses elementos formados no interior das estrelas para o espaço, onde podem formar novas estrelas, planetas e pessoas. Nós somos compostos de material ejetado na galáxia pela morte violenta de antigas estrelas, algumas das quais explodiram antes que o sistema solar fosse formado há cerca de cinco bilhões de anos, e outras que explodiram somente alguns milhões de anos atrás. Primack conclui: "A poeira estelar, portanto, faz parte da nossa genealogia. Nosso corpo, literalmente, contém toda a história do Universo".[6]

Foi assim que elementos como o oxigênio foram formados. No entanto, como foi que o oxigênio se tornou livre para que nós o respirássemos? Durante cerca da metade da idade da Terra, a atmosfera não continha oxigênio. Ela era cheia de gases venenosos, como o dióxido de carbono, metano e amônia. Existem certas formas de vida, inclusive plantas e criaturas muito simples, chamadas extremófilos, que podem sobreviver nesse tipo de ambiente. Mas não você e eu. O oxigênio, em seus níveis atuais, apareceu muito depois, por meio do processo de fotossíntese, no qual a energia solar converte dióxido de carbono em compostos orgânicos. Por meio da fotossíntese, a água é separada em seus componentes, hidrogênio e oxigênio. O hidrogênio se combina com o dióxido de carbono para formar carboidratos, e o oxigênio é liberado na atmosfera como um subproduto. Todavia, o oxigênio livre não dura muito, porque é altamente reativo e se combina facilmente com outros elementos, em um processo chamado oxidação. Felizmente, temos plantas para nos socorrer. Os seres humanos têm oxigênio para respirar porque ele é produzido mais depressa do que é perdido na oxidação do ferro e de outros minerais.

---

[6] Joel PRIMACK e Nancy Ellen ABRAMS, **The View from the Center of the Universe** (New York: Riverhead Books, 2006), p. 98-99.

Como o oxigênio surgiu mais tarde na história da terra, os seres humanos também surgiram mais tarde. Nós estamos entre as criaturas complexas do mundo que não só precisam de oxigênio para respirar, mas são também conscientes. A consciência é algo que compartilhamos com os cães e os elefantes, mas existem muitas outras criaturas que sobrevivem e se reproduzem e continuam vivendo no mundo sem ela. Para nós, é claro, a consciência é o pré-requisito necessário, mas não suficiente, do livre-arbítrio. Não podemos ser criaturas livres e racionais sem sermos também conscientes. E, embora ninguém entenda completamente como surge a consciência nos seres humanos, o que sabemos é que ela surge por meio de cérebros altamente complexos.

Precondições para a evolução

O cérebro humano é um órgão de complexidade assombrosa. Nenhuma outra criatura tem um cérebro de tamanho que se aproxime remotamente do cérebro humano, relativamente ao tamanho do corpo. O tamanho do cérebro aumenta à medida que as criaturas se tornam mais complexas, e, nesse aspecto, os seres humanos podem ser vistos como o pináculo da evolução. Como a evolução mostra um padrão gradual de desenvolvimento, desde os organismos mais simples, como as bactérias, até os mais complexos, como as tartarugas e as girafas e, finalmente, os seres humanos, o Universo e a Terra precisam ter, necessariamente, bilhões de anos de idade para dar a esse processo tempo suficiente para produzir organismos complexos e conscientes como nós. Existe um ponto crítico aqui. Os ateus frequentemente evocam a evolução como uma explicação total para a vida, mas a evolução só explica o desenvolvimento das criaturas que sobrevivem e se reproduzem no mundo — ela não explica por que os seres humanos são capazes, também, de entender o mundo.

Daniel Dennett escreve: "A principal medida do 'valor' evolucionário é a *adaptabilidade* — a capacidade de se reproduzir com mais sucesso que os competidores".⁷ Nenhuma de nossas habilidades de sobrevivência ou de acasalamento — inclusive nossa capacidade de arranjar uma namorada ou de fugir de lobos e ursos — requer que sejamos capazes de entender a rotação dos planetas ou o comportamento das estrelas em galáxias distantes. Até o tão falado "efeito da seleção" a que me referi anteriormente neste capítulo só explica a existência de criaturas que são capazes de observar o mundo; ele não explica a existência de criaturas que podem também compreendê-lo. A observação e a compreensão são duas habilidades separadas. Nós poderíamos ter surgido aqui com olhos para ver e, ainda assim, não saber nada sobre como o Universo começou e como ele funciona.

Portanto, existe um enigma profundo aqui, que foi elegantemente expresso pelo físico Paul Davies: "Os próprios cientistas normalmente aceitam como fato consumado que nós vivemos em um cosmo racional e ordenado, sujeito a leis precisas que podem ser descobertas pelo raciocínio humano. Contudo, o simples fato de as coisas serem assim continua sendo um mistério insondável. Por que deveriam os seres humanos ter a capacidade de descobrir e entender os princípios segundo os quais o Universo funciona?". Davies acrescenta: "A existência de inteligência em algum organismo de algum planeta do Universo é, certamente, um fato de importância fundamental [...]. De algum modo, o Universo engendrou não só a sua própria consciência, mas também a sua própria *compreensão*. Átomos sem inteligência, esbarrando uns nos outros, conspiraram para fazer não só a vida, não só a mente, mas o entendimento [...]. Isso não pode ser um detalhe trivial, um produto insignificante de forças sem raciocínio e sem propósito. Nós, realmente, fomos criados para estar aqui".⁸

Surpreendentemente, todo esse debate sobre as condições singulares do Universo necessárias para produzir vida e, especificamente,

---

⁷ Daniel DENNETT, **Breaking the Spell** (New York: Viking, 2006), p. 69.
⁸ Paul DAVIES, **The Mind of God** (New York: Touchstone Books, 1992), p. 20, 232; Paul DAVIES, **Cosmic Jackpot** (New York: Houghton Mifflin, 2007), p. 5.

vida humana, têm apenas algumas décadas. Em 1973, o físico Brandon Carter apresentou um artigo seminal em um simpósio comemorativo dos quinhentos anos do nascimento de Copérnico. A maioria das palestras daquele simpósio enfatizava que Copérnico havia demonstrado que o ser humano não ocupava uma situação privilegiada na Criação e que o nosso planeta não tem um *status* privilegiado no Universo. Carter surpreendeu a plateia ao defender justamente o oposto: "Embora nossa situação não seja necessariamente central", disse ele, "inegavelmente ela é privilegiada, até certo ponto".

O argumento de Carter se baseava não só na estrutura do Universo, mas também na sua localização, expressão pela qual Carter designava a posição no espaço, assim como no tempo. Para nós estarmos aqui observando e compreendendo o Universo, afirmou Carter, é necessário que ele seja estruturado exatamente como é e que tenha a idade que tem, e que nós estejamos posicionados precisamente onde estamos. Foi Carter que cunhou o termo "princípio antrópico" para descrever esse fenômeno notável de um Universo que está finamente sintonizado para nós, e o assunto tem sido alvo de debates acalorados na ciência desde então.

Desde o artigo de Carter, diversas pesquisas têm sido feitas a respeito do princípio antrópico. A questão central, tanto para essas pesquisas como para Carter, é como o Universo pode ser construído de tal modo que permita ou até mesmo garanta o surgimento de observadores conscientes e racionais que possam entender esse Universo. Vamos começar observando que o Universo opera segundo um conjunto de constantes numéricas. Por exemplo, o Universo tem quatro forças conhecidas: a força da gravidade, a força eletromagnética, a interação nuclear forte e a interação fraca. O Universo tem também numerosas constantes. Essas constantes são os valores fixos que descrevem importantes relações entre as grandezas físicas. Bem, todas essas leis e constantes têm valores muito precisos; há números muito específicos ligados a cada uma delas. Contudo, o físico John Barrow escreve que "nós nunca explicamos o porquê dos valores numéricos de nenhuma das constantes da natureza [...]. O motivo desses valores continua sendo um mistério profundo". O que Barrow quer dizer é que não existe nenhuma teoria que gere esses valores; que mostre por que eles têm de ser o que são. "Até agora, a única forma que temos de conhecer esses valores é medindo-os."[9]

Vejamos uma dessas constantes da natureza: a razão entre a massa do próton e a do elétron. A massa do próton é aproximadamente igual a 1.832 vezes a massa do elétron. Como disse Barrow, ninguém sabe por quê. Contudo, vamos fazer outra pergunta: E se essa razão fosse diferente? O que aconteceria se a massa do próton fosse igual a 7 mil vezes a massa do elétron, ou talvez apenas 200 vezes? Em outras palavras, o que mudaria se as constantes da natureza fossem diferentes?

O físico Paul Davies formula essa pergunta por meio de uma analogia. Ele imagina Deus diante de um painel com 30 sintonizadores diferentes. Ele ajusta cada um deles com extrema precisão. Se entrássemos na sala e mexêssemos nos sintonizadores, modificando ligeiramente seus valores, veríamos, imediatamente, que "o Universo se tornaria um lugar muito inóspito".[10] Em outras palavras, os sintonizadores tinham de ser ajustados exatamente do jeito que foram; caso contrário, não teríamos um Universo propício à vida e, consequentemente, não haveria ser humano algum nesse Universo.

Então, qual é a probabilidade de que esses sintonizadores sejam ajustados em seus valores "corretos" por acaso? John Barrow e Frank Tippler escrevem em *The Antropic Cosmological Principle* [O princípio antrópico cosmológico]: "O Universo atual possui características cuja probabilidade de existência é infinitesimal".[11] O astrofísico Michael

---

[9] John Barrow, **The Constants of Nature** (New York: Vintage Books, 2002), p. xiii, 65.
[10] Davies, **Cosmic Jackpot**, p. 146, 150.
[11] John Barrow e Frank Tipler, **The Anthropic Cosmological Principle** (New York: Oxford University Press, 1986), p. 250; Michael Turner, citado em Life in the Universe, **Scientific American** (Outubro de 1994).

Turner diz isso de modo ainda mais contundente: "A precisão encontrada é como se alguém atirasse um dardo ao longo de todo o Universo e acertasse o centro de um alvo de 1 milímetro de diâmetro do outro lado".

Primeiramente, vamos examinar uma força que todos nós conhecemos bem: a força da gravidade. Logo após o *big bang*, a gravidade começou a atrair os átomos do Universo, levando finalmente à formação das estrelas e galáxias. No entanto, essa atração tinha de ter uma intensidade muito precisa. Se a atração fosse mais forte, ela teria tornado a unir todos os átomos do Universo, formando um único aglomerado. O *big bang* teria terminado em uma *big* bola. Por outro lado, se a gravidade fosse ligeiramente mais fraca — uma diferença tão pequena que o peso do nosso corpo só diminuiria alguns gramas —, os átomos do Universo nunca teriam se juntado para formar estrelas e galáxias.

Se não houvesse estrelas, o Sol não existiria, e sem o Sol não haveria seres humanos no planeta Terra. A força da gravidade (caso você tenha esquecido as aulas de física da escola) é regida pela lei do inverso do quadrado, também descoberta por Isaac Newton. Essa lei diz que a força gravitacional entre dois corpos é diretamente proporcional às suas massas e inversamente proporcional ao quadrado da distância entre eles. Então, o que aconteceria se a lei do inverso do quadrado fosse ligeiramente alterada? O astrônomo Carl Sagan escreve: "De fato, qualquer desvio da lei do inverso do quadrado gera órbitas planetárias que são, de uma forma ou de outra, instáveis. Uma lei do inverso do cubo, por exemplo, [...] faria que os planetas executassem um rápido movimento em espiral em direção ao Sol e fossem destruídos".[12]

Em seu livro *Uma breve história do tempo*, o físico Stephen Hawking escreve que as condições iniciais do Universo — sua densidade e sua taxa de expansão — teriam de ter valores muito bem determinados e precisos para propiciar a formação de estrelas, planetas e criaturas como nós. Se a densidade total do Universo mudasse 0,0000000000001%, nenhuma estrela ou galáxia poderia se formar.

---

[12] Carl SAGAN, **The Varieties of Scientific Experience** (New York: Penguin Books, 2006), p. 55.

Hawking acrescenta: "se a taxa de expansão um segundo após o *big bang* tivesse sido menor por até mesmo uma parte em 100 mil milhões de milhões, o Universo teria voltado a colapsar antes mesmo de alcançar seu tamanho atual". Hawking diz que outras forças e constantes são igualmente ajustadas com precisão: "O mais impressionante é que os valores desses números parecem ter sido cuidadosamente escolhidos para tornar possível o desenvolvimento da vida". Mude a carga do elétron só um pouquinho, diz ele, e "as estrelas não teriam sido capazes de queimar hidrogênio e hélio ou, então, não teriam explodido". Sem as explosões estelares, não haveria planetas; sem planetas, nós não existiríamos. Referindo-se especificamente ao *big bang*, Hawking conclui: "É muito difícil explicar por que o Universo começou exatamente dessa maneira, exceto se dissermos que tudo isso foi obra de um Deus que teve a intenção de criar seres como nós".[13]

Seis números providenciais

Talvez a mais popular e abrangente explicação do princípio antrópico esteja no livro do astrônomo Martin Rees, *Apenas seis números*. Nesse livro, Rees analisa seis números cruciais. Ele não hesita em chamar esses números de "providenciais". Esses números, segundo ele, são a "receita para se fazer um Universo". Nenhum desses números, diz Rees, pode ser previsto com base nos valores dos outros. Além disso, "se qualquer um deles fosse 'dessintonizado', não haveria estrelas nem vida".

Vejamos alguns desses números providenciais. Um deles é N, e o seu valor é 1.000.000.000.000.000.000.000.000.000.000.000.000. Um número enorme. A constante N mede a razão entre a intensidade das forças elétricas que mantêm os átomos coesos e a interação gravitacional entre eles. Rees escreve: "Se N tivesse alguns zeros a menos,

---

[13] Stephen HAWKING, **A Brief History of Time** (New York: Bantam Books, 1996), p. 126, 129, 131. [**Uma breve história do tempo:** do *big bang* aos buracos negros. Trad. Ribeiro da Fonseca (Lisboa, Gradiva, 1994).]

somente um Universo em miniatura e de vida curta poderia existir: nenhuma criatura poderia ser maior do que os insetos, e não haveria tempo para evolução biológica". Outro desses números é E, que especifica a força de coesão dos núcleos atômicos. O valor numérico de E determina o modo pelo qual as estrelas formam todos os outros elementos da tabela periódica, por meio do hidrogênio. Seu valor é 0,07. Rees afirma: "Se E fosse 0,06 ou 0,08, nós não existiríamos". As origens de todas as estruturas cósmicas, inclusive as estrelas e galáxias, estão ligadas ao *big bang*. A estrutura do Universo depende do número Q, que representa a razão entre duas energias fundamentais. Seu valor é aproximadamente igual a 0,00001. Mais uma vez, Rees escreve: "Se Q fosse menor do que isso, o Universo seria inerte e sem nenhuma estrutura; se Q fosse muito maior, ele seria um lugar violento em que nenhuma estrela ou sistema solar poderia sobreviver; um lugar dominado por imensos buracos negros".[14]

Poderíamos continuar falando sobre esses números, mas o que dissemos até aqui já é suficiente para o nosso argumento. Os elétrons têm um ajuste preciso; a gravidade tem um ajuste preciso e a taxa de expansão do Universo tem um ajuste preciso. O astrônomo Carl Sagan resume esse resultado: "Se as leis da natureza e as constantes físicas — tais como a velocidade da luz, a carga do elétron, a constante universal da gravitação ou a constante de Planck, da mecânica quântica — tivessem valores diferentes, o curso dos acontecimentos que deram origem aos seres humanos nunca teria ocorrido [...]. Leis diferentes, nada de seres humanos".[15]

Existe uma questão sutil que precisa ser tratada nesse contexto. Nós, seres humanos, temos condições de entender o Universo não apenas pelo fato de termos uma mente consciente, mas também por

---

[14] Martin Rees, **Just Six Numbers** (New York: Basic Books, 2000), p. 2-4, 161, 179. [**Apenas seis números**. Trad. Walter J. Maciel (Rio de Janeiro: Rocco, 2001).]

[15] Carl Sagan, **Pale Blue Dot** (New York: Ballantine Books, 1994), p. 30. [**O pálido ponto azul**. Trad. Rosaura Eichenberg (São Paulo: Companhia das Letras, 1996).]

causa de nossa posição no espaço e no tempo. Foi por isso que, em seu artigo seminal de 1973, Brandon Carter deu tanta ênfase à "localização". Acontece que nós estamos posicionados em uma galáxia que está em um ponto extremamente vantajoso, do qual podemos observar o restante da criação. Michael Denton escreve em *Nature's Destiny* [O destino da natureza]: "Ironicamente, nossa posição relativamente periférica, no braço da espiral de uma galáxia extremamente medíocre, é, de fato, uma sorte muito grande. Se estivéssemos localizados em uma posição mais central — digamos, perto do coração da galáxia —, é provável que o nosso conhecimento do Universo (de outras galáxias, por exemplo) não fosse tão grande. Naquela posição, a luz das estrelas circundantes poderia impedir nossa visão do espaço intergaláctico. Talvez a astronomia e a cosmologia que conhecemos nunca tivessem se desenvolvido".[16]

Além do mais, somos criaturas de tamanho médio, construídas, como diz o cosmólogo Joel Primack, "a meio caminho entre o tamanho de uma célula viva e o tamanho da Terra". Primack comenta: "Não por acaso, esse é o único tamanho que seres conscientes poderiam ter". Além disso, "é também um tamanho muito bom para que possamos perceber tanto as coisas muito pequenas como as muito grandes".[17]

Outro ponto importante é que estamos vivendo em uma época em que os dados do Universo estão acessíveis à observação humana. Pense só nisto: O Universo está se expandindo rapidamente. Portanto, galáxias remotas que atualmente podemos ver acabarão se movendo para tão longe de nós que se tornarão inobserváveis. Até mesmo as evidências das origens do Universo acabarão desaparecendo não porque deixarão de existir, mas sim porque se tornarão inacessíveis à observação humana. Segundo Primack, nós vivemos em uma "janela de tempo especial, que só pode acontecer durante um período relativamente curto da história do Universo: suficientemente tarde

---

[16] Michael Denton, **Natures Destiny** (New York: The Free Press, 1998), p. 372.
[17] Primack e Abrams, **The View from the Center of the Universe**, p. 161, 177.

para que seres inteligentes tenham evoluído a ponto de dispor de instrumentos que permitam observar as galáxias distantes, mas não tão tarde que elas já tenham começado a desaparecer".[18] Assim, precisamos acrescentar mais um item à lista de coincidências que permitiram a nossa existência, e talvez essa seja a mais maravilhosa de todas. De algum modo, a sintonia fina que produziu um Universo com criaturas vivas complexas também gerou as condições para que essas criaturas pudessem observar e compreender o Universo.

Até mesmo alguns cientistas que não são crentes religiosos estão profundamente impressionados. Paul Davies escreve: "É difícil resistir à impressão de que a atual estrutura do Universo, aparentemente tão sensível a ínfimas alterações nas constantes universais, tenha sido minuciosamente projetado". Ele acrescenta: "A ocorrência aparentemente milagrosa de valores numéricos que a natureza atribuiu às suas constantes fundamentais continua sendo o sinal mais convincente de que o cosmo foi intencionalmente projetado". O astrofísico Fred Hoyle, que usou o princípio antrópico para prever uma propriedade do carbono antes desconhecida, afirma categoricamente: "Eu não creio que qualquer cientista que examine as evidências consiga fugir da conclusão de que as leis da física nuclear foram deliberadamente projetadas com a finalidade de produzir os efeitos que geram dentro das estrelas [...]. Uma interpretação desses fatos baseada no bom senso leva a crer que um superintelecto andou brincando com a física, a química e a biologia, e que não existem forças cegas relevantes na natureza". O astrônomo Robert Jastrow chamou o princípio antrópico de "o resultado mais teísta já produzido pela ciência".[19]

Essa é uma pílula amarga para os ateístas! E, verdade seja dita, é um remédio amargo até mesmo para muitos cientistas. No livro

---

[18] Primack e Abrams, **The View from the Center of the Universe**, p. 117-118.
[19] Paul Davies, **God and the New Physics** (New York: Simon & Schuster, 1983), p. 189; Fred Hoyle, **The Intelligent Universe** (London: Michael Joseph Publications, 1983), p. 218; Fred Hoyle, citado por Barrow e Tipler, **The Anthropic Cosmological Principle**, p. 22; Entrevista com Robert Jastrow. In: Roy Abraham Varghese (Ed.), **The Intellectuals Speak Out about God** (Washington, DC: Regnery Gateway, 1984), p. 22.

Cosmic Landscape [A paisagem cósmica], o físico Leonard Susskind chama o princípio antrópico de "um enorme embaraço para os físicos". O físico Murray Gell-Mann diz que a ideia de sintonia fina é "ridícula demais para merecer qualquer discussão".[20] Isso não é simplesmente animosidade ateísta. Muitos cientistas ainda estão profundamente apegados à perspectiva copernicana de que os seres humanos são acessórios no esquema geral da criação. Além disso, muitos cientistas querem explicações seculares para os fenômenos físicos. No entanto, o Universo com sintonia fina é um problema porque levanta a questão da existência de um ser sobrenatural responsável por essa sintonia. Nas palavras de Susskind, ele dá "o falso consolo de um mito criacionista". Mais ainda, o princípio antrópico abala o ponto de vista copernicano ao mostrar que os seres humanos são relevantes e que, embora a Terra possa parecer um planeta comum e sem importância, de fato ela não é nada disso, pois é o único ponto conhecido onde existe vida inteligente. Não admira que o princípio antrópico esteja fazendo tantos ateus e cientistas, como Gell-Mann, terem chiliques.

Um efeito de seleção?

Em vez de tentar derrubá-lo, ateus como Richard Dawkins e o físico Steven Weinberg procuram minimizar o princípio antrópico, dizendo que ele não é nada demais. Dawkins e Weinberg tentam explicar o Universo finamente sintonizado recorrendo ao — você adivinhou — efeito de seleção. Weinberg escreve: "Não é preciso invocar um projetista benevolente para explicar por que nós somos uma das partes do Universo onde a vida é possível. Em todas as outras partes do Universo não há ninguém para levantar essa questão". A sintonia fina, acrescenta Dawkins, "não significa necessariamente que o Universo foi deliberadamente feito para que nós pudéssemos existir.

---

[20] Leonard Susskind, **The Cosmic Landscape** (New York: Back Bay Books, 2006), p. x; Murray Gell-Mann, **The Quark and the Jaguar** (New York: A.W.H. Freeman, 1994), p. 212.

Ela significa simplesmente que nós estamos aqui e que não poderíamos estar em um Universo que não tivesse a capacidade de nos gerar".[21]

O problema com o argumento de Dawkins foi exposto pelo filósofo John Leslie. Ele formula a seguinte questão: Suponha que uma enorme bomba preparada por um terrorista explodisse a alguns metros de onde você está. Dada a probabilidade extremamente baixa de sobrevivência, você não ficaria espantado se descobrisse que ainda estava vivo? Quanto você ficaria impressionado se Dawkins dissesse que não havia nada de espantoso nisso? Obviamente, você tinha de ter sobrevivido, porque, se não tivesse, não estaria aqui para discutir o assunto. O ponto central do argumento de Leslie é que sua sobrevivência, dadas as circunstâncias, continua sendo altamente improvável e precisa de explicação.[22]

A sintonia fina não só é invulnerável a esse tipo de sofisma, como também — como Dawkins provavelmente sabe — é invulnerável ao ataque darwiniano. A evolução simplesmente explica como a forma de vida A deu origem à forma de vida B. Ela não explica por que as células têm as propriedades que têm, inclusive a propriedade de autorreplicação. A evolução não responde por que a Terra é tão antiga ou por que ela contém uma porção seca. A evolução não explica por que o Universo tem os elementos nele existentes. A evolução não explica o valor da intensidade gravitacional. De fato, todas essas coisas são necessárias para que a evolução possa ocorrer. Se essas condições não fossem exatamente como são, não poderia haver evolução! Michael Denton afirma um fato cuja obviedade em nada diminui sua importância: "As muitas adaptações vitais mútuas nas partes constitutivas da vida foram geradas pela física muito antes que qualquer organismo vivo existisse e muito antes que a seleção natural começasse a atuar". O físico John Wheeler formula esse fato de modo ainda

---

[21] Steven WEINBERG, **Facing Up** (Cambridge, MA: Harvard University Press, 2001), p. 238; Richard DAWKINS, **The Ancestor's Tale** (Boston: Houghton Mifflin, 2004), p. 2.

[22] John LESLIE, **Immortality Defended** (Oxford, UK: Blackwell Publishing, 2007), p. 72.

mais sucinto: "A questão não é apenas a de que o homem está adaptado ao Universo. Acontece que o Universo está adaptado ao homem".[23] Victor Stenger odeia o Universo com sintonia fina e dedicou grande parte de seus textos à tentativa de derrubar essa tese. A maior parte dos argumentos de Stenger é canhestra, assim como sua tese do planeta afortunado, citada anteriormente neste capítulo. Um de seus argumentos, entretanto, tem algum mérito, e vale a pena examiná-lo. Stenger reconhece que o Universo é finamente sintonizado para conter formas de vida baseadas no carbono, como os seres humanos e outros animais. Contudo, teoriza ele, é bem possível que existam outros tipos de vida no Universo. Talvez exista uma forma de vida baseada no silício, ou alguma coisa que seja tão estranha que não podemos sequer procurar por elas. "Podemos apenas especular que outra forma a vida poderia assumir em outro planeta, sob condições diferentes".[24]

No entanto, até mesmo Stenger não se dá ao trabalho de especular, provavelmente porque suas especulações têm grande chance de redundar em nada. Os cientistas sabem que o carbono é ideal para a formação da vida por causa de sua capacidade de formar uma grande variedade de compostos espontaneamente. Os compostos de carbono são perfeitamente equilibrados quanto ao aspecto de que não são nem muito estáveis nem muito instáveis. Se fossem estáveis demais, eles não reagiriam nos processos químicos que o crescimento e o metabolismo biológico exigem; se fossem instáveis demais, eles se dissociariam o tempo todo ou jamais se formariam. John Barrow e Frank Tippler escrevem: "Isso não quer dizer que seja impossível haver outras formas de vida, mas sim que essas outras formas não poderiam evoluir a níveis avançados de organização por meio da seleção natural". Embora a vida baseada no silício possa alimentar a imaginação fértil

---

[23] Denton, **Nature's Destiny**, p. 253; John Wheeler, Prefácio. In: Barrow e Tipler, **The Anthropic Cosmological Principle**, p. vii.
[24] Victor Stenger, **God: The Failed Hypothesis**, p. 153.

dos escritores de ficção científica, na verdade "o silício não poderia substituir o carbono em nenhuma biosfera".[25]

Todavia, mesmo que Barrow e Tippler estejam errados, mesmo que haja outros tipos de criaturas vivas em outros lugares, nada disso interfere no meu argumento. Vamos esclarecer o que foi dito até aqui. Meu argumento não é o de que a vida humana é a única forma de vida que existe no Universo; temos de admitir que essa é uma informação desconhecida. O que estou dizendo é que o Universo tem de ser exatamente como é para gerar seres humanos. Essa é uma afirmativa diferente, e é a que importa para minha tese. Não estou tentando provar que Deus fez apenas nós e nenhum outro tipo de criatura inteligente. O que estou tentando provar é que, se Deus queria nos criar, ele construiu o Universo de tal maneira que pudesse obter esse resultado — e essa era a única maneira. Se essas mesmas leis da natureza permitem a existência de outras criaturas, talvez baseadas no silício, ou se Deus também decidiu fazer outras criaturas na galáxia de Andrômeda, isso nenhuma diferença faz para a nossa teodiceia. Afinal de contas, estamos escrevendo uma teodiceia para seres humanos que sofrem; não estamos preocupados com o destino de possíveis extraterrestres.

Os físicos Alejandro Jenkins e Gilad Perez também detestam o conceito de Universo com sintonia fina e, em um recente número da *Scientific American*, eles tentam construir uma nova refutação. A falácia do argumento da sintonia fina, segundo eles, é que os cientistas normalmente examinam as consequências sobre a vida se um único parâmetro, digamos a força gravitacional, for alterado, ainda que minimamente, "mas não há razão alguma para que apenas um parâmetro seja alterado de cada vez". Consequentemente, Jenkins e Perez tentam fazer malabarismos com as forças da natureza para ver se ainda podem conseguir soluções que permitam a existência de vida; e afirmam ter conseguido. Existem outros universos, dizem eles, que poderiam ser regidos por uma força gravitacional mais forte ou mais

---

[25] Barrow e Tipler. **The Anthropic Cosmological Principle**, p. 511, 545-547.

fraca, contanto que outras forças fossem reajustadas para compensar essa mudança. Contudo, logo em seguida, os autores mandam sua pesquisa pelos ares, ao admitirem que "uma grandeza ainda parece ser impossível de alterar, dado o seu alto grau de precisão: a constante cosmológica, que representa a quantidade de energia existente no vácuo". Esse é um problema dos grandes: "um desvio de apenas um centésimo levaria a um Universo sem nenhuma estrutura significativa".[26] Com isso, Jenkins e Perez abandonam seu bloco de rascunho.

A solução dos universos múltiplos

Talvez a mais inteligente crítica ao Universo com sintonia fina seja a do físico Stephen Hawking. Em seu recente livro, *O grande projeto*, Hawking se junta a outros cientistas na busca de uma "solução" diferente para o problema antrópico. Hawking defende que a sintonia fina do Universo pode ser explicada sem recorrer à existência de Deus. A solução de Hawking funciona se não houver um Universo único, mas sim múltiplos universos. Hawking postula a existência de milhões de universos — na verdade, uma infinidade deles — todos combinados no que se poderia chamar de um multiverso. Hawkins escreve, junto com o coautor, Leonard Mlodinov: "O conceito de multiverso pode explicar o ajuste fino das leis físicas sem a necessidade de postular um criador benevolente que tenha feito o Universo para nosso benefício".[27]

A ideia da existência de outros universos não é nova. Em um trecho anterior deste livro, vimos que Leibniz defendia a possibilidade de que houvesse outros mundos — mundos que Deus não criou. Além disso, o conceito contemporâneo de múltiplos universos surge em diversas versões. Existe a versão de Hawking: um multiverso subdividido em inumeráveis universos "locais". Outros físicos propuseram a ideia

---

[26] Alejandro JENKINS e Gilad PEREZ, Looking for Life in the Multiverse, **Scientific American** (Janeiro de 2010), p. 42-49.

[27] Stephen HAWKING e Leonard MLODINOW, **The Grand Design** (New York: Bantam Books, 2010), p. 165. [**O grande projeto**. Trad. Mônica Gagliotti F. Friaça (São Paulo: Nova Fronteira, 2011).]

de inumeráveis mundos competindo uns com os outros em uma estranha imitação da seleção natural darwiniana, em que alguns mundos sobreviviam e outros desapareciam. E existe a versão de Carl Sagan, que se baseia fortemente em uma teoria oriunda da física quântica: "Se em cada microinstante de tempo o Universo se divide em universos alternativos em que as coisas acontecem de forma diferente, e se há [...] um número enorme, tremendamente grande, talvez infinitamente grande, de outros universos com outras leis da natureza e outras constantes, então a nossa existência não é assim tão extraordinária".[28]

Puxa, Dorothy! Definitivamente, não estamos mais em Kansas![29] Essa é a atmosfera rarefeita da física e da cosmologia moderna, onde até mesmo ideias bizarras como essas são avidamente discutidas. E admito que existe coerência lógica no que Hawking e Sagan estão dizendo; essas hipóteses estão dentro do ramo principal da ciência contemporânea. Contudo, até que ponto se pode dizer que essas afirmações são plausíveis? Vamos tentar analisar essa questão por meio de uma analogia. Imagine que alguém compre 30 bilhetes da loteria estadual, cada um deles representando uma das constantes (sintonizadores) do Universo. Por incrível que pareça, a pessoa ganha todas as loterias. A probabilidade de ser premiado em uma única loteria é infinitesimal. Se alguém ganhasse 30 vezes, teríamos certeza de que havia alguma fraude. Alguém armou um "esquema" na loteria. Isso é óbvio. Agora, imagine que você esteja sendo processado por participar dessa fraude. Você pode chamar Hawking e Sagan para testemunhar a seu favor na condição de especialistas. Eles garantem ao júri que sua sorte de ganhar 30 vezes pode parecer impossível, mas — perguntam eles — e se existirem milhões de universos e cada um deles tiver loterias estaduais? É verdade que em um único Universo a probabilidade de ganhar tantas loterias de uma só vez pode parecer absurda; mas, em um número infinito de universos, até mesmo eventos

---

[28] SAGAN, **The Varieties of Scientific Experience**, p. 59.
[29] Referência à fala da personagem Dorothy, em **O mágico de Oz**. [N. do E.]

extremamente improváveis acontecem alguma vez. E assim, senhoras e senhores do júri, explicamos a anomalia. Pronto. O conceito de multiverso acaba de explicar como uma pessoa pode ganhar em 30 loterias estaduais de uma só vez. Você acha que algum júri engoliria isso? Eu não acho.

É claro que o argumento do multiverso pareceria menos inadmissível se houvesse evidências empíricas da existência de outros universos além do nosso. Os defensores da teoria dos universos múltiplos, tais como Hawking e Mlodinov, concordam que não existem tais evidências. A maioria dos cientistas parece acreditar que nunca encontraremos evidências empíricas de outros universos. Isso porque, se existem outros universos além do nosso, eles provavelmente têm leis diferentes das que governam o nosso Universo. Consequentemente, seriam inacessíveis para nós; não teríamos nenhum meio de saber algo sobre eles. Um defensor do multiverso tem de acreditar que ele existe principalmente com base na fé.

Apesar do impressionante currículo de Hawking, muitos dos principais cientistas continuam céticos em relação ao multiverso, já que o conceito procura explicar peculiaridades de um Universo postulando a existência de trilhões de outros. Davies chama isso de "um caso de excesso de bagagem levado ao extremo". Outro físico, Lee Smolin, faz o seguinte comentário a respeito do multiverso: "O problema com essa teoria é que ela permite explicar quase tudo [...]. Argumentar dessa maneira não é raciocinar; é simplesmente desistir de procurar uma explicação racional".[30]

Quanto a mim, acho todo esse debate em torno do multiverso bastante divertido. Para abolir um Deus invisível, Hawking e seus colegas precisam conjurar uma infinidade de universos invisíveis. Ao mesmo tempo, fico intrigado com o multiverso e reconheço que os físicos e astrônomos levam esse conceito a sério. Portanto, vou levá-lo a sério também.

---

[30] Davies, **The Mind of God**, p. 190; Lee Smolin, **The Life of the Cosmos** (New York: Oxford University Press, 1997), p. 45.

Consequentemente, a "solução" do multiverso não pode resolver completamente o problema da sintonia fina, mesmo que seja verdadeira. Por quê? Bem, alguns físicos de hoje consideram que até mesmo as condições necessárias para gerar múltiplos universos têm de ser finamente sintonizadas. Além disso, os universos que contiverem quaisquer formas de vida têm de ser finamente sintonizados para aquela forma de vida.[31] Essas considerações podem parecer triviais, mas são importantes por duas razões. Em primeiro lugar, elas indicam que o problema da sintonia fina não foi realmente resolvido. O que os teóricos do multiverso fizeram foi apenas empurrá-lo para uma estrutura mais ampla e desconhecida que produz outros universos. Os religiosos que defendem o "projeto" podem continuar a dizer que o multiverso com sintonia fina aponta para um sintonizador sobrenatural.

No entanto, essa não é a implicação que me interessa. Quero enfocar uma segunda implicação da sintonia fina do multiverso que é especialmente relevante para a construção da teodiceia. Se existem múltiplos universos, então os físicos nos dizem que a grande maioria deles seria estéril. Apenas em alguns poucos casos esparsos poderia haver universos com criaturas vivas e, em um número ainda menor, universos que contivessem criaturas conscientes e racionais. Vamos agora postular, para fins de argumentação, que esses universos e essas criaturas realmente existem. Deixemos de lado qualquer especulação sobre o material de que são feitos e de como funcionam. Aqui está a questão central: Nesses universos raros também haveria constantes físicas bem determinadas. Por exemplo, os físicos insistem em que a primeira lei da termodinâmica, que é a lei da ordem e desordem, e que diz que as coisas inevitavelmente acabam se deteriorando, se aplicaria em todo Universo. Assim, todos os universos conteriam decadência e dissolução. Em outras palavras, morte.

---

[31] Davies, *Cosmic Jackpot*, p. 204.

Outro ponto importante é que a vida em qualquer outro Universo, assim como a vida neste mundo, estaria sujeita a todo um conjunto de pré-requisitos e precondições. Sem eles, a vida não existiria. Certamente, em outros universos ou em outras partes do multiverso poderia não haver terremotos nem *tsunamis* nem malária, mas haveria outras restrições e limitações que causariam sofrimento — supondo, é claro, que houvesse criaturas conscientes capazes de sentir esse sofrimento. Além disso, se essas criaturas fossem racionais e livres, como nós somos, elas também seriam capazes do mal moral, e isso significa que poderiam ferir umas às outras. E este é o ponto mais importante de todos os conceitos cientificamente possíveis de multiverso: Existe uma probabilidade de que haja uma grande quantidade de mal e sofrimento em qualquer Universo que opere segundo leis específicas e que contenha criaturas com livre-arbítrio. Longe de minar a nossa teodiceia, os múltiplos universos nos ajudam a tornar nosso argumento ainda mais abrangente.

Agora, vamos voltar a pôr os pés no chão — ou, talvez eu devesse dizer, vamos voltar ao único Universo que conhecemos: o nosso. Sei que muitos se perguntam se o Universo finamente sintonizado aponta para um criador divino. Essa questão continua controversa, como vimos. O que não é controverso na ciência, entretanto, é a ideia de que, se vamos ter um Universo regido por leis e que produza seres humanos como nós, ele deve ser projetado de uma forma precisa. Em outras palavras, existe apenas uma receita que produz planetas, ornitorrincos e seres humanos. Consequentemente, é razoável supor que, se Deus queria fazer criaturas como você e eu, até onde sabemos havia apenas uma fórmula que ele poderia usar. E ele a usou.

Todo o nosso Universo é um lugar muito grande, muito velho e ocasionalmente violento e perigoso. Nós sobrevivemos precariamente neste Universo. Entretanto, ele foi construído segundo um projeto necessário para a nossa existência. Nenhum outro projeto, segundo sabemos, poderia ter produzido o mesmo resultado. Segue-se disso que, se existe um Deus, ele queria que este Universo tivesse seres como nós vivendo aqui. Ele não fez um tipo qualquer de Universo. Ele fez um Universo que permitisse o surgimento de criaturas que fossem capazes de reconhecer não só o projeto desse Universo, mas também contemplar e, talvez, entrar em relacionamento com seu criador.

Os tímpanos da natureza

O sofrimento natural faz parte deste Universo. Então, será que esse sofrimento é algo que Deus desejou para o homem e as outras criaturas? Não necessariamente. Só porque algo faz parte da estrutura arquitetônica, isso não quer dizer que tenha sido planejado pelo arquiteto. Este é um ponto crucial: Assim como o uso do livre-arbítrio humano pode produzir resultados que não faziam parte do plano ou do propósito de Deus, a estrutura necessária do Universo pode produzir aflições que não faziam parte do plano de Deus originariamente. Talvez o sofrimento natural seja uma bagagem secundária, uma espécie de viajante não convidado. Podemos entender essa noção reconhecidamente estranha de o sofrimento pegar carona no plano de Deus examinando uma analogia apresentada em outro contexto por Stephen Jay Gould e Richard Lewontin, dois importantes cientistas. Os dois escreveram um artigo com um título intrigante: "Os tímpanos de São Marcos e o paradigma de Pangloss". Nesse artigo, os autores introduzem o conceito arquitetônico de tímpano em uma discussão científica.

Os tímpanos são os espaços triangulares formados pela intersecção de arcos. Na Catedral de São Marcos, em Veneza, onde vemos uma linda abóbada montada sobre arcos arredondados, existem muitos tímpanos lindíssimos, cada um deles com um desenho elaborado especialmente para se encaixar naquele espaço. Os autores escrevem: "O projeto arquitetônico é tão elaborado e intencional que somos tentados a vê-lo como o ponto de partida de qualquer análise, como se os tímpanos fossem a causa da arquitetura que os rodeia. Contudo, isso seria inverter o caminho natural de uma análise". Na verdade, afirmam os autores, os arquitetos queriam colocar um domo em cima de arcos arredondados, e, quando se faz isso, surgem necessariamente os tímpanos. Eles são um subproduto do projeto; não são necessariamente uma parte do projeto arquitetônico que foi construída propositadamente.[32]

Cito esse exemplo porque acho que grande parte do sofrimento natural que existe no Universo pode ser visto como um tímpano. Não, a dor não é um tímpano. Vimos, no capítulo anterior, que a dor é necessária como um alarme fisiológico para proteger o corpo de danos graves. O sofrimento, entretanto, pode sobrepujar a dor. Nesses casos, ele pode ser visto como um epifenômeno do modo que o Universo foi construído. Certamente, o Arquiteto sabia que ele existiria, mas, para construir o Universo da forma que desejava, Deus foi, de certa forma, limitado, da mesma maneira que os arquitetos que projetaram a Catedral de São Marcos. Aqueles arquitetos queriam colocar um domo em cima de arcos arredondados, e, nesse processo, surgiram os tímpanos. A propósito, isso não significa que eles tinham poder ou recursos limitados. Mesmo que eles fossem onipotentes, ainda assim surgiriam os tímpanos. Por quê? Porque os tímpanos são um resultado necessário da geometria: Pela própria natureza da linha reta e do semicírculo, se apoiarmos uma linha reta ou trave sobre dois semicírculos (ou arcos), surge um tímpano, que consiste em dois triângulos retângulos, um de costas para o outro, em que a hipotenusa de cada um deles é um arco de circunferência. Semelhantemente, até mesmo um Deus onipotente que queira fazer criaturas como nós pode não ter outra escolha, senão projetar um Universo que contenha certa quantidade de sofrimento natural. Não estou insinuando de forma alguma que o sofrimento seja tão belo como os tímpanos decorados de São Marcos, mas pode ser que ele seja inevitável; apenas um dos tímpanos da natureza que são exigidos pelo esquema geral do Arquiteto divino.

---

[32] Stephen Jay Gould e Richard Lewontin, The Spandrels of San Marco and the Panglossian Paradigm, **Proceedings of the Royal Society of London** 205, n. 1161 (1979), p. 581-598.

Quer vejamos o sofrimento como um propósito divino quer não, o ponto central é que ele não é dispensável no Universo. Ele é, de fato, um ingrediente necessário na receita. Se não houvesse sofrimento, não haveria leis no Universo e, consequentemente, não haveria criaturas como nós. Chegou o momento de reescrevermos nossa compreensão dos objetivos de Deus, como os entendemos agora: Ele permitiu o sofrimento natural na forma de terremotos, doenças e predação porque eles fazem parte da fórmula necessária para alcançar um bem natural, isto é, seres humanos livres, inteligentes e conscientes. Além disso, o mal moral perpetrado pelos seres humanos é resultado direto do fato de Deus nos ter feito livres, com capacidade de julgar entre o bem e o mal moral. Certamente, o mal moral é evitável, mas ele só é evitável pelos seres humanos que o estão praticando. Deus não pode evitá-lo, a não ser que queira suprimir a liberdade humana. E é claro que o mal moral, assim como os terremotos e o câncer, aumenta a carga de sofrimento humano.

Essa maneira de entender os propósitos e as ações de Deus revela que o sofrimento humano não é gratuito, e sim necessário, não só do ponto de vista de Deus, mas também do nosso. Estamos falando do sofrimento no mundo — nosso mundo, não algum mundo imaginário e impossível da ficção científica ou dos devaneios ateístas. Também não estamos falando do Éden ou da nova criação perfeita, prometida aos que creem em Cristo. Falaremos mais sobre o céu no próximo capítulo, mas até aqui estivemos tratando do mundo como ele é; o mundo que conhecemos com base apenas na razão. Se este Universo vale a pena — se o nosso tipo particular de vida neste Universo em particular vale a pena —, então o sofrimento também deve valer a pena, porque faz parte do todo. O sofrimento continuará a causar aflição, como sempre nos causou. No entanto, talvez essa aflição possa ser agora acompanhada da compreensão de que, se é para nós existirmos, então essa é a melhor forma de obter esse resultado — na verdade, a única forma.

PARTE 5
O caráter de Deus

CAPÍTULO 10

Criar ou não criar

Deus odeia os amputados?

Você também pode considerar sua vida como um episódio que perturba, sem proveito algum, a abençoada calma do nada.[1]
Arthur Schopenhauer, "Sobre o sofrimento do mundo"

Até aqui, tentei mostrar que o mal e o sofrimento estão inseparavelmente ligados à estrutura da criação e que existe uma razão para que Deus tenha feito o mundo assim. No entanto, ainda não tratei da questão mais profunda: Será que Deus deveria ter criado tudo que criou? Obviamente, ele não precisava ter criado nada. Os crentes sabem que ele é autossuficiente; portanto, a criação não satisfez nenhuma extrema necessidade de Deus. Ele criou porque quis, não porque tinha de fazê-lo. Sendo assim, talvez ele não devesse ter feito nada.

Essa questão — se Deus deveria ter deixado tudo como estava — é abordada pelo filósofo Arthur Schopenhauer. Bem, eu só leio Schopenhauer quando estou de muito bom humor. Se começo a ler me sentindo bem, Schopenhauer consegue diminuir minha animação e me deixar em um estado normal. Se tivesse que ler seus textos quando estou abatido, não sei em que estado ele me deixaria. Schopenhauer é o grande filósofo do pessimismo. Ele não é simplesmente um pessimista; muitas pessoas são pessimistas. De fato, o mundo parece dividido de uma forma bem equilibrada entre otimistas e pessimistas, entre os que dizem que o copo está meio cheio e os que dizem que está meio vazio. Schopenhauer, entretanto, investe um

---

[1] Arthur Schopenhauer, On the Suffering of the World, **Essays and Aphorisms** (New York: Penguin Books, 1970), p. 47.

bocado de inteligência e raciocínio em seu pessimismo. Ele nos diz por que deveríamos reconhecer que não vale a pena viver.

Quando somos jovens, diz Schopenhauer, encaramos a vida com entusiasmo e impetuosidade. Somos "como crianças sentadas diante da cortina de um teatro, em uma tensa e alegre expectativa". Schopenhauer acrescenta: "Felizmente, não sabemos o que vai realmente aparecer". Portanto, a expectativa positiva é injustificada e, na verdade, tem vida curta. Logo descobrimos o que é a vida. Então, diz Shopenhauer, percebemos que as crianças estão simplesmente iludidas, "sentenciadas não à morte, mas à vida", embora "ainda não tenham descoberto em que consistirá sua punição". Quando chegamos à meia-idade, diz o filósofo, qualquer pessoa sincera tem de admitir que, pesando-se os prós e os contras, nos sentimos desapontados com a vida e até, de certa forma, traídos. Schopenhauer escreve que, se dois homens que eram amigos na infância se encontrarem uma geração depois, o principal sentimento deles, estimulado pelas reminiscências, será o de "total desapontamento com a vida [...]. Esse sentimento será tão mais intenso que os demais que eles não acharão necessário sequer falar sobre ele, mas ele estará ali, subentendido durante toda a conversa".

Que coisa deprimente! Schopenhauer mostra a relevância de seu pessimismo para nosso debate quando escreve que, contrariando Leibniz, nós vivemos no "pior de todos os mundos possíveis". De fato, viver no mundo é como morar "em uma penitenciária, uma espécie de colônia penal". Se Deus realmente criou o mundo, conclui Schopenhauer, ele cometeu um terrível engano: "Seria melhor se ele não o tivesse criado".[2] A não existência em vez da existência: que ideia estranha! Ainda assim, vale a pena perguntar: Se o mundo é um pacote

---

[2] Schopenhauer, On the Suffering of the World, p. 47; Arthur Schopenhauer, **On the Basis of Morality** (Indianapolis: Hackett Publishing, 1995), p. xxxiv; Arthur Schopenhauer, **Suffering, Suicide and Immortality** (Mineola, NY: Dover Publications, 2006), p. 14; Arthur Schopenhauer, **Collected Essays of Arthur Schopenhauer** (Radford, VA: Wilder Publications, 2008), p. 196.

fechado, se o livre-arbítrio do homem significa a escolha entre fazer o bem ou fazer o mal, se o sofrimento natural está embutido na infraestrutura da natureza e da evolução, então será que esse conjunto todo vale a pena? Será que Deus nos fez um favor quando nos criou, ou ele nos teria feito um favor maior se nos tivesse criado?

Para responder a essa pergunta, talvez seja útil fazer um pequeno exercício de reflexão sobre a nossa própria vida. Faça uma lista das coisas realmente ruins que aconteceram com você. Contudo, não ponha na lista o que foi culpa sua; enumere todas as injustiças terríveis e desleais que você sofreu, quer nas mãos de outros, quer por calamidades inevitáveis. Não deixe nada de fora; vamos lá, ponha as cartas na mesa. Comece com o ano passado e depois faça o mesmo para o resto da sua vida. Agora, faça uma segunda lista, e nessa lista quero que você escreva todas as coisas realmente boas que aconteceram com você. De novo, deixe de lado as recompensas por seus próprios esforços, aqueles triunfos que você acha que mereceu. Enumere apenas todos os acontecimentos sublimes e maravilhosos que deram muita alegria a você. Eu fiz isso recentemente e descobri que minha lista de coisas "boas" superava em muito a lista de coisas "ruins". Não havia termo de comparação. E tenho a impressão de que o mesmo acontece com a maioria das pessoas — as experiências positivas serão comuns, e as negativas, relativamente raras. O que quero mostrar aqui é que, pelo irrefutável teste da experiência, a vida para a maioria de nós é uma coisa muito boa. Portanto, o sentimento que temos por nossa vida é de gratidão, não de pesar.

No entanto, essas experiências são pessoais e nem sempre confiáveis, do ponto de vista científico. Será que o eloquente pessimismo de Schopenhauer pode ser refutado quando levamos em conta a espécie humana como um todo? Creio que sim, considerando-se a avaliação coletiva da humanidade. Não vamos examinar aqui o que as pessoas fazem, mas sim o que elas não fazem. Pense neste fato: Atualmente, a espécie humana tem poder para acabar com sua própria existência.

Por meio de uma série de explosões nucleares estrategicamente localizadas, poderíamos varrer do mapa a espécie inteira. Todavia, ninguém, ao que eu saiba, jamais propôs isso. Se alguém o fizesse, seria imediatamente considerado um louco varrido. Mas essa atitude é reveladora: ela significa que todo ser humano sensato acha que a vida é, em geral, positiva, de tal modo que a simples ideia de acabar com ela voluntariamente não é sequer discutida. Portanto, obviamente, o conjunto todo vale a pena, e Deus nos fez um favor quando nos criou.

A imensa maioria das pessoas tem a mesma atitude. Aludindo à famosa citação do filósofo Hobbes, Susan Neiman faz uma pergunta interessante: "Se a vida é solitária, pobre, sórdida e brutal, por que queixar-se de que ela seja curta?" Ela acrescenta: "Mas nós nos queixamos, sem limite nem medida".[3]

Os idosos sentem de forma muito intensa a dureza da vida, mas muito poucos acabam com ela. É muito mais comum vermos pessoas que parecem não ter motivo algum para viver se agarrando à vida como se ela fosse seu maior bem na terra, e de fato é. Essa perspectiva pode parecer distorcida, mas não creio que esteja. Ao contrário, é o sofrimento que deturpa a perspectiva, pelo menos para aqueles que não estão habituados a ele. O próprio Schopenhauer cita o exemplo de uma pessoa que está tranquilamente feliz e em perfeita saúde até que, de repente, tem um pequeno incômodo, como uma mancha no rosto ou uma coceira nas costas. Schopenhauer escreve que esse aborrecimento vai ocupar toda a atenção daquela pessoa, e todos os seus sentimentos de felicidade ou contentamento desaparecerão até que ela resolva o problema.[4] No entanto, os idosos têm uma percepção mais ampla. Afligidos por problemas persistentes, eles tendem a avaliar a vida como um todo. Ao fazer isso, percebem que suas dificuldades são contrabalançadas pelos prazeres do dia a dia. Além disso, sua vida é enriquecida por

---

[3] Susan Neiman, **Evil in Modern Thought** (Princeton, NJ: Princeton University Press, 2002), p. 207.
[4] Schopenhauer, **Collected Essays of Arthur Schopenhauer**, p. 7.

muitas lembranças. A memória tem a capacidade peculiar de transformar dores do passado em lembranças boas.

Leibniz escreve em *Teodiceia*: "Se não tivéssemos conhecimento da possibilidade da vida futura, creio que haveria poucas pessoas que, ao chegarem às portas da morte, não gostariam de poder recomeçar do zero, sob a condição de passarem pela mesma quantidade de aflições, desde que não fossem as mesmas; elas se contentariam com a variedade, sem exigir uma condição melhor do que a que tiveram nesta vida".[5] A mesma ideia foi apresentada por Rousseau, de uma forma um pouco diferente, ao responder às ponderações sombrias de Voltaire, após o terremoto de Lisboa. Todos nós enfrentamos dificuldades na vida, disse Rousseau, mas temos de avaliar nossa existência como um todo: "No curso normal dos acontecimentos, não importa quais as tribulações que enfrentemos durante a nossa existência, no fim das contas a vida não é uma coisa ruim". E, em seguida, ele acrescenta: "Ora, se é melhor viver do que não viver, então isso basta para justificar nossa existência".[6]

O defensor dos amputados

Embora isso encerre o caso para as pessoas em geral, o argumento não se aplica aos indivíduos que sofrem tormentos extremos, e essas pessoas serão o foco do restante deste capítulo. Há pouco tempo, durante um debate, fui abordado por um ateu que me fez uma pergunta num tom de voz muito alto e irritado: "Sr. D'Souza, responda-me, se puder. O que Deus tem contra os amputados?". De início, não respondi; não entendi bem o que ele queria dizer. Então, ele se explicou: "Supostamente, Deus fez milagres, e algumas pessoas dizem que ele ainda faz. Então, por que ele não cura os amputados?". A expressão do rosto dele era a de quem saboreava seu triunfo. Olhei bem

---

[5] G. W. **Leibniz**, **Theodicy** (LaSalle, IL: Open Court Publishing, 1985), p. 130.
[6] Jean-Jacques Rousseau, **Letter to Voltaire on Optimism**, 18 de agosto de 1756. In: Voltaire, **Candide and Related Texts** (Indianapolis: Hackett Publishing, 2000), p. 112-113, 118.

para aquele homem, procurando descobrir qual braço ou perna ele havia perdido. No entanto, ele era perfeitamente normal, um camarada normal, com uma evidente paixão por amputados desprezados por Deus! Depois descobri que os ateus têm um *website* dedicado aos amputados, o whywontgodhealamputees.com [porquedeusodeiaosamputados.com]. O fundador do *site*, um tal de Marshal Brain, convoca uma campanha mundial de oração para pedir a Deus que restaure os membros dos amputados do mundo inteiro. Ele afirma, confiante: "Mesmo com milhões de pessoas orando, não vai acontecer nada". Afinal de contas, "não existe caso algum documentado em que uma perna amputada tenha sido restaurada espontaneamente".[7] Baseado nesse fato, Brain tira sua conclusão sombria. Você já a leu anteriormente: Deus odeia os amputados.

"Ódio" é uma palavra muito forte. Antes de passarmos adiante, vamos fazer algumas perguntas pertinentes. Um amputado pode não ter um braço ou uma perna, ou talvez ambos os braços e ambas as pernas, mas geralmente ainda tem o resto do corpo e suas faculdades mentais. Se a ausência de um membro é prova de que Deus odeia essa pessoa, então um coração batendo e um pâncreas em perfeito funcionamento são prova de que Deus a ama? Em outras palavras, se o mal e o sofrimento constituem evidências contra Deus, então a bondade e as bênçãos não deveriam contar a seu favor? Os ateus parecem pensar que todos os benefícios e prazeres dos amputados são merecidos, enquanto seus problemas e aflições são culpa de Deus.

Um amputado pode dizer: "Não consigo enxergar as bênçãos de Deus porque toda a minha atenção está voltada para minha deformidade". Falaremos mais sobre isso depois, mas, por enquanto, vamos dar a essa pessoa o benefício da dúvida. Digamos que sua deformidade o deixe tão abalado que sua vida não pareça ter nada de bom. Ainda assim, casos de amputados são raros, de modo que estaríamos lidando com uma situação atípica. Até mesmo no mundo islâmico, onde

---
[7] **Why Won't God Heal Amputees?**, <www.whywontgodhealamputees.com>.

o Alcorão determina que os ladrões tenham as mãos ou pernas decepadas, vemos um número muito pequeno de pessoas sem um braço ou uma perna pelas ruas! De qualquer modo, o que quero mostrar é que, quando condenamos Deus desse jeito, estamos fazendo isso com base na exceção, não na regra. Mesmo que ampliemos nossa categoria para incluir as pessoas deformadas em geral, permanece o fato de que esses casos são relativamente raros. Nossa ênfase nas situações anormais mostra que, nos casos normais, a balança parece definitivamente pender em favor da opinião de que viver vale a pena, não importa o preço que tenhamos de pagar em termos de provações e sofrimentos.

Em sua obra *Pensamentos*, Pascal amplia nossa perspectiva, ao perguntar: "Quem se sente infeliz por ter só uma boca? E quem não se sentiria infeliz por ter só um olho? Talvez nunca consideremos a ideia de ficar angustiados por não termos três olhos, mas, se não tivermos nenhum, ficaremos inconsoláveis".[8] O que Pascal quer dizer é que, se a norma para os seres humanos fosse cada pessoa ter apenas uma mão, provavelmente ninguém ficaria angustiado por não ter duas mãos. Os amputados não se queixam porque têm pouco, mas sim porque têm menos, em comparação com os outros. Isso levanta um questionamento legítimo a respeito da justiça distributiva de Deus, mas veja que não implica que um amputado não tenha razão para viver. Estudos realizados com pessoas que sofrem de graves deficiências e têm dor crônica mostram que 14% delas já pensaram em acabar com a própria vida, e 8% tentaram o suicídio.[9] Este percentual, 8%, pode parecer muito — e é muito, se comparado com a taxa de suicídios nos Estados Unidos, que é de 0,01% — mas eu me surpreendo pelo fato de que 92% das pessoas que estão nessa condição nunca tentaram tirar a própria vida, e 86% nem sequer pensaram nisso. Os deficientes e os portadores de doenças crônicas

---

[8] Blaise Pascal, **Pensées and Other Writings** (New York: Oxford University Press, 1995), p. 37.
[9] Mark Ilgen et al., Pain and Suicidal Thoughts, Plans and Attempts in the United States, **General Hospital Psychiatry** 30, n. 6 (2008), p. 521-527.

podem estar em desvantagem em relação à maioria das pessoas, mas ainda reconhecem que estão melhor vivos do que mortos. Perguntaram a Ronald Reagan, que sofria do mal de Alzheimer, como ele se sentia ao completar 79 anos de idade: "Me sinto muito bem", disse ele, "considerando-se a alternativa".

Deus deve alguma coisa às suas criaturas?

Contudo, Reagan não tinha nenhuma deficiência tão grave quanto as dos amputados. Portanto, vamos encarar essa questão da justiça de Deus com honestidade e perguntar: Será que Deus prejudicou os amputados, em comparação conosco, de modo que possamos dizer, com propriedade, que ele os odeia? Vamos começar nossa investigação perguntando que direito as criaturas têm de viver. Será que podemos reivindicar um "direito à vida" diante de Deus? Recentemente, lendo a *Scientific American*, encontrei por acaso alguns dados interessantes sobre expectativa de vida. Descobri que os chimpanzés e cavalos têm uma expectativa de vida de cerca de 60 anos; os gatos e morcegos, cerca de 35 anos; os pumas e lebres da América do Norte, cerca de 15 anos; os camundongos, cerca de 4 anos; as libélulas, 4 meses; e as efeméridas, só 1 dia.[10] Será que Deus foi injusto com os gatos porque lhes deu uma vida mais curta que a dos chimpanzés? Será que os camundongos foram injustiçados por terem menos da metade da expectativa de vida dos pumas? E será que a pobre efemérida foi a mais injustiçada de todos os seres vivos por viver só um dia? Se a resposta a essas perguntas é não, então não temos razão de reclamar.

Como acontece com os crentes, a Bíblia afirma que as criaturas não têm direito de exigir nada de seu Criador. Paulo escreve em Romanos 9.20,21: "[...] Acaso aquilo que é formado pode dizer ao que o formou: 'Por que me fizeste assim?' O oleiro não tem direito de fazer do mesmo barro um vaso para fins nobres e outro para uso desonroso?". É claro que essa é uma pergunta retórica; obviamente, o

---

[10] Life Expectancy Graph, **Scientific American** (Setembro de 2010), p. 44.

oleiro pode fazer o que quiser com o barro. Jó também entende que, apesar de seus protestos, não tem nenhum direito diante de Deus. Em Jó 1.21, ele diz: "[...] Saí nu do ventre da minha mãe, e nu partirei. O SENHOR o deu, o SENHOR o levou; louvado seja o nome do SENHOR". Até mesmo Abraão não diz nenhuma palavra de protesto quando Deus lhe pede que sacrifique seu filho, Isaque. Por quê? Porque Abraão entende que a posição de Deus em relação a ele é análoga — de fato, superior — à sua própria posição em relação a Isaque. Deus deu o menino a Abraão e tem todo o direito de pedi-lo de volta.

Essa questão de saber se Deus deve satisfações às suas criaturas é abordada em um importante ensaio do filósofo Robert Merrihew Adams. Ele pergunta: Deus tem sempre de criar o melhor? Em outras palavras, digamos que Deus possa criar um mundo em que todos têm saúde normal e não existem amputados, e que também possa criar outro mundo em que a maioria das pessoas tem todos os membros, mas alguns são amputados. Adams pergunta se Deus tem a obrigação moral de criar o primeiro mundo, não o segundo. A resposta dele é um sonoro "não". Por quê? Porque seres que ainda não foram criados ou que podem vir a ser criados não têm direito algum de arguir seu futuro criador. A única pergunta que um ser criado tem o direito de fazer é: Estou melhor vivo do que estaria se não existisse? Se a resposta for sim, então a questão está resolvida para aquela criatura. Deus não prejudicou aquela pessoa nem revogou seus direitos.[11]

Veja que não estamos discutindo as razões que teriam levado Deus a decidir fazer uma criação de segunda classe ou uma criação que imponha um fardo extra sobre determinadas criaturas. O que estamos dizendo é que, ainda que Deus não tivesse motivo algum para isso, ainda que fosse simplesmente a vontade dele, a criatura que sofre com aquela dificuldade não tem direito algum de se queixar de Deus. Fizemos alguma coisa para Deus de modo que ele agora tenha a obrigação de nos dar ao menos uma hora de vida? O dom da vida pertence a Deus, e ele

---

[11] Robert Merrihew ADAMS, Must God Create the Best?, **The Philosophical Review** 81 (1972), p. 317-332.

o dá como quer; e seja o que for que ele der, será sempre melhor do que qualquer coisa que a criatura poderia obter de outra forma. Deus, em sua plenitude, tem todo o direito de criar uma multiplicidade de seres, cada um a seu tempo, cada um dotado de diferentes atributos, cada um com sua própria expectativa de vida.

Além disso, dentro de cada espécie, Deus também tem todo o direito de dar mais força, mais velocidade e até maior duração de vida a uns do que a outros. Só porque algumas pessoas têm mais, isso não é motivo para queixas. Afinal de contas, existem outros que têm menos do que nós. E nós não ganhamos nada com isso. Que ingratidão é essa que nos faz rejeitar um presente? Simplesmente porque quem nos deu o presente foi mais generoso com outra pessoa? É curioso que os ateus não costumam se queixar de que Deus deu a uma pessoa mais do que ela merecia, embora ele, de fato, tenha dado a cada criatura mais do que ela merece.

Adams reforça ainda mais o argumento, quando pergunta: Se achamos que nossa existência, pesados os prós e os contras, é uma coisa boa, então por que lamentamos as circunstâncias que a constituem, por mais duras e dolorosas que sejam? Pense em uma família de origem irlandesa que hoje leva uma vida confortável nos Estados Unidos. Se conversarmos com a família, vamos ouvir talvez longas histórias sobre as dificuldades que seus antepassados tiveram de enfrentar no Velho Mundo. Eles nos contarão que seus parentes passaram fome, que não havia nem batatas para comer, que os camponeses eram explorados e escravizados por contratos assinados com os donos das terras. Talvez haja até um amputado na árvore genealógica daquela família, e pode ser que o pobre homem tenha perdido o braço porque não havia acesso a tratamento médico naquela época. Apesar de tudo isso, aquela família irlandesa está numa posição paradoxal. Eles recordam e lamentam as dificuldades e sofrimentos imensos que seus parentes tiveram de passar, mas aqueles mesmos tormentos foram condições necessárias para que surgisse essa nova família americana. Sem aquelas dificuldades, não estaríamos ouvindo a história, porque aquela família não estaria sentada ao redor da mesa, nos Estados Unidos, narrando aqueles fatos para nós. Adams argumenta que não faz sentido reclamar das próprias circunstâncias que são responsáveis pela nossa existência. Se apreciamos nossa vida, de modo geral, então estamos aprovando todos os fatores — inclusive todos os acontecimentos terríveis do passado — que nos fizeram ter a vida que temos.[12]

Defendi alguns desses pontos na resposta que dei àquele paladino dos amputados. Duvido que tenha conseguido convencê-lo, mas pelo menos o camarada sossegou, e não se ouviu mais a voz dele no meio da plateia. Contudo, meu oponente no debate, o filósofo Peter Singer, retrucou exaltado, dizendo que Deus é um mau pai. Imagine um pai que quebra a perna do filho e depois se justifica, dizendo: "Eu dei a vida a essa criança; então, tenho esse direito". Mesmo que o pai tenha dado a vida ao filho, insistiu Singer, nós o consideraríamos um monstro!

Entretanto, a analogia de Singer não funciona. Em primeiro lugar, os pais não dão a vida ao filho. Os pais fazem sexo, e então os filhos aparecem. Com certeza, eles têm a responsabilidade de educar e cuidar de seus filhos. Eles são os guardiões naturais dos filhos e têm o direito de controlar suas atividades até que cheguem à idade adulta. Todavia, esses direitos são limitados. Os pais não são donos dos filhos; portanto, não podem aleijá-los nem matá-los, ou serão processados. No entanto, Deus está numa posição diferente em relação às suas criaturas. Se ele criou uma pessoa que não tem uma perna, isso não constitui nenhuma violação da justiça ou de suas obrigações, e não faz sentido chamá-lo de monstro por fazer o que é seu direito. E Deus também tem o direito de revogar os benefícios que concedeu. O teólogo Richard Swinburne escreve: "Um benfeitor tem o direito de pegar de volta [...] alguns dos benefícios que concede, contanto

---

[12] Robert Merrihew ADAMS, Existence, Self-interest, and the Problem of Evil. In: Robert Merrihew ADAMS, **The Virtue of Faith** (New York: Oxford University Press, 1987).

que continue a ser um benfeitor, no sentido geral".[13] O que Swinburne quer dizer é que, se Deus permite que uma pessoa perca uma perna, digamos em um acidente, essa pessoa ainda deveria ser grata a ele por ter a outra perna e os braços e tudo mais que Deus lhe deu de graça. Essa afirmação enfática dos direitos absolutos de Deus pode parecer um pouco insensível em relação aos sentimentos dos amputados e das pessoas que sofrem de deficiências graves. Até aqui, não consultamos nenhuma dessas pessoas para saber como elas realmente se sentem. Nem o ateu que me confrontou no debate com Peter Singer era amputado. Sem dúvida, ele ficaria insultado se eu tivesse perguntado se ele fazia ideia do quanto um amputado realmente sofre. Com certeza ele teria dito que a vida de uma pessoa gravemente deficiente é extremamente difícil, horrível, miserável — uma vida insuportável! Todos nós nos sentimos assim, mas as pesquisas atuais mostram que a nossa percepção está equivocada. Quando saímos em defesa dos outros de um modo inflamado, muitas vezes não sabemos exatamente como essas pessoas se sentem, e então avaliamos suas reações de forma errada, baseados em como nos sentiríamos se estivéssemos naquela situação. Hoje em dia, existe uma quantidade enorme de dados de pesquisas que confirmam esse fato.

Como os paraplégicos realmente se sentem

Em seu livro *The Happiness Hypothesis* [A hipótese da felicidade], Jonathan Haidt escreve: "Se eu lhe desse dez segundos para dizer quais são a melhor e a pior coisa que poderiam lhe acontecer, você provavelmente citaria estas: ganhar 20 milhões na loteria e ficar paralítico do pescoço para baixo". Ganhar na loteria, você poderia pensar, resolveria todos os seus problemas práticos, lhe daria uma liberdade inimaginável e lhe traria satisfação para o resto da vida. Ficar paralisado, disso você teria certeza, o forçaria a dizer adeus aos seus sonhos, desistir do sexo e se tornar completamente dependente de outras

---
[13] Richard SWINBURNE, **The Existence of God** (Oxford, UK: Clarendon Press, 2004), p. 258.

pessoas. Até mesmo a morte pode parecer preferível a essa situação. Haidt escreve que talvez achemos que as coisas seriam assim para nós, mas em ambos os casos estaríamos errados.[14]

Haidt cita estudos realizados com várias pessoas cuja vida mudou dramaticamente, da noite para o dia. Uma pesquisa fascinante, cujo principal autor é Philip Brickman, analisou ganhadores da loteria e vítimas de acidentes. Os autores entrevistaram os ganhadores logo após receberem o prêmio e, como era de esperar, eles estavam em êxtase. Como também era de esperar, as vítimas de acidentes estavam em profunda depressão e desânimo. A equipe de Brickman tornou a entrevistar seus sujeitos de pesquisa vários meses mais tarde. E é nesse ponto que o estudo se mostra realmente interessante. Os pesquisadores descobriram que, em um intervalo de tempo relativamente curto, o nível de felicidade dos ganhadores da loteria diminui de uma forma extraordinária. Em alguns casos, ele ainda era mais alto do que antes de ganharem o prêmio, mas, na maioria, o nível já estava próximo do que era anteriormente. Igualmente surpreendente foi o fato de que as vítimas de acidentes já não estavam deprimidas nem desanimadas. Algumas delas estavam ligeiramente menos felizes do que eram antes do acidente, mas a maioria havia retornado ao nível inicial, e alguns até diziam estar mais felizes do que eram antes.[15]

O que explica esses resultados? O ganhador da loteria começa dando pulos de alegria; depois, pede demissão daquele emprego chato, compra roupas novas e sai de férias. No entanto, logo a novidade cai na rotina, os novos confortos se tornam uma coisa normal e novos problemas aparecem. A riqueza agora atrai desconhecidos oportunistas e parentes afastados; os membros da família começam a brigar por dinheiro e herança; os impostos e os processos legais agora são problemas diários. Além de se sentir acossado pelos problemas, o ganhador

---

[14] Jonathan HAIDT, **The Happiness Hypothesis** (New York: Basic Books, 2006), p. 84-85.
[15] Philip BRICKMAN, Dan COATES e Ronnie JANOFF-BULMAN, Lottery Winners and Accident Victims: Is Happiness Relative?, **Journal of Personality and Social Psychology** 36 (1978), p. 917-927.

da loteria não encontra ninguém que o entenda. Todo mundo diz: "Do que é que você está reclamando? Você ganhou na loteria!".

No outro extremo, a pessoa que ficou aleijada ou tetraplégica reage com horror e desespero, achando que a vida acabou. Contudo, assim como o ganhador da loteria, ela logo se adapta à nova realidade. De repente, pequenas coisas a que não dava importância, como se vestir ou tomar o café da manhã, agora se tornam grandes conquistas e dão grande prazer. Geralmente, a pessoa vai melhorando gradualmente — não em relação à deficiência, mas sim no modo de lidar com ela — e, como não há como piorar, seu nível de felicidade tende a crescer. Depois de ajustar-se aos abalos físicos e emocionais, a vítima começa a voltar praticamente ao nível normal de felicidade que tinha antes, e agora todos dizem palavras de elogio: "Veja só o fulano. Ele é tão corajoso e animado, e olhe que está numa cadeira de rodas!".

O estudo de Brickman foi realizado em 1978, mas depois disso houve várias pesquisas que confirmaram e fortaleceram as suas conclusões.[16] Em seu livro *The Pursuit of Happiness* [A busca da felicidade], o psicólogo David Myers escreve: "Após um período de ajustamento, pessoas que ficaram cegas ou paralíticas geralmente recuperam um nível praticamente normal de felicidade diária". Para provar sua afirmação, Myers cita um estudo feito em Michigan com vítimas de acidentes automobilísticos que ficaram paralíticas em decorrência de lesões na coluna. Três semanas após o acidente, escreve ele: "A emoção predominante entre essas pessoas era a alegria". Myers também cita uma pesquisa da Universidade de Illinois, Estados Unidos, que mostra que não há diferenças perceptíveis nos níveis de alegria entre os estudantes que não têm nenhuma deficiência física e os deficientes: "As diferenças entre as descrições feitas pelos alunos

---

[16] R. Schulz e S. Decker, Long Term Adjustment to Physical Disability, **Journal of Personality and Social Psychology** 48 (1985), p. 1162-1172; C. B. Wortman e R. C. Silver, Coping with Irrevocable Loss. In: G. R. VandenBos e B. K. Bryant (ed.), **Cataclysms, Crises and Catastrophes** (Washington, DC: American Psychological Association, 1987); Samuel Bagenstos e Margo Schlanger, Hedonic Damages, Hedonic Adaptation, and Disability, **Vanderbilt Law Review**, 60, n. 3 (Abril de 2007), p. 745-797.

deficientes e as descrições feitas pelos outros estudantes eram inferiores a um ponto percentual".[17]

O princípio envolvido aqui é o que os psicólogos chamam de adaptação hedônica. Esse princípio significa que a nossa felicidade é maravilhosamente adaptativa. Ela se ajusta a qualquer situação em que nos encontremos. O psicólogo Dan Gilbert escreve em *Stumbling on Happiness* [Tropeçando na felicidade] que os seres humanos temos um sistema imunológico psicológico que protege nossa mente contra a infelicidade de uma forma bem semelhante à do sistema imunológico físico que protege o corpo contra doenças. Gilbert observa que, por não saber disso, a maioria das pessoas tem uma ideia totalmente errada acerca de como a deficiência é realmente percebida por seus portadores. Ele comenta: "Quando as pessoas que enxergam imaginam como seria sua vida se fossem cegas, elas parecem se esquecer de que a cegueira não atinge o corpo inteiro. As pessoas cegas não enxergam, mas fazem a maioria das coisas que os que enxergam fazem — vão a piqueniques, pagam impostos, ouvem música, ficam presas em engarrafamentos — e, portanto, são tão felizes quanto as que enxergam".[18]

Essa pesquisa é uma confirmação extraordinária da validade do pensamento estoico, formulado dois mil anos atrás. Esses filósofos eram conhecidos por não demonstrarem suas emoções. Eles acreditavam que tanto as notícias boas como as ruins deveriam ser recebidas friamente, quase como se não tivessem acontecido. E agora sabemos que a atitude estoica é o que acaba acontecendo de qualquer maneira após algum tempo. No curto prazo, passamos por um turbilhão de emoções, e isso é natural, mas também é uma prova de que não temos a perspectiva de longo prazo.

Esse é o problema do ateu que me fez aquela pergunta indignada acerca do ódio que Deus sente pelos amputados: ele não conhece os efeitos de longo prazo; e, mais importante ainda, ele não conhece o ponto

---

[17] David Myers, **The Pursuit of Happiness** (New York: Quill Books, 1992), p. 48.
[18] Daniel Gilbert, **Stumbling on Happiness** (New York: Vintage Books, 2005), p. 114-115, 177.

de vista dos próprios amputados. Embora os ateus pareçam inconsoláveis com o extremo sofrimento dos amputados e usem sua deficiência para atacar Deus, a reação das próprias vítimas geralmente é bem diferente. Muitos deles mostram um nível de capacidade de recuperação admirável; alguns até reagem com bom humor. Quando perguntaram a Patrick Marziale (que perdeu uma perna na Guerra do Iraque) como era a vida dele agora, com uma perna mecânica, ele respondeu: "A única diferença que sinto é que, se um cachorro morder meu calcanhar, não vou sentir nada". Além disso, muitos amputados acham que a deficiência fortaleceu sua fé, ao invés de enfraquecê-la. Talvez o exemplo mais famoso seja o de Bethany Hamilton, uma surfista que teve o braço arrancado por um tubarão. Sua história foi contada no filme *Soul Surfer* [Coragem de viver, 2011]. "Eu realmente acredito que minha fé foi muito importante na superação de tudo o que me aconteceu" — disse ela. E acrescentou: "Sentimos um tremendo alívio quando somos capazes de depositar nossa confiança em Deus".[19]

O propósito dos milagres

Até este ponto, mostramos que até mesmo o sofrimento que parece horrível para quem está de fora não é tão horrível do ponto de vista da própria pessoa. Ainda assim, por que fazer que os amputados e outras pessoas com problemas semelhantes passem por esse sofrimento? O filósofo ateu Walter Sinnott-Armstrong escreve: "Supostamente, Deus é capaz de fazer milagres". Se Deus intervinha regularmente na Bíblia, acrescenta Bart Ehrman, por que ele se cala agora? Será que ele não poderia intervir "mais vezes"? [...] Ou melhor, "o tempo todo?". E Christopher Hitchens comenta, com sua ironia costumeira: "Se Jesus podia curar um cego que acabara de encontrar, por que não acabava com a cegueira logo de uma vez?".[20]

---

[19] Patrick Marziale, comentário citado em **World**, 23 de maio de 2009, p. 19; Bethany Hamilton, **Soul Surfer** (New York: Pocket Books, 2004), p. 134-135.

[20] Walter Sinnott-Armstrong, **God?**. In: William Lane Craig e Walter Sinnott-Armstrong, **God?** (New York: Oxford University Press, 2004), p. 88; Bart Ehrman, **God's Problem** (New York: HarperOne, 2008), p.

Este não é o lugar certo para debater se Deus pode fazer milagres ou se os milagres contrariam as leis da ciência. Em meu livro *What's Great About Christianity* [O que o cristianismo tem de especial], discuto em profundidade essas duas questões. Mas agora digamos apenas que, se existe um Deus, obviamente ele pode fazer milagres. O que é um milagre, senão um evento raro que a experiência humana nunca viu? O poeta e clérigo John Donne escreveu certa vez: "Qualquer coisa que Deus tenha fundamentado em uma causa constante da natureza e que, portanto, aconteça diariamente, nos pareceria um milagre e atrairia nossa admiração se acontecesse apenas uma vez".[21] O que Donne está dizendo é isto: Vemos o sol nascer todos os dias; então, isso é rotina para nós, um tipo de lei da natureza. Contudo, e se ele nunca aparecesse? Nesse caso, o nascer do sol em um único dia seria uma maravilha; de fato, um milagre. Consequentemente, não é nada demais para Deus realizar de vez em quando as maravilhas que ele faz regularmente por meio das leis da natureza.

Entretanto, se os milagres não são nada demais para Deus, por que ele não os faz em maior quantidade? Já que os milagres são atos voluntários de Deus, não podemos dar uma resposta definitiva para essa pergunta, mas podemos tentar responder parcialmente, observando os tipos de milagres que a Bíblia descreve. Vamos tentar responder à pergunta de Hitchens — Por que Jesus não acaba com a cegueira? — analisando os milagres de Cristo descritos no Novo Testamento. Em Lucas 5.17-26 e Marcos 2.1-11, lemos a respeito do homem paralítico que foi levado à presença de Jesus em uma maca. Jesus disse-lhe: "[...] Homem, os seus pecados estão perdoados". Os fariseus acusaram Jesus de blasfêmia, já que só Deus pode perdoar pecados. Jesus, então, disse: " [...] para que vocês saibam que o Filho

---

13; Christopher Hitchens, **God Is Not Great** (New York: Twelve Publishing, 2007), p. 3. [**Deus não é grande**. Trad. Alexandre Martins (Rio de Janeiro: Ediouro, 2007).]

[21] John Donne, Sermão, Domingo de Páscoa, 25 de março de 1627. In: C. M. Coffin (Ed.). **The Complete Poetry and Selected Prose of John Donne** (New York: Modern Library, 1952), p. 536.

do homem tem na terra autoridade para perdoar pecados' — disse ao paralítico — 'eu lhe digo: levante-se, pegue a sua maca e vá para casa' ". Nesse caso, o propósito do milagre foi confirmar que Cristo tinha poder para perdoar pecados. Em João 5.14, essa história recebe um adendo. Jesus encontra o mesmo homem mais tarde, no templo, e diz a ele: "[...] Olhe, você está curado. Não volte a pecar [...]". Portanto, podemos atribuir um segundo propósito ao milagre, que é dar ao homem um sinal para que ele mude de vida.

Em João 9, vemos Cristo curando um cego de nascença. Os discípulos lhe perguntam por que fez isso, e ele responde: "[...] isto, aconteceu para que a obra de Deus se manifestasse na vida dele".[22] Todo esse incidente tem um leve tom de comédia. Os fariseus chegam para o homem que foi curado, e sua principal objeção é a de que Cristo tinha tido a audácia de curá-lo — fazer uma "obra" — no sábado. Eles interrogam o homem e sua família, insistindo em dizer que ele era um pecador e nunca tinha sido cego. No entanto, ele diz que não entende nada daqueles assuntos elevados; só sabia que tinha sido curado. Ainda assim, os fariseus o expulsam do templo. Jesus fica sabendo do que aconteceu e vai ao seu encontro. Ele conversa com o homem não sobre a cura, mas sobre crer no Filho de Deus. O homem pergunta: "Quem é ele?". E Jesus responde: "Você já o tem visto. É aquele que está falando com você". E o homem responde: "Senhor, eu creio". Jesus, então, lhe diz: "Eu vim a este mundo para julgamento, a fim de que os cegos vejam e os que veem se tornem cegos".[23]

O termo "milagre" significa literalmente "um sinal", e os milagres são exatamente isso: sinais espirituais. Quando Jesus fazia milagres, ele não estava brincando de médico nem tentando curar apenas o corpo. Leibniz dá outra explicação: "Digo que, quando Deus realiza milagres, ele não faz isso para suprir as deficiências da natureza, mas

---

[22] João 9.3.
[23] João 9.1-39.

sim para suprir a deficiência de graça".²⁴ Consequentemente, se não vemos milagres hoje em dia, pelo menos os milagres narrados na Bíblia, a razão, muito provavelmente, está na condição espiritual do mundo. Talvez Deus não veja necessidade de nos dar mais sinais; talvez ele ache que já tivemos sinais suficientes.

Não estou dizendo que não ocorrem mais milagres atualmente. Eu creio que eles ocorrem. O que não vemos hoje em dia são milagres evidentes, milagres que seriam universalmente reconhecidos como demonstrações inequívocas do poder de Deus. Até mesmo no Novo Testamento, em muitas ocasiões, Cristo realizava um milagre e depois dizia: "Não conte a ninguém". Aparentemente, o milagre era para a edificação daquela pessoa unicamente; não era para dar um espetáculo ou fazer uma demonstração para toda a comunidade. Os milagres, tanto agora como no passado, estão sempre cercados de certo mistério, e talvez Deus queira que seja assim para que possa permanecer escondido. Confirmando a citação de Pascal apresentada em um capítulo anterior, quando Deus age no mundo atualmente, talvez ele dê evidências suficientes para confirmar a fé dos crentes, mas não suficientes para convencer aqueles que não estão buscando Deus. Existe bastante ambiguidade para que os escarnecedores possam continuar com sua zombaria.

Será que deveríamos, então, orar por curas e milagres quando nós ou nossos entes queridos enfrentamos doenças e tragédias? Sim, claro que deveríamos. O Deus da Bíblia se importa conosco. Ele quer que falemos com ele. No entanto, temos de ter o cuidado de não orar como se estivéssemos dizendo a Deus o que fazer. Não devemos orar como se disséssemos: "Ei, Deus! Sei que tu tens um plano, mas eu tenho um plano melhor". Ao contrário, a oração deve transmitir nossas aspirações e, ao mesmo tempo, louvar a vontade perfeita de Deus. A verdadeira oração sempre segue o exemplo de Cristo, que não teve medo de dizer

---

²⁴ H. G. Alexander (Ed.). **The Leibniz-Clarke Correspondence** (Manchester, UK: Manchester University Press, 1956), p. 12.

no jardim: "*Aba*, Pai, tudo te é possível. Afasta de mim este cálice; contudo, não seja o que eu quero, mas sim o que tu queres".[25]

Começamos este capítulo com a pergunta: Será que Deus deveria ter criado tudo que criou? Não podemos dar uma resposta definitiva para essa pergunta em razão de não sabermos por que ele o fez, mas talvez ele quisesse expressar sua criatividade e ter criaturas que pudessem se relacionar com ele. Entretanto, o que podemos discutir é se foi bom que ele tenha nos criado, do nosso ponto de vista. Em outras palavras, será que estamos felizes que ele tenha nos criado e que tenhamos uma vida para desfrutar, apesar de todas as dificuldades e eventuais deficiências que possamos ter? A resposta enfática — dada pelos amputados e pelo restante de nós — é sim. Parece que o responsável por nós estarmos aqui merece que lhe sejamos gratos, não que o amaldiçoemos.

---

[25] Marcos 14.36.

CAPÍTULO 11

A ira de Javé

Os crimes do Deus do Antigo Testamento

> *"Contudo, nas cidades das nações que o Senhor, o seu Deus, dá a vocês por herança, não deixem vivo nenhum ser que respira. Conforme a ordem do Senhor, o seu Deus, destruam totalmente os hititas, os amorreus, os cananeus, os ferezeus, os heveus e os jebuseus."*
> Deuteronômio 20.16,17

Até este ponto, nosso foco tem sido o mal e o sofrimento que Deus não evita que aconteçam, e vimos os motivos pelos quais ele age assim. No entanto, neste capítulo vamos analisar uma acusação muito mais grave. Trata-se da acusação de que o próprio Deus é causador do mal, da violência e do sofrimento. O ateu David Lewis chama isso de "maldade divina".[1] O que Lewis quer dizer é que a Bíblia afirma que Deus é bom, mas mostra, ao mesmo tempo, que suas ações são más. As narrativas bíblicas mostram Deus fazendo coisas que, se nós fizéssemos, todos nos condenariam e diriam que somos monstros cruéis. Por incrível que pareça, não é na literatura ateísta que encontramos essas narrativas da maldade divina, mas sim nos livros do Antigo Testamento.

Meditando sobre a Bíblia hebraica, Robert Ingersoll escreve: "O retrato é, essencialmente, o de um homem — se pudermos imaginar um homem repleto e transbordante de impulsos cruéis, muito além do limite humano; uma personagem a quem talvez ninguém quisesse se associar, considerando-se que Nero e Calígula estão mortos.

---

[1] David Lewis, Divine Evil. In: Louise Antony (Ed.). **Philosophers without Gods** (New York: Oxford University Press, 2007), p. 231.

No Antigo Testamento, seus atos expõem constantemente sua natureza rancorosa, injusta, mesquinha, impiedosa e vingativa. Talvez essa seja a biografia mais condenatória jamais escrita". Nessa mesma linha, Sam Harris escreve em *A morte da fé*: "O Criador que pretensamente está acima do julgamento humano deixa-se levar constantemente por paixões humanas — ciúme, ira, suspeita e ânsia de dominação. O Deus de Abraão é um camarada ridículo — volúvel, petulante, cruel [...]. Ele não só é indigno da grandeza da criação, como também é indigno do próprio homem".[2]

Os ateístas não foram os primeiros a notar, mas eles têm um prazer todo especial em enumerar os crimes do Deus do Antigo Testamento. O biólogo E. O. Wilson escreve: "Mais de cem cidades foram consumidas por fogo e morte, começando com a campanha de Josué contra Jericó".[3] Em *Atheist Manifesto* [Manifesto ateísta], o filósofo Michel Onfray comenta que "o vocabulário do restante de Deuteronômio inclui: derrotar, perecer, destruir, queimar, desapossar e outros termos extraídos diretamente do vocabulário da guerra total". Vemos aqui, conclui Onfray, muitos séculos antes do islã e mais de dois milênios antes de Hitler, a convocação para "o primeiro genocídio".[4]

Esses ateus parecem ter um monte de evidências bíblicas que confirmam suas acusações. Em Salmos 137.8,9, lemos: "Ó cidade de Babilônia, destinada à destruição, feliz aquele que lhe retribuir o mal que você nos fez! Feliz aquele que pegar os seus filhos e os despedaçar contra a rocha!". No livro de Números, Deus ordena a Moisés que ataque os midianitas, e isto é o que acontece: "Lutaram então contra Midiã, conforme o SENHOR tinha ordenado a Moisés, e mataram todos os homens. [...] Os israelitas capturaram as mulheres e as crianças midianitas e tomaram como despojo todos os rebanhos e

---

[2] Robert INGERSOLL, citado por Lewis LAPHAM, The Wrath of the Lamb, **Harper's**, (maio de 2005), p. 7; Sam HARRIS, **The End of Faith** (New York: W. W Norton, 2005), p. 173, 226. [**A morte da fé**. Trad. Isa Mara Lando e Claudio Carina (São Paulo: Companhia das Letras, 2009).]
[3] Edward O. WILSON, **Consilience** (New York: Alfred A. Knopf, 1998), p. 267.
[4] Michel ONFRAY, **Atheist Manifesto** (New York: Arcade Publishing, 2007), p. 163, 179.

bens dos midianitas. Queimaram todas as cidades em que os midianitas haviam se estabelecido, bem como todos os seus acampamentos. Tomaram todos os despojos, incluindo pessoas e animais, e levaram os prisioneiros, homens e mulheres, e os despojos a Moisés, ao sacerdote Eleazar e à comunidade de Israel [...]". Isso já parece suficientemente horrível, mas o que vem a seguir é ainda pior: "Mas Moisés indignou-se contra os oficiais do exército que voltaram da guerra, os líderes de milhares e os líderes de centenas. 'Vocês deixaram todas as mulheres vivas?', perguntou-lhes. [...] 'Agora matem todos os meninos. E matem também todas as mulheres que se deitaram com homem, mas poupem todas as meninas virgens' ".[5]

Seguindo a mesma linha, o livro de Josué narra o ataque às cidades de Jericó e Ai. O próprio Deus diz a Josué que "A cidade, com tudo o que nela existe, será consagrada ao SENHOR para destruição [...]". Josué obedece: "Quando soaram as trombetas, o povo gritou. Ao som das trombetas e do forte grito, o muro caiu. Cada um atacou do lugar onde estava, e tomaram a cidade. Consagraram a cidade ao SENHOR, destruindo ao fio da espada homens, mulheres, jovens, velhos, bois, ovelhas e jumentos; todos os seres vivos que nela havia". Ai tem destino semelhante. Exceto o rei, que foi levado cativo, "[...] os israelitas os mataram, sem deixar sobreviventes nem fugitivos". Contudo, os israelitas não se contentaram em matar apenas os homens combatentes: "Israel terminou de matar os habitantes de Ai no campo e no deserto, onde os tinha perseguido; eles morreram ao fio da espada. Depois disso, todos os israelitas voltaram à cidade de Ai e mataram os que lá haviam ficado. Doze mil homens e mulheres caíram mortos naquele dia. Era toda a população de Ai".[6] Tudo isso é aterrador. O romancista Gore Vidal chama de moralidade da Idade do Bronze, e, quer concordemos com ele quer não, essa moralidade não se encaixa de jeito nenhum no nosso modo de pensar.

---

[5] Números 31.7,9-12,14,15,17,18.
[6] Josué 6.17,20,21; 8.22,24,25.

De fato, os seus praticantes mais próximos nos dias de hoje parecem ser os seguidores de Osama bin Laden.

Talvez o exemplo clássico de maldade divina seja a famosa história em que Deus ordena a Abraão que sacrifique seu filho, Isaque. Os judeus chamam essa história de "atamento de Isaque". O que torna essa história particularmente terrível é o fato de que Abraão não é inimigo de Deus; ele é um homem justo. Se Deus faz isso com os amigos, imagine então o que não fará com os inimigos! Claro que, no final, Deus detém a mão de Abraão; a coisa toda foi um teste. Ainda assim, como escreve o ateu Christopher Hitchens, o objetivo da história é "louvar a disposição de Abraão de sacrificar o próprio filho". No entanto, o que dizer de um homem que se dispõe a matar o filho por ordem de outra pessoa, ainda que essa pessoa seja Deus? Martin Gardner escreve: "Abraão não parece ser um homem de fé, mas sim um fanático insano. Seria melhor se ele tivesse pensado que estava ouvindo a voz de Satanás".[7] A voz de Satanás! Isso leva a uma pergunta óbvia: Será que alguém pode realmente amar e adorar um soberano que dá esse tipo de ordem? A resposta parece ser um sonoro "não". É claro que podemos dar interpretações moderadas para o atamento de Isaque, mas Hitchens conclui: "Não há como amenizar o significado evidente dessa história apavorante".[8]

Em *Deus, um delírio*, Richard Dawkins menciona Abraão e Isaque, mas depois comenta uma história que considera muito pior. Trata-se da narrativa encontrada em Juízes 11, em que o líder militar Jefté faz uma barganha com Deus. Jefté disse que, se Deus lhe desse a vitória sobre os amonitas, ele ofereceria em holocausto "aquele que vier saindo da porta da minha casa ao meu encontro, quando eu retornar". Jefté derrota os amonitas e, ao voltar para casa, é recebido por sua única filha. Embora fique desolado quando a vê, para ele

---

[7] Martin GARDNER, **The Whys of a Philosophical Scrivener** (New York: St. Martin's Press, 1999), p. 301.
[8] Christopher HITCHENS, **God Is Not Great** (New York: Twelve Publishing, 2007), p. 206. [**Deus não é grande**. Trad. Alexandre Martins (Rio de Janeiro: Ediouro, 2007).]

promessa é promessa. Assim, ele concede à filha um adiamento para que ela vá para as montanhas por dois meses. Quando ela volta, ele a queima! Dawkins comenta, sarcástico: "Deus não julgou adequado intervir dessa vez".[9] As acusações não param por aí. A filósofa ateia Elizabeth Anderson aponta vários outros aspectos que compõem um retrato extremamente vexatório do Deus bíblico. Esse Deus cria seres humanos e depois se arrepende de tê-los criado. Contudo, se Deus é onisciente, pergunta Anderson, então ele não sabia, desde o início, que os humanos seriam assim? Deus endurece o coração do faraó. Talvez isso ajude seu plano para a libertação dos israelitas, mas, na perspectiva de Anderson, será que o faraó não deveria ter a chance de usar seu livre-arbítrio em vez de ser manipulado por Deus desse jeito? Deus também estipula uma série de proibições cuja transgressão, na maioria dos casos, é punida com a morte. Morte para os adúlteros, morte para os homossexuais, morte até mesmo para os filhos desobedientes! Finalmente, Anderson cita o fato constrangedor de que a Bíblia sanciona a escravidão, uma instituição que talvez tenha sido a que mais sofrimento trouxe à humanidade.[10]

Que resposta podemos dar a essas acusações? Há alguns anos, participei de um debate tríplice, intitulado: Deus cristão? Deus judeu? Ou Deus nenhum? O debate aconteceu em uma sinagoga de Orange County, na Califórnia. A posição ateísta era defendida por Hitchens; a posição judaica, por Dennis Prager, apresentador de um programa de rádio; a posição cristã, por mim. Durante o debate, Hitchens leu diversas passagens do Antigo Testamento que se referem à destruição dos cananeus e midianitas. Em seguida, ele me perguntou:

— O que você tem a dizer sobre isso, Dinesh?

---

[9] Richard Dawkins, **The God Delusion** (Boston: Houghton Mifflin, 2006), p. 276. [**Deus, um delírio**. Trad. Fernanda Ravagnani (São Paulo: Companhia das Letras, 2007).]

[10] Elizabeth Anderson, If God is Dead, Is Everything Permitted?. In: Louise Antony (Ed.), **Philosophers without Gods**, p. 218-219.

Eu respondi:

— É, Cristopher, você deixou o rabino numa sinuca. — E passei o microfone para o representante da posição judaica, isto é, do Antigo Testamento, dizendo:

— E então, Dennis?

De fato, eu estava usando uma estratégia de debate, passando o ônus da resposta para Prager, mas não estava simplesmente me esquivando. Os cristãos têm um modo todo especial de ler o Antigo Testamento, deixando-o muito menos vulnerável a esse tipo de ataque. Falarei mais sobre isso adiante. Todavia, antes quero perguntar a um judeu devoto o que ele diria em defesa de Javé, diante dessas críticas ao Antigo Testamento. Prager disse duas coisas que vale a pena examinarmos aqui.

Como Jefté perdeu a cabeça

Em primeiro lugar, Prager afirmou que muitos crimes atribuídos a Deus não foram nem praticados nem aprovados por ele. Podemos entender o argumento de Prager analisando novamente a história de Jefté, que deixou Richard Dawkins tão angustiado. Alguns comentaristas judeus nem sequer acreditam que Jefté tenha realmente sacrificado a filha. Analisando o significado que a palavra "oferta" tem para os judeus, Gerald Schroeder escreve: "A filha de Jefté foi consagrada não para a morte, mas para uma vida dedicada a Deus".[11] Contudo, mesmo que Jefté tenha matado a filha para cumprir uma promessa macabra, não há indício algum de que Deus tenha pedido a Jefté que fizesse tal promessa. A ideia partiu inteiramente de Jefté. Em nenhum lugar da Bíblia há qualquer indicação de que Deus tenha dado vitória a Jefté porque ele prometeu sacrificar a filha em troca. Tudo que lemos é que Jefté venceu. Deus não cobra a promessa de Jefté, dizendo: "Agora está na hora de cumprir sua parte no trato". De fato, embora o sacrifício humano fosse algo comum na Antiguidade, ele não recebe apoio algum na Bíblia, como veremos mais adiante, na análise

---

[11] Gerald Schroeder, **God According to God** (New York: HarperOne, 2009), p. 185.

da história de Abraão e Isaque. O ponto importante aqui é que Jefté faz seu próprio voto e decide, de certa maneira, levá-lo adiante. Dawkins, é claro, sabe disso, porque leu a história. Então, o que ele quer provar? Se o que ele quer mostrar é, simplesmente, que as personagens da Bíblia são cheias de falhas, ele está repetindo o que cristãos e judeus sempre disseram. Veja que, em sua acusação contra Deus baseada nessa história, o melhor que Dawkins consegue fazer é denunciar Deus por não ter *impedido* Jefté de cumprir sua promessa. No entanto, como Jefté tem livre-arbítrio, é difícil entender por que Deus faria isso. Mesmo que concordemos que Deus deveria ter agido para impedir o sacrifício, como diz Dawkins, o principal responsável pelo assassinato injusto foi Jefté, não Deus.

Uma leitura minuciosa do Antigo Testamento mostra que muitos males atribuídos a Deus — embora nem todos — são provocados, na verdade, por pessoas que decidem fazer a própria vontade. O estupro de Tamar (2Samuel 13), por exemplo, é uma clara violação da lei de Deus. O ato é praticado por um dos filhos de Davi, e o incidente mostra que Davi não conseguia controlar o filho. Ló entrega as filhas para serem violadas em um episódio estranhíssimo, descrito em Gênesis 19. O episódio é ainda mais estranho porque Ló, em geral, é retratado como um homem sensato e justo. Mesmo assim, a Bíblia não diz nada sobre a moralidade ou imoralidade da ação de Ló nesse caso. Esse silêncio pode nos deixar intrigados (e eu fico bastante intrigado), mas não se trata de algo condenável. O estupro das duas filhas de Ló é impedido por anjos que cegam os agressores, de modo que Ló e a família conseguem escapar. Embora exista certa ambiguidade moral nesse episódio de Ló em Gênesis, o mesmo não ocorre no livro de Juízes. Ali a Bíblia descreve diversos massacres, mas eles não foram feitos por ordem de Deus nem com sua concordância; o que toda aquela seção quer mostrar é que os homens faziam o que parecia certo aos seus próprios olhos. Muitos ateus pensam que, como os israelitas são o povo escolhido de Deus, tudo que eles fazem segue as intenções e ordens de Deus. Na verdade, o Antigo Testamento fala tanto da fidelidade como da infidelidade dos israelitas. O fato de os israelitas pensarem que têm justificativa para combater seus inimigos com o maior rigor possível, ou até de dizerem que estão seguindo as ordens de Deus, não significa que estejam sempre certos ou que estejam realmente fazendo a vontade de Deus.

Outro ponto a respeito dos escritores do Antigo Testamento é que eles às vezes exageram um pouco. No entanto, isso não é tão surpreendente quanto pode parecer à primeira vista. Não estou dizendo que o que está escrito na Bíblia nem sempre é verdade, mas sim que nem toda passagem bíblica é para ser interpretada literalmente. Quando a Bíblia diz que os rios e as árvores batem palmas, suponho que todos nós concordamos em que o sentido é metafórico.[12] Tanto os leitores comuns como os estudiosos da Bíblia concordam que os escritores bíblicos usaram vários recursos estilísticos na construção de seus textos: símile, metáfora, parábola e, sim, exagero — uma técnica intencional na literatura, também chamada de "hipérbole". Essa figura é muito usada hoje em dia, mas também a encontramos na literatura antiga, como nas obras de Homero, Virgílio e Shakespeare. Talvez não percebamos isso na Bíblia porque achamos que ela está escrita em estilo puramente "realístico", como as obras de Flaubert, do século XIX, ou um documentário filmado no século XX. Contudo, o realismo é também uma técnica literária, e, embora a Bíblia o use, ela também usa outras para comunicar sua mensagem. Esse princípio bem conhecido dos estilos literários da Bíblia nos leva ao segundo argumento de Prager contra a acusação de que Deus é imoral.

Josué em Jericó

Vejamos a famosa história do ataque de Josué a Jericó. O que aconteceu exatamente em Jericó tem sido alvo de extensos debates entre arqueólogos bíblicos e teólogos. Se lermos apenas o que está

---

[12] Veja Salmos 98.8 e Isaías 55.12.

escrito na narrativa, ficaremos com a impressão de que Josué comandou um imenso exército israelita no ataque a uma grande cidade; de todos os habitantes da cidade, apenas Raabe creu em Deus e foi salva da destruição; o grande exército de Jericó resistiu à ofensiva de Josué até que as muralhas ruíram; e uma grande cidade foi conquistada. Há quase um século, os arqueólogos bíblicos questionam essa narrativa da destruição de Jericó, já que as evidências arqueológicas indicam que as muralhas de Jericó foram destruídas vários séculos antes que os israelitas entrassem na terra de Canaã.

Bart Ehrman, um agnóstico e estudioso da Bíblia, está bem familiarizado com esse debate. Ele escreve: "Não existe nenhuma evidência arqueológica [...] que comprove a alegação de que Jericó foi completamente destruída no século XIII a.C.". No entanto, Ehrman abomina o que ele chama de "chacina ordenada por Deus" em Jericó — como pode ter havido uma chacina ordenada por Deus se, para começo de conversa, não houve chacina alguma? A explicação de Ehrman é que, ao condenar o massacre, ele não está sequer preocupado com os fatos, mas apenas com a narrativa bíblica: "O que me interessa aqui é como o historiador veterotestamentário pensou nesses eventos".[13] Contudo, Ehrman não cogita por que o escritor de Josué resolveu retratar os acontecimentos daquela maneira, se eles aconteceram de forma diferente.

Supondo que os registros arqueológicos em torno do sítio de Jericó não venham a ser reinterpretados por algum outro achado arqueológico no futuro, vamos tentar dar a Ehrman uma resposta para esse questionamento. Dependendo do arqueólogo bíblico que consultemos, iremos ouvir que Jericó era um pequeno povoado, provavelmente defendido por um forte guardado por algumas centenas ou milhares de guerreiros. É possível que a "muralha" de que fala a Escritura fosse um cinturão de casas formando um anel em torno do povoado. Muito provavelmente, havia poucos civis

---

[13] Bart EHRMAN, **God's Problem** (New York: HarperOne, 2008), p. 70-71.

envolvidos na batalha, e talvez Raabe e sua família sejam escolhidos porque, sendo estalajadeiros, eles representam os poucos civis existentes no meio de um acampamento de combatentes. Os israelitas, comandados por Josué, provavelmente também eram um pequeno exército. Embora tenham vencido, sua vitória foi modesta e insignificante. Então, por que será que a Bíblia faz tanto estardalhaço sobre a tomada de Jericó por Josué?

Em um importante artigo, Richard Hess diz que, como "essa batalha foi a primeira liderada por Josué", a Bíblia quer aqui ressaltar a competência de Josué como líder, mostrando que ele é um sucessor à altura de Moisés. Parece estar sendo aplicada uma hipérbole literária a uma situação histórica, a fim de defender um argumento teológico. O argumento é que Deus está com Josué, e que o resultado da batalha será determinado pelo próprio Deus.[14]

Para alguns leitores seculares, e até mesmo alguns cristãos contemporâneos, essa maneira de ler a Bíblia pode parecer estranha. Contudo, na verdade, estou lendo a Bíblia da maneira tradicional como ela tem sido interpretada por judeus e cristãos durante séculos. Durante a maior parte desse longo período de leitura da Bíblia, a acusação de que Deus é um assassino e maníaco genocida jamais passou pela cabeça dos leitores. Por quê? Por dois motivos. O primeiro é que eles entendiam que a Bíblia não foi escrita na forma de um tratado filosófico, mas sim na forma de uma narrativa. A importância disso para os nossos propósitos é que a Bíblia faz uma antropomorfização de Deus: ela representa Deus como um ser humano. Obviamente, nós sabemos que Deus não é um ser humano. De fato, os atributos de Deus — onipotência, onisciência etc. — mostram que ele está muito longe de um ser humano. Ele não é nem sobre-humano, que, afinal, é só um termo que descreve atributos humanos numa escala exageradamente grande. A razão nos diz que, embora apenas nós, dentre

---

[14] Richard Hess, The Jericho and Ai of the Book of Joshua. In: Richard Hess, Gerald Klingbeil e Paul Ray Jr. (Ed.), **Critical issues in Early Israelite History** (Winona Lake, IN: Eisenbrauns Publishing, 2008), p. 33-46.

todas as criaturas de Deus, tenhamos sido feitos à sua imagem, Deus é inimaginavelmente diferente de nós — poderíamos dizer que ele está numa categoria totalmente diferente —, e isso significa que temos de interpretar as histórias da Bíblia como se estivessem nos dizendo algo muito além de seu significado óbvio e literal.

Estou propondo que usemos o raciocínio filosófico para interpretar as referências antropomórficas existentes na Bíblia — exatamente como os que creem em Deus leem o Antigo Testamento há mais de dois milênios. Devemos levar em conta as evidências históricas e também, naturalmente, o restante da Bíblia, para esclarecer passagens de difícil interpretação. Vamos analisar a passagem que fala sobre o aparente arrependimento de Deus por ter criado a humanidade, em Gênesis 6.5,6: "O SENHOR viu que a perversidade do homem tinha aumentado na terra e que toda a inclinação dos pensamentos do seu coração era sempre e somente para o mal. Então o SENHOR arrependeu-se de ter feito o homem sobre a terra; e isso cortou-lhe o coração". Filosoficamente falando, isso não faz sentido. Em primeiro lugar, um Deus onisciente saberia que os seres humanos iriam pecar e praticar o mal, de modo que não poderia ter dito, em linhas gerais: "Puxa! Eu tinha tantas esperanças no homem! Mas, no final, vejo que cometi um grande erro". Em segundo lugar, essa reação não se encaixa no caráter de Deus, porque, em outro trecho, a Bíblia diz que Deus "não muda como sombras inconstantes".[15]

Parece igualmente absurdo insinuar que Deus endureceu o coração do faraó, embora a Bíblia diga que ele fez isso em diversas ocasiões.[16] Então, será que Deus forçou o faraó a fazer alguma coisa que ele não queria fazer ou que não teria feito por si mesmo? Isso seria uma supressão do livre-arbítrio e uma compulsão divina para pecar. Nada há no restante da Bíblia ou no conjunto mais amplo da teologia judaico-cristã algo que sugira que Deus possa agir dessa maneira.

---

[15] Tiago 1.17.
[16] Veja Êxodo 9.12.

É muito mais coerente com o caráter de Deus interpretar essa passagem com o sentido de que Deus não interferiu quando o faraó rejeitou severamente as reivindicações e os pedidos dos israelitas. Deus "endureceu" o coração do faraó da mesma maneira que uma sobremesa deliciosa na mesa me atrai — nos dois casos, estamos lidando com uma metáfora. O real sentido da passagem é que o faraó decidiu e Deus acatou sua decisão. Como dizem os estudiosos da Bíblia, temos que distinguir entre a vontade permissiva e a vontade diretiva de Deus; em outras palavras, entre o que Deus permite e o que ele faz.

Os teólogos compreenderam há muito tempo que devemos interpretar outras "passagens difíceis" da Bíblia dentro da mesma estrutura interpretativa de nossa compreensão geral acerca de Deus. Por exemplo, judeus e cristãos reconhecem que Deus é um espírito, não um ser material. Uma das consequências dessa ideia é que Deus não deve ter sentimentos do modo que nós os temos.

Deus tem sentimentos?

Bem, este tópico é difícil e controverso: muitos eruditos contemporâneos, inclusive Richard Swinburne, Alvin Plantinga e Nicholas Wolterstorff, insistem em que Deus tem sentimentos. Afinal de contas, tanto a tradição histórica cristã como a secular atribuem todo tipo de sentimentos a Deus, e um deles é a ira. Mas temos de levar em conta que a corrente principal do cristianismo, desde os tempos da Reforma, da Idade Média e dos pais da Igreja, afirmava o contrário. O grande pensador cristão Tomás de Aquino e o grande líder da Reforma João Calvino tinham suas divergências, mas os dois concordavam que Deus tem o atributo da "impassibilidade". Isto é, eles viam Deus como um ser eternamente imutável e não sujeito às vicissitudes da emoção.

Existe um motivo teológico para entender Deus dessa maneira. Os sentimentos não são algo que fazemos; eles são algo que temos. Veja que, no caso dos sentimentos, nós não temos controle; eles acontecem conosco. No entanto, Deus, o grande Criador, não pode estar passivamente sujeito a coisas que estão fora de seu controle. Ele não pode ser "consumido" pela ira nem "tomado" de remorso. Em outras palavras, sua perfeição requer que ele permaneça "acima" das influências externas das emoções — pelo menos das emoções como nós as experimentamos. Em apoio ao seu ponto de vista, Calvino comenta uma passagem de Gênesis que mostra Deus desgostoso e irado: "Certamente, Deus não está infeliz nem triste, mas permanece para sempre em seu repouso celestial e feliz". Para Calvino, Deus só é descrito dessa maneira para mostrar que ele "odeia e detesta o pecado".[17] Quanto a mim, concordo com Tomás de Aquino, Calvino e a tradição da corrente principal da Igreja no que se refere aos sentimentos de Deus.

Vejamos agora as implicações dessa ideia potencialmente perturbadora. Isso significa que Deus não nos ama? Claro que não! A Bíblia deixa bem claro o profundo amor que Deus tem pelos seres humanos, sua inclinação para demonstrar compaixão e misericórdia para conosco e, às vezes, seu desapontamento em relação a nós. Contudo, isso significa que Deus não pode "lamentar" ou expressar "amor" no sentido humano, e não pode "odiar" nem "se arrepender", no sentido humano. Embora essa compreensão de Deus como um ser "impassível" ou sem emoção tenha surgido teologicamente, ela também faz sentido do ponto de vista científico. A ciência mostra que as emoções, pelo menos do modo que nós as experimentamos, requerem mecanismos físicos e neurobiológicos. Sem a existência de um cérebro e sem nervos, não há meio de termos sentimentos. Portanto, Deus não pode ter sentimentos do modo que nós temos.

Isso pode parecer inquietante, mas não há motivo para inquietação. Observe que Deus não é insensível pelo fato de não poder sentir, assim como o oceano não é insensível porque não tem sentimentos. Quando dizemos que o mar está "furioso", estamos querendo dizer que está cheio de redemoinhos e com ondas enormes, e seria perigoso entrar nele. Da mesma forma, quando atribuímos emoções a Deus,

---

[17] John Owen (Ed.). **Calvin's Commentaries** (Grand Rapids, MI: Baker Books, 1979), p. 249.

estamos projetando nele as nossas emoções; mas esses sentimentos são os nossos, não os dele. Deus não tem emoções, porque não sente nada. Obviamente, um ser que não tem sentimentos não pode "se arrepender" de nada.

Portanto, quando a Bíblia atribui sentimentos a Deus, ela não está se referindo a como Deus realmente se sente, mas sim como nós nos sentiríamos naquelas situações. Podemos entender o "amor" e a "compaixão" de Deus como sendo o que sentiríamos em um relacionamento íntimo. O "ciúme" de Deus pode ser entendido como algo semelhante à reação que teríamos se nosso cônjuge expressasse sua fidelidade a outra pessoa. A reação de Deus diante do pecado, inclusive seu "arrependimento" por ter criado o ser humano, pode ser interpretada como aquilo que sentiríamos se tivéssemos que lidar com seres que se rebelam contra o seu Criador.

Então, quer dizer que os cristãos adoram um Deus sem amor? Como podemos nos achegar a ele em nossas orações? Como podemos confiar nele na hora da aflição? Mais uma vez, vamos examinar outras passagens da Bíblia para tentar compreender melhor. A consolação clássica do salmo 23, por exemplo, continua válida: "O SENHOR é o meu pastor; de nada terei falta. Em verdes pastagens me faz repousar e me conduz a águas tranquilas; restaura-me o vigor. [...] Mesmo quando eu andar por um vale de trevas e morte, não temerei perigo algum, pois tu estás comigo; a tua vara e o teu cajado me protegem. [...] Sei que a bondade e a fidelidade me acompanharão todos os dias da minha vida, e voltarei à casa do SENHOR enquanto eu viver". Nada do que eu disse anteriormente é incoerente com essa consolação bíblica.

A moralidade da Idade do Bronze

Um segundo ponto que judeus e cristãos há muito compreenderam é que as ações e os ensinamentos da Bíblia são adaptados ao nível de compreensão que a humanidade havia alcançado em determinada época. Nas palavras de Calvino, Deus, ao longo da Bíblia, "se ajusta à nossa capacidade".[18] Na prática, isso significa que Deus reconhece que as culturas estão em diferentes estágios de desenvolvimento, e ele lida com cada grupo procurando sempre elevar o nível de seu desenvolvimento, embora às vezes faça isso gradualmente. É fato que algumas das sociedades primitivas do Antigo Testamento estavam em uma condição muito ruim não só no aspecto econômico, mas também moral. Gore Vidal critica os preceitos da Idade do Bronze, apresentados no Antigo Testamento, mas ele parece se esquecer de que muitos daqueles preceitos foram dados a pessoas da Idade do Bronze. No entanto, até mesmo na Idade do Bronze há transformação e progresso, e podemos ver esse progresso registrado nos livros do Antigo Testamento. É claro que, na era cristã, a sociedade já estava muito diferente, portanto há uma marcante diferença de tom e linguagem moral entre o Antigo e o Novo Testamentos.

Um bom exemplo pode ser encontrado no livro de Gênesis. No início do livro, vemos Deus destruindo o mundo com um dilúvio e salvando apenas Noé e sua família. Noé era o único homem justo que havia restado na terra, e Deus o salva, junto com sua família. Vemos aqui um princípio implacável: deixar a cidade perecer e salvar apenas o "mocinho". Contudo, em uma situação semelhante, mais adiante no livro de Gênesis, vemos Abraão barganhando com Deus e pedindo que ele salve uma cidade por causa de alguns poucos justos. Eles regateiam por um tempo, mas, basicamente, Deus cede. Ele poupa a cidade porque ainda há ali um punhado de pessoas boas. Portanto, Deus mudou seu *modus operandi*: Dessa vez, ele não risca a cidade do mapa e poupa apenas os justos; agora, por causa dos justos, todos são poupados. Mais adiante, porém, por causa da retidão de Moisés, que intercede em favor de seu povo, Deus cede e concorda em não destruir toda a nação de Israel.[19] Eu não creio que Deus tenha "amolecido" — mudado seu modo de pensar —, mas sim que ele reconheceu que as condições

---
[18] John Owen (Ed.), **Calvin's Commentaries**.
[19] Veja Gênesis 18 e Números 14.

tinham mudado. Talvez o homem, que antes só entendia a linguagem da força, reaja melhor agora a uma linguagem mais sutil: exortações proféticas, alianças legais, e assim por diante. Segundo essa hipótese, muitos exemplos de ações de Deus que parecem ser duras e inconstantes à primeira vista tornam-se bem mais compreensíveis quando situadas em seu contexto histórico, ou seja, no contexto de pessoas reais, vivendo em circunstâncias particulares.

A concordância da Bíblia com a escravidão é outro exemplo claro de adaptação ao baixo nível das práticas humanas naquela época. Devemos lembrar que toda a humanidade esteve, durante séculos, nesse baixo nível. A escravidão era prática comum em todas as culturas conhecidas e não era sequer uma questão controversa.[20] Então, o que a Bíblia faz com relação a isso? Ela reconhece que a escravidão tornou-se uma instituição humana arraigada e oferece alguns ensinamentos para amenizar seus efeitos maléficos. Os senhores, por exemplo, devem tratar seus escravos com bondade, enquanto os escravos devem ser obedientes a seus senhores. No entanto, será que isso significa que a Bíblia aprova a escravidão? De jeito nenhum. Se eu disser aos chineses para obedecerem às leis de seu país e disser também ao governo da China para tratar os cidadãos com consideração, será que estou com isso aprovando o totalitarismo chinês? É claro que não. Estou apenas reconhecendo como as coisas são e tentando mudar a situação para melhor. É como pegar uma tábua muito torta e ir, lenta e cuidadosamente, encurvando-a até que fique reta novamente, em vez de quebrá-la tentando endireitá-la de uma vez só.

Pois bem, o modo de a Bíblia tratar a escravidão poderia até ser criticado por seu gradualismo, não fosse por um fato importante: historicamente, foram os cristãos, e nenhum outro grupo, que se mobilizaram para acabar com a escravidão. Não houve movimento antiescravagista algum fora do cristianismo. Foram os cristãos, e somente eles, que se opuseram à escravidão por princípio, e fizeram isso

---

[20] Orlando Patterson, **Slavery and Social Death** (Cambridge, MA: Harvard University Press, 1982).

por uma razão inequivocamente cristã. Eles ponderaram que, se todos os homens foram criados iguais diante de Deus — uma doutrina central do cristianismo —, então nenhum homem tem o direito de dominar outro sem o seu consentimento.[21] Esse se tornou o princípio central do movimento de abolição da escravatura, que acabou triunfando sobre a institucionalização da cobiça e da servidão humanas.

Portanto, a acomodação é uma ideia-chave para entender a Bíblia, mas, ainda assim, é passível de ser mal interpretada. Quando uso a palavra "acomodação", não estou dizendo que a Bíblia muda ao sabor da moralidade do momento. Se fosse assim, como os homens eram bárbaros, a Bíblia teria de aprovar um código de ética bárbaro. E isso não acontece. O ponto que estou defendendo aqui é que a Bíblia reconhece que o progresso leva tempo e que há períodos na História em que pessoas rudes tiveram de ser tratadas de maneira rude.

Dennis Prager deixou isso bem claro naquele debate tríplice que tive com ele e Christopher Hitchens. Quando passei o microfone para Prager e pedi que explicasse as aparentes atrocidades praticadas contra os cananeus e os midianitas, ele basicamente respondeu: "Que atrocidades?". Ele insistiu no ponto de que aquelas pessoas mereciam tudo que aconteceu com elas. Confesso que achei sua resposta meio chocante, e tenho certeza de que grande parte da plateia pensou a mesma coisa que eu. Contudo, agora, refletindo melhor sobre o assunto, vejo que a resposta de Prager não foi assim tão ofensiva; ela tem certa lógica.

Imagine uma das pequenas tribos indígenas da América que estivesse sob ameaça de um ataque do Império Asteca. Os astecas eram notoriamente sanguinários, e não faria sentido enviar embaixadores a eles para tentar conversar de uma forma sensata. Provavelmente, a única maneira eficaz de se proteger contra seus avanços seria atacar e matar os guerreiros astecas, do contrário eles dizimariam a aldeia. Um exemplo mais recente aconteceu com a Alemanha hitlerista.

---

[21] David Brion Davis, **Slavery and Human Progress** (New York: Oxford University Press, 1984), p. 131, 143.

A história mostra que as tentativas de apaziguar e convencer os nazistas a interromperem sua ofensiva foram inúteis. Elas, na verdade, se mostraram contraproducentes, porque os nazistas fingiram concordar para ganhar tempo e se fortalecerem militarmente. Teria sido melhor atacar os alemães antes que eles se tornassem tão fortes. Quando o mal não é cortado pela raiz, ele costuma gerar metástases. No final, é necessário um esforço maior para desarraigá-lo, como aconteceu na Segunda Guerra Mundial.

Hoje em dia, falamos nos cananeus e midianitas, mas não fazemos nenhuma ideia de quem eram esses povos; são apenas nomes para nós. Consequentemente, nossa tendência é presumir que eles eram pessoas decentes e pacíficas que, por um acaso, ficaram no caminho dos israelitas. E, por isso, aquelas pobres nações foram arbitrária e impiedosamente massacradas. Contudo, na realidade, tratavam-se de culturas bárbaras, semelhantes aos astecas e nazistas em sua crueldade. Os sacrifícios humanos, por exemplo, eram praticados constantemente pelas nações cananeias. Quando entendemos isso, o juízo de Deus sobre os cananeus parece razoável. Segundo o livro de Gênesis, Deus deu centenas de anos aos cananeus para que se arrependessem de sua maldade indescritível. Da mesma forma que os Aliados foram moralmente compelidos a pôr fim aos horrores do nazismo e ao imperialismo japonês, Deus usou os israelitas para acabar com a maldade disseminada entre os cananeus.

Em circunstâncias como essas, até mesmo os "mocinhos" são cruéis. O bombardeio de Dresden foi um horror, assim como o lançamento das bombas atômicas sobre o Japão. Mesmo assim, o horror foi menor do que teria sido se as potências do Eixo triunfassem. Seguindo o mesmo raciocínio, não há dúvida de que os israelitas cometeram excessos no embate com seus inimigos, mas, ainda assim, foi bom eles terem vencido. Os excessos dos israelitas foram um mal menor, quando comparados ao que teria acontecido se os cananeus tivessem vencido.

Prager comenta as passagens sobre destruição do Antigo Testamento baseado apenas no que está escrito ali, mas existe outra maneira de interpretá-las. Analisando o salmo que citei em um capítulo anterior — que pede a Deus que execute a vingança sobre Babilônia e arremesse seus filhos contra as rochas —, alguns teólogos comentam a existência das "orações imprecatórias", uma tradição na literatura hebraica. Essas orações clamam contra a opressão e a injustiça e invocam Deus para que execute a justa vingança. E será que Deus, de fato, arremessou criancinhas contra as rochas? O teólogo Walter Kaiser afirma que ele não fez isso. Em primeiro lugar, "filhos" é um termo indefinido: "A palavra hebraica não especifica a idade, podendo significar uma criança pequena ou já crescida". Rochas? "Uma coisa que Babilônia não tinha eram rochas ou penhascos rochosos contra os quais se pudesse arremessar alguma coisa". Admito que acho isso um pouco estranho. Ainda que Babilônia não tivesse desfiladeiros, certamente havia pedras ali que podiam ser usadas para despedaçar alguém. No entanto, entendo aonde Kaiser quer chegar. Quando o salmista fala de lançar os filhos contra as rochas, está usando linguagem figurada e metafórica.[22]

Da mesma forma, Paul Copan diz que, contrariando a retórica bíblica, há evidências no próprio texto de que as nações cananeias não foram de fato destruídas. Copan não se impressiona com toda aquela conversa de exterminar completamente as mulheres, os jovens e os velhos. Para ele, trata-se "apenas da linguagem corrente do Oriente Médio na época, que pode ter sido usada mesmo que mulheres, jovens e velhos não estivessem vivendo ali". Além disso, Copan observa que, pouco depois das passagens bíblicas que falam do extermínio dos cananeus, estes reaparecem. O mesmo acontece com os amalequitas. O texto leva a crer que eles haviam sido totalmente exterminados por Saul, porém eles surgem novamente durante o reinado de Ezequias, cerca de dois séculos mais tarde. Copan também afirma

---

[22] Walter Kaiser, **Hard Sayings of the Old Testament** (Downers Grove, IL: InterVarsity Press, 1988), p. 172, 174-175.

que, quando Deus diz aos israelitas para tomarem para si as virgens das nações cananeias, ele está dizendo que essas mulheres não deveriam ser tomadas como concubinas, mas sim como esposas.[23]

Até aqui, temos analisado o Antigo testamento isoladamente. Tenho tentado mostrar que Deus não é o monstro que querem fazer parecer. Agora, tendo provado esse ponto, será que a defesa pode dar o caso por encerrado? De jeito nenhum. A defesa ainda tem de apresentar sua principal testemunha, que não é outro senão Jesus Cristo. Meu argumento não é o de que, como cristãos, acreditamos que Jesus Cristo é Deus e, portanto, as palavras e ações de Jesus no Novo Testamento cancelam as palavras e ações de Javé no Antigo Testamento. Isso não só seria um absurdo, como também uma flagrante heresia. O que quero mostrar aqui é que, para os cristãos, Jesus Cristo é a chave interpretativa do Antigo Testamento. De certa forma, o Antigo Testamento deve ser lido à luz de Cristo ou por meio de sua perspectiva. John Stott escreve: "Direta ou indiretamente, Jesus Cristo é o grande tema do Antigo Testamento".[24]

Novo Testamento, novo entendimento

Existe uma frase clássica no cristianismo que diz: "O Novo Testamento está oculto no Antigo Testamento; o Antigo Testamento está revelado no Novo Testamento". Usando esse pensamento, o erudito Northrop Frye escreve: "O Novo Testamento [...] afirma ser [...] a chave para o Antigo Testamento, a explicação do significado real do Antigo Testamento". Embora o Antigo Testamento esteja centrado na Lei, Frye observa que "para o cristianismo, o Antigo Testamento era principalmente um livro de profecia que previa o evento futuro da Encarnação e, portanto, apontava para a transcendência da Lei".[25]

---

[23] Paul Copan, **Is God a Moral Monster?** (Grand Rapids, MI: Baker Books, 2011), p. 172, 174-176, 180.
[24] John Stott, **Christ the Controversialist** (Downers Grove, IL: InterVarsity Press, 1972), p. 99.
[25] Northrop Frye, **The Great Code** (New York: Harcourt, Inc., 1982), p. 79, 84.

Podemos ver a importância desse fato se considerarmos uma passagem famosa de Isaías: "Mas ele foi traspassado por causa das nossas transgressões, foi esmagado por causa de nossas iniquidades; o castigo que nos trouxe paz estava sobre ele, e pelas suas feridas fomos curados". Essa é uma referência ao Servo Sofredor, alguém que, nas palavras de Isaías, "[...] foi oprimido e afligido; e, contudo, não abriu a sua boca; como um cordeiro, foi levado para o matadouro [...]".[26] Para os cristãos, é praticamente impossível ler esses textos sem pensar em Cristo. O ponto de vista cristão é que Isaías profetiza a paixão do Messias. No entanto, os judeus leem os mesmos versículos há séculos, sem que ninguém tenha insinuado que eles apontam para um futuro Messias. Para eles, a passagem fala de Israel; a nação de Israel é o Servo Sofredor. Não é meu objetivo aqui apontar qual interpretação é a correta, se a judaica ou a cristã. O que quero mostrar é que essas diferenças de interpretação são importantes para nosso estudo acerca do mal e do sofrimento. De fato, elas dão aos cristãos um argumento que os judeus não têm.

Que argumento é esse? Para os cristãos, o Deus tribal do Antigo Testamento dá lugar ao soberano universal do Novo Testamento. Vemos essa progressão para a universalidade — disponibilidade para que todas as pessoas possam fazer sua opção — na Bíblia hebraica, mas ela é consumada no Novo Testamento. Tanto o Deus tribal como o Deus universal estão presentes na Bíblia hebraica, mas, no Novo Testamento, aparece apenas o Deus universal. Do ponto de vista dos cristãos, os judeus continuam a ser o "povo escolhido", mas não no sentido de que só eles têm direito à salvação. Ao contrário, a salvação está disponível a qualquer um, e todo aquele que aceita o dom da salvação de Cristo é "escolhido" na nova aliança.

E quanto às severas leis do Antigo Testamento? Elas foram completamente abolidas no Novo. Compare, por exemplo, o modo de o Antigo Testamento tratar o adultério com a maneira de Jesus

---

[26] Isaías 53.5,7.

tratar a mulher flagrada em adultério ou a mulher que tivera cinco maridos. Mesmo para os padrões modernos, Jesus foi extremamente gentil com aquelas duas transgressoras. Em momento algum, ele insinua que o adultério não é um pecado. Nesse aspecto, o Novo Testamento mantém a continuidade com o Antigo. No entanto, todo o tom da resposta divina é diferente. Assim, quando os ateus citam longas passagens da antiga Lei judaica, os cristãos só têm de fazer que sim com a cabeça. Muito raramente os cristãos consideraram que essas leis se aplicassem a eles ou a qualquer outra pessoa, nos tempos modernos. O Antigo Testamento não só é interpretado por meio da lente do Novo Testamento, como, em muitos aspectos importantes, foi substituído por ele.

Em consequência da interpretação cristã, acontecimentos do Antigo Testamento que são compreendidos de um modo pela fé judaica passam a ser interpretados de modo totalmente diferente pela fé cristã. Um bom exemplo disso é a forma em que lemos a história de Abraão e Isaque. Para os judeus, a história trata basicamente da fidelidade de Abraão. O atamento de Isaque é simplesmente um teste, e Abraão é aprovado. Essa é uma maneira de defender Deus. Poderíamos dizer que, enquanto as culturas antigas estavam banhadas em sangue, Deus merece crédito por ter detido a mão de Abraão. O sacrifício humano era comum nas religiões antigas, mas aqui o Deus de Abraão está se diferenciando e mostrando que não é uma divindade que exige esse tipo de sacrifício. Os cristãos, é claro, concordam com tudo isso, mas a defesa cristã de Deus vai muito além.

Vamos ver o que acontece quando Abraão e Isaque estão subindo o monte. Abraão tinha dito a Isaque que eles estavam indo fazer um sacrifício. No entanto, Isaque está intrigado e pergunta ao pai: "[...] As brasas e a lenha estão aqui, mas onde está o cordeiro para o holocausto?". E Abraão responde: "[...] Deus mesmo há de prover o cordeiro [...]".[27] Para os cristãos, isso é muito significativo. Jesus é

---

[27] Gênesis 22.7,8.

muitas vezes chamado de o Cordeiro de Deus, no Novo Testamento. Por exemplo, o evangelho de João refere-se ao "Cordeiro de Deus, que tira o pecado do mundo!"[28] Consequentemente, no cristianismo, a história de Abraão e Isaque é vista como uma profecia de uma importante inversão de papéis. Em vez de o homem fazer um sacrifício de sangue para aplacar a ira de Deus, é Deus que sacrifica o próprio Filho para fazer a expiação do pecado do homem.

Portanto, na interpretação judaica da história, Deus não é mau porque está apenas testando Abraão, ainda que o teste possa parecer exagerado e até um pouco sádico. Na interpretação cristã, entretanto, Deus é perfeito porque está disposto a sacrificar a si mesmo por Abraão, por Isaque e por toda a humanidade. Os cristãos não perguntam, amargurados: "Que Deus é esse que pede a um pai que sacrifique o próprio filho?". Em vez disso, eles perguntam, agradecidos: "Que Deus é esse que sacrifica o próprio Filho para redenção de seres humanos pecadores?". Esse é, portanto, o verdadeiro significado do atamento de Isaque para os cristãos.

Tendo chegado a este ponto, preciso confessar que existem certas passagens do Antigo Testamento que ainda me incomodam. Gostaria que elas não estivessem ali. No entanto, só porque não consigo entender seu significado nem o motivo pelo qual foram incluídas, isso não quer dizer que o Deus da Bíblia seja um monstro terrível. Ao contrário, o retrato coerente de Deus, tanto no Antigo como no Novo Testamentos, é o de um soberano ao mesmo tempo justo e amoroso; severo, porém misericordioso; que odeia o pecado, mas que o venceu para nosso benefício. Resta ainda perguntar se um Deus como esse merece toda a nossa fidelidade, embora não haja dúvida de que ele não merece o nosso rude desprezo.

---

[28] João 1.29.

CAPÍTULO 12

Abandonem toda a esperança

Céu, inferno e a justiça divina

Deixai, ó vós que entrais, toda a esperança!".[1]
Dante, A divina comédia

Até este ponto, temos examinado o mal e o sofrimento em termos de um esquema terreno: analisamos o mal moral e o sofrimento natural, e explicamos os dois como consequências inevitáveis de um mundo regido por leis e habitado por criaturas livres e conscientes como nós. Contudo, o mundo do jeito que é não satisfaz completamente nenhuma concepção razoável de justiça. Dizemos: "Tudo tem volta", mas sabemos que isso nem sempre é verdade. Às vezes, os "bandidos" terminam por cima; às vezes, os "mocinhos" é que choram. Consequentemente, existem males resultantes de más ações que não são castigados, e existe sofrimento imerecido que recai sobre as vítimas dessas ações. Se Deus deixasse as coisas desse jeito, teria muitas explicações a dar.

Entretanto, os cristãos creem que Deus não deixou as coisas ficarem desse jeito. Ele também criou o céu e o inferno. À primeira vista, esse esquema extraterrestre parece resolver o problema do sofrimento imerecido e do mal não castigado. No entanto, como os cristãos sabem, e os ateus têm prazer em lembrar, essa tese resolve aqueles problemas, mas suscita outro ainda mais grave. Trata-se do chamado "problema do inferno". O inferno, é claro, constitui o maior de todos os males, a esfera do maior sofrimento que se pode conceber. Por esse motivo, o inferno

---

[1] DANTE, **The Divine Comedy:** Inferno (New York: Penguin Books, 1971), p. 89. [**A divina comédia**. Trad. José Pedro Xavier Pinheiro (São Paulo: Martin Claret, 2002).]

representa talvez a maior dificuldade para a teodiceia cristã. Longe de resolver o problema da teodiceia, o inferno parece agravá-lo.

As aflições do inferno são narradas com grande intensidade e rigor: Há fogo inextinguível, choro e ranger de dentes, dor e desespero incessantes. Não só o inferno é a esfera do mal supremo, como o sofrimento ali descrito é eterno. A passagem de Apocalipse 20.10 diz que os habitantes do inferno "serão atormentados dia e noite para todo o sempre". Além disso, Cristo diz, em Mateus 22.14, que "muitos são chamados, mas poucos escolhidos" — palavras perturbadoras em dois sentidos. Em primeiro lugar, elas parecem indicar que a grande maioria da humanidade vai para o inferno: o céu é a porta estreita, e o inferno é o caminho largo. Em segundo lugar, e igualmente perturbador, é o fato de que a palavra "escolhidos" implica que Deus escolhe pessoas para o céu e, consequentemente, decide não salvar outras, que vão para o inferno. Por que Deus criaria seres humanos, se a maioria deles está predestinada a um futuro de tormento eterno por sua eleição arbitrária?

David Hume escreve: "A danação de um homem é um mal infinitamente maior no Universo do que a subversão de mil milhões de reinos". Argumentando que pecados finitos deveriam merecer castigos finitos, Hume diz que o inferno é injusto porque "o castigo [...] deveria ser proporcional à ofensa".[2] É difícil discordar da premissa básica de Hume, de que os crimes humanos, por piores que sejam, não merecem um castigo eterno. É verdade que nós mandamos os criminosos para a penitenciária, mas, como sugere o nome, a penitenciária é um lugar de arrependimento. Pelo menos na maioria dos países, as prisões foram feitas para oferecer aos culpados a possibilidade de uma reabilitação. Na sociedade humana, os piores criminosos recebem a pena de morte, supremo castigo humano, que tem muitos críticos. Contudo, Deus — que a Bíblia diz ser um Deus de amor — faz muito

---

[2] David Hume, **Essays on Suicide and Immortality of the Soul** (Whitefish, MT: Kessinger Publishing, 2004), p. 11.

pior do que isso. Para ele, a pena de morte não é suficiente; aparentemente, ele só está contente quando uma quantidade substancial de sua amada criação é lançada no inferno por toda a eternidade.

O filósofo Bertrand Russell afirma: "Eu não acredito que uma pessoa que seja profundamente humana possa crer no castigo eterno".[3] O inferno, afirmou o ateu Robert Ingersoll, "torna o homem uma vítima eterna; e Deus, um inimigo eterno".[4] Chamando o inferno de um caso clássico de "injustiça divina", David Lewis acusa Deus de pôr inúmeras tentações diante de nós e fazer que sua presença esteja longe de ser óbvia, e depois nos castigar por sucumbir a essas tentações e nos recusarmos a reconhecer sua existência, que está longe de ser evidente.[5] Martin Gardner foi um teísta que, por causa da doutrina cristã do inferno, recusou-se a se considerar um cristão. Ele dizia que o inferno é a "desgraça suprema do cristianismo". Gardner acrescenta: "Se Jesus realmente ensinou essa doutrina deplorável, essa é a razão mais forte para não acreditar que ele tenha sido Deus".[6] E Christopher Hitchens acusou Cristo não só de ensinar a respeito do inferno, mas de ter inventado essa ideia. Em seu discurso típico, Hitchens fazia críticas veementes ao Deus do Antigo Testamento, retratando-o como um ditador tribal. Em seguida, ele se voltava sarcasticamente para o "gentil Jesus, manso e meigo". Hitchens dizia que Cristo foi o maior vilão de todos os tempos. Embora o Deus do Antigo Testamento destrua as pessoas, a aniquilação é o pior que ele faz. Jesus, por outro lado, inventou e difundiu a ideia da danação eterna. Jesus proclama o inferno como a recompensa justa e adequada para todos os que não o adoram, inclusive dezenas de milhões de pessoas que nunca ouviram falar dele.

---

[3] Louis GREENSPAN e Stefan ANDERSSON (Ed.). **Russell on Religion** (London: Routledge, 1999), p. 86.
[4] Robert INGERSOLL, citado em Martin GARDNER, **The Whys of a Philosophical Scrivener** (New York: St. Martin's Press, 1999), p. 301.
[5] David LEWIS, Divine Evil. In: Louise ANTONY (Ed.). **Philosophers without Gods** (New York: Oxford University Press, 2007), p. 233, 241.
[6] GARDNER, **The Whys of a Philosophical Scrivener**, p. 301, 457.

Essas objeções ao inferno são tão lógicas e constrangedoras que até mesmo alguns cristãos concordam com elas. O teólogo John Hick diz que a própria ideia de inferno é "moralmente intolerável". Como se pode dizer que um Deus amoroso criou o inferno? Para Hick, não se pode dizer isso, portanto não existe inferno; todos acabam finalmente indo para o céu.[7] Uma posição semelhante acerca da salvação universal é adotada pela filósofa cristã Marilyn McCord Adams.[8] Mais recentemente, o pastor Rob Bell causou certa sensação — indo até parar na capa da *Time* — ao abraçar essa posição em seu livro *Love Wins* [O amor vence].

De uma forma um tanto desonesta, Bell dá a entender que a salvação universal tem sido uma posição cristã legítima ao longo dos séculos. Bell fala de uma "longa tradição", na qual "um incontável número de discípulos sérios [...], durante centenas de anos", proclamou a salvação universal.[9] Contudo, isso é absurdo; de fato, apenas uma pequena minoria de cristãos ensinou o universalismo a que as conjecturas de Bell tanto se assemelham. Ainda assim, é importante notar que algumas pessoas sentiram a necessidade de tomar uma posição tão claramente oposta ao que a Bíblia ensina reiteradamente. Isso mostra que até mesmo crentes comprometidos com a verdade acharam praticamente impossível afirmar simultaneamente a existência do inferno e a bondade divina. Outros cristãos, inclusive o pastor John Stott, rejeitaram a ideia de sofrimento eterno, em favor da aniquilação divina. Stott interpretou as passagens bíblicas sobre o inferno com o significado de destruição total e definitiva: os perversos são completamente destruídos, mas não sofrem para sempre.[10] Mais uma vez, vemos um esforço extremo no sentido de salvar a teodiceia do problema aparentemente insuperável do inferno. Embora acreditasse

---

[7] John Hick, **Death and Eternal Life** (Louisville, KY: Westminster John Knox Press, 1994), p. 456.
[8] Marilyn McCord Adams, The Problem of Hell. In: William Rowe (Ed.). **God and the Problem of Evil** (Oxford, UK: Blackwell Publishers, 2001), p. 283.
[9] Rob Bell, **Love Wins** (New York: HarperOne, 2011), p. 107,108.
[10] David Edwards e John Stott, **Essentials** (London: Hodder & Stoughton, 1988), p. 313-320.

na doutrina tradicional do inferno, até mesmo C. S. Lewis a rechaçou: "Não há doutrina alguma que eu removeria do cristianismo com maior prazer do que essa, se tivesse poder para isso".[11]

A recompensa celeste

Neste capítulo, pretendo mostrar que o inferno é realmente uma boa ideia e que é totalmente compatível com a bondade de Deus — de fato, a bondade de Deus exige sua existência. No entanto, eu queria primeiramente falar um pouco sobre o céu. É interessante que aqueles que se revoltam contra a "injustiça" do inferno não se revoltam contra a injustiça do céu, pois, se é errado penalizar certas pessoas (por mais perversas que sejam) com o castigo eterno, não seria também errado recompensar outras pessoas (por mais bondosas que sejam) com a alegria eterna? Será que as recompensas, tanto quanto os castigos, não deveriam ser proporcionais ao mérito? Os ateus parecem pensar que, por serem pessoas maravilhosas, merecem a felicidade perpétua, ao passo que o simples pensamento de que Deus possa designar-lhes outro lugar desperta-lhes um ódio inexprimível contra Deus. Vamos voltar, posteriormente, ao assunto dos justos desertos. Aqui, entretanto, apenas quero defender a ideia de que o céu é uma resposta eloquente à afirmação ateísta de que existem um mal e um sofrimento gratuitos no mundo. A resposta cristã é de que este não é o único mundo que existe, e que é bem possível que os males deste mundo sejam totalmente corrigidos no próximo. O céu, por essa razão, é uma poderosa vindicação da teodiceia cristã.

Todavia, espere aí! David Hume levanta uma objeção óbvia: Como podemos ter certeza de que existe um céu? David Hume afirma que é totalmente irracional tratar do problema do mal postulando um reino de felicidade eterna: "Construir uma hipótese com base em outra é construir castelos no ar", escreve ele. Para ele, invocar o céu é

---

[11] C. S. Lewis, **The Problem of Pain** (New York: Macmillan, 1940), p. 119. [**O problema do sofrimento**. Trad. Alípio Franca (São Paulo: Vida, 2006).]

introduzir "suposições arbitrárias" das quais não existe evidência clara alguma.[12] Ora, Hume poderia ter razão se os cristãos tivessem acrescentado a doutrina do céu ao seu esquema teológico no século IV, ou mesmo na era moderna, para responder à questão da existência do mal. Isso teria feito que o céu parecesse um conceito altamente duvidoso, um "jeitinho" teológico. Contudo, de fato, o céu é uma doutrina presente desde o início; ele sempre fez parte do esquema doutrinário cristão. Portanto, quem está sendo irracional aqui é Hume. Se essa parece uma questão meramente semântica, vamos recordar o problema geral que nos propusemos a resolver neste livro: a afirmação ateísta de que existe uma contradição entre a bondade divina e o mal e o sofrimento que experimentamos na terra. Os cristãos têm apenas de mostrar que, quando levamos em conta todas as características que compõem o retrato de Deus, não há contradição. Os cristãos não têm de provar que o céu existe, assim como não têm de provar que Deus existe. O que os ateus estão dizendo é: Dado aquilo em que vocês, cristãos, acreditam, podemos mostrar que vocês são contraditórios. Os cristãos precisam retrucar: Dado aquilo em que nós cremos, não existe, realmente, contradição alguma. Portanto, tudo que os cristãos têm de mostrar é que não existe necessariamente nenhuma incoerência entre sua teologia e a prevalência do mal e do sofrimento no mundo. É inteiramente legítimo introduzir o céu como solução do problema neste contexto.

Uma vez reabilitado para ser usado na solução do problema da teodiceia, como o céu o resolve? Pense só: Existe uma grande quantidade de mal e sofrimento neste mundo. A maior parte dele parece injustificada e sem propósito ou compensação. No entanto, se existe uma vida após a morte, então é bem plausível que tudo isso seja corrigido e vindicado nessa esfera. Certamente, se a vida que temos aqui é apenas um segundo na vastidão da eternidade, parece muita estreiteza de raciocínio reclamar das dificuldades que enfrentamos aqui, já

---

[12] David HUME, **Dialogues Concerning Natural Religion** (New York: Penguin Books, 1990), p. 110.

que elas acabaram sendo muito breves em comparação com a eternidade. O céu introduz uma nova perspectiva, *sub specie aeternitates*. Por mais real e dolorosa que seja a vida aqui, o mal e o sofrimento na terra parecem insignificantes e efêmeros quando vistos do ponto de vista da eternidade. Mais que isso, o céu proporciona uma recompensa cósmica. Pense numa criança cuja vida é tragicamente abreviada por causa do câncer ou em um homem justo que permanece sozinho, abandonado e sem nada, jogado na prisão. Se não houvesse céu — se a justiça terrena fosse a única existente —, então teríamos de concluir que o mundo é, como dizemos muitas vezes, basicamente injusto. Até mesmo a recompensa de Jó, a restauração de sua fortuna e uma nova família, não é algo realmente satisfatório; ele continuou sem sua família original e não podia tê-la de volta. Todos nós sabemos que existem males que não são corrigidos e sofrimentos imerecidos neste mundo, e, se Deus não trata desse assunto, essa é uma poderosa acusação contra sua bondade e justiça.

No entanto, o céu prova a bondade e a justiça de Deus porque ele é o lugar onde as vítimas alcançam situação privilegiada, onde os justos e santos desfrutam de felicidade eterna. O texto de Apocalipse 21.1-4 promete "um novo céu e uma nova terra" e, segundo a visão de João, "o mar já não existia". O teólogo N. T. Wright fica intrigado com esse detalhe. Por que, pergunta ele, a nova criação tem de acabar com o oceano tão lindo? Nós amamos o mar, comenta ele, porque "podemos observar seu enorme poder e inesgotável energia, de uma distância segura". Mas, na verdade, o mar é muito perigoso; ele é a fonte dos maremotos e naufrágios. A nova criação não terá o mar, na opinião de Wright, por que não haverá mais sofrimento natural. O céu será um lugar onde, segundo promete a Bíblia, Deus "enxugará dos seus olhos toda lágrima. Não haverá mais morte, nem tristeza, nem choro, nem dor, pois a antiga ordem já passou".[13]

---

[13] N. T. WRIGHT, **Evil and the Justice of God** (Downers Grove, IL: Intervarsity Press, 2006), p. 14-15.

Ora, isso é algo que desperta em nós uma grande expectativa, e a esperança do céu certamente é relevante para o nosso problema da teodiceia. E se todas as criaturas que sofrem injustiças e aflições na terra receberem a devida compensação na forma de felicidade eterna? E se Jó, além da recuperação de sua fortuna terrena, estiver eternamente ao lado do Deus a quem buscou durante toda a vida? Nenhuma pessoa razoável pode dizer que a alegria eterna não compensa tudo o que sofremos. O sofrimento finito é um preço baixo a se pagar pela felicidade infinita.

Na parábola bíblica de Lázaro e o homem rico, este desfruta as alegrias terrenas. Lázaro, um homem pobre, não tem nenhuma delas. Contudo, os papéis se invertem na eternidade após a morte. Lázaro está no céu, enquanto o rico está no outro lugar: "[...] Agora, porém, ele está sendo consolado aqui e você está em sofrimento".[14] Esse é o sentido da famosa frase bíblica: os últimos serão os primeiros. O céu é o lugar da justiça cósmica. É ali que os fiéis servos do Senhor que foram os últimos recebem o devido prêmio e recompensa. Além disso, a Bíblia diz que Deus irá criar uma nova terra sem as deficiências da antiga. Paulo escreve, em Romanos 8.22: "Sabemos que toda a natureza criada geme até agora, como em dores de parto". Portanto, a própria criação tem de ser remida e transformada.

Então, como será o céu? Deixando de lado as pinturas medievais com harpas e querubins, algumas das quais não parecem muito atraentes nos dias de hoje, ninguém sabe realmente a resposta a essa pergunta. No que se refere ao céu, até mesmo a Bíblia é extremamente reticente com relação aos detalhes. Alguns cristãos, inclusive John Wesley, imaginam que até os animais terão uma nova vida nessa nova terra. Outros acreditam que a nova terra está reservada para a espécie favorecida por Deus: o ser humano. Agostinho afirma que o paraíso celeste é ainda melhor que o paraíso terrestre onde Adão e Eva foram colocados inicialmente, e, portanto, os efeitos da Queda serão revertidos. O que a doutrina bíblica ensina é que, enquanto aqui a dor e o

---

[14] Lucas 16.25.

sofrimento são inseparáveis de nossa existência, segundo as leis deste mundo, nos novos céus e nova terra, estaremos de volta à presença imediata de Deus, e lá até mesmo o nosso corpo terá sofrido uma transformação ainda inimaginável.

Mas e o inferno? Ao contrário do que dizem os ateístas, Jesus Cristo não inventou o conceito de inferno. Os últimos livros do Antigo Testamento falam do inferno, de modo que sabemos que a ideia de inferno era aceita no judaísmo antes de Cristo. Todavia, é verdade que ele fala bastante sobre o inferno; com certeza, mais do que qualquer outra pessoa na Bíblia. O inferno é mencionado cerca de uma dúzia de vezes nas Escrituras, cinco das quais no Sermão do Monte, pregado por Jesus. Portanto, será que é possível conciliar o inferno com a crença de que Cristo era amoroso e compassivo? Será que o inferno é compatível com o amor de Deus? Imediatamente, temos de reconhecer que Deus, tanto na pessoa do Pai como na pessoa do Filho, é de fato amoroso e compassivo, mas que esses não são seus únicos atributos. Se Cristo fosse somente compassivo, e se Deus Pai fosse apenas amor, então os ateus teriam razão. Não há como um Cristo apenas compassivo e um Deus apenas amoroso falarem e agirem assim.

No entanto, Deus não é apenas amor; ele é também santidade, verdade e justiça. E o mesmo vale para Cristo, que, afinal de contas, é o Filho de Deus e compartilha dos atributos divinos. Consequentemente, descobrimos uma falha importante no argumento ateísta. Os ateístas apontam uma incompatibilidade entre o sofrimento eterno e a bondade e o amor de Deus, mas eles estão supondo que esses são os únicos atributos divinos. Quando adotamos os pressupostos cristãos, quando reconhecemos que Deus é também santidade, verdade e justiça, a incompatibilidade se torna menos óbvia. Além do mais, os cristãos creem que os atributos divinos são inseparáveis; Deus não pode deixar de ser justo, assim como não pode deixar de ser benevolente ou todo-poderoso. Desse modo, o Deus amoroso pode não dar a salvação a algumas pessoas porque ela seria incompatível com a verdade ou com sua santidade ou com sua justiça. Isso não provaria que Deus não é amoroso, mas apenas que seu amor está circunscrito por seus outros atributos divinos, que também têm de ser satisfeitos.

Por que Jesus teve de sofrer

Com Jesus, porém, temos uma dificuldade específica. Os escritores cristãos que se ocupam da teodiceia geralmente "resolvem" o problema do mal e do sofrimento dizendo que o próprio Cristo sofreu conosco e por nós. Cristo tomou sobre si os males do mundo e, por meio de seu sofrimento, nos remiu. Em seu livro *Defending God* [Defendendo Deus], James Crenshaw escreve: "O Deus bíblico [...] conhece pessoalmente o sofrimento da humanidade, por experiência. Deus sofre".[15] O teólogo John Haught escreve que "a agonia dos seres vivos não é enfrentada em isolamento da eternidade divina". Ele sugere que reflitamos na "imagem de um Deus encarnado que sofre junto com a criação". Esse sofrimento conjunto, diz ele, leva à "notável percepção religiosa de que a influência divina se manifesta caracteristicamente em maneiras que não correspondem às concepções convencionais de poder".[16] Os mesmos temas podem ser encontrados no livro de Jürgen Moltmann, *The Crucified God* [O Deus crucificado], em que o autor afirma que podemos ser consolados em nosso sofrimento se nos conscientizarmos de que o próprio Jesus sofreu "nas mãos de Deus".[17]

Entretanto, eu não considero essas ideias muito confortadoras. Se Jesus sofreu nas mãos de Deus, e o Pai se dispôs a impor a pena de morte sobre seu próprio Filho inocente, que esperança temos nós de escapar da ira divina? Além disso, de que modo o fato de sabermos que Jesus sofre conosco nos ajuda a enfrentar nossas próprias aflições? Que efeito paliativo essa noção pode ter sobre o

---

[15] James Crenshaw, **Defending God** (New York: Oxford University Press, 2005), p. 16.
[16] John Haught, **God After Darwin** (Boulder, CO: Westview Press, 2008), p. 54.
[17] Jürgen Moltmann, **The Crucified God** (New York: Harper&Row, 1974), p. 274.

nosso sofrimento? Imagine que eu sentisse uma dor no peito e procurasse um médico que tivesse o conhecimento e os remédios para me livrar dessa dor. Contudo, ele me diz que não vai aliviar minha dor, mas quer que eu saiba que sente uma dor ainda maior no peito *dele*. Talvez ele até se disponha a causar dor em si mesmo, ou a suportá-la em meu benefício. Ele não vai acabar com o meu sofrimento, mas vai sofrer comigo. Minha atitude seria: "Obrigado por nada, doutor. O que o senhor está fazendo pode ser uma coisa bem-intencionada, mas não ajuda em nada a minha situação".

Nós precisamos de uma explicação sobre o que o sofrimento de Cristo faz por nós. Como, exatamente, Cristo toma as dores e os males do mundo? Que redenção ele oferece? E por que ele não a oferece a todo mundo? Será que é realmente verdade que os não cristãos vão automaticamente para o inferno, e que alguns são selecionados por Deus para a redenção, enquanto outros estão destinados à perdição? Essas são as perguntas de que nos ocuparemos no restante deste capítulo.

Vamos começar examinando atentamente a narrativa do que aconteceu com Cristo durante sua paixão e morte. Em primeiro lugar, notamos que ele não queria morrer. A Paixão, para ele, é uma provação dolorosa. Nesse aspecto, Cristo é muito diferente de Sócrates, que, ao que parece, foi alegremente e por vontade própria para a morte. O filme *A paixão de Cristo* retrata o sofrimento de Cristo de uma forma lúgubre. Há uma grande ênfase nos açoites e no derramamento de sangue. Ora, a crucificação certamente foi extremamente dolorosa e, com certeza, envolveu algum derramamento de sangue. Estranhamente, porém, a Bíblia fala muito pouco sobre o sofrimento físico de Cristo. E, se o sacrifício de Cristo fosse medido simplesmente em termos da dor física, teríamos de admitir que muitos seres humanos sofreram mais do que ele; alguns dos próprios discípulos de Cristo foram submetidos a torturas físicas que ele mesmo jamais suportou. Creio que a paixão de Cristo deve ser entendida de outra maneira.

Mais do que a dor física, a Paixão envolveu a humilhação de Deus: ele teve de assumir atributos humanos limitados. Cristo fez isso para que pudesse experimentar o mundo plenamente, com seus prazeres e horrores, da perspectiva humana limitada. Embora, do nosso ponto de vista, esse seja um projeto glorioso, a perspectiva de Deus deve ser bem diferente. Segundo o ponto de vista divino, isso seria como pedir a um ser humano que se tornasse uma centopeia; talvez nos dispuséssemos a isso, mas a transformação envolveria um rebaixamento de nossa dignidade. Além disso, o sofrimento de Cristo envolve a alienação de Deus. Sua encarnação se dá em um mundo decaído, e sua vida termina com a terrível sensação da ausência de Deus. Cristo sente, de forma pungente, essa alienação; ele exclama, ecoando de Salmos 22.1: "Meu Deus! Meu Deus! Por que me abandonaste?."[18] Para os cristãos, é difícil não perceber a importância disso. O próprio Cristo, em meio ao sofrimento, parece estar fazendo a pergunta central da teodiceia. Cristo, que é divino, está radicalmente separado de Deus. O Filho radicalmente separado do Pai. Muito provavelmente, essa separação é sofrida tanto por Deus Pai quanto por Cristo, o Filho. Este sofre a paixão e a crucificação; e o Pai sofre a morte e perda de seu Filho. Entretanto, embora Cristo sofra a agonia de ser abandonado por Deus e embora implore ao Pai que o poupe daquela agonia, sua oração a Deus termina com submissão. O que Cristo diz a Deus é: Eu gostaria que as coisas fossem diferentes, mas me submeto a ti e concordo em fazer as coisas do teu jeito.

Isso é exatamente o contrário do que Adão e Eva disseram a Deus no jardim do Éden. Eles pecaram porque desobedeceram à ordem de Deus, porque decidiram agir do jeito deles, embora vivessem em um estado de extrema felicidade e sem sofrimento. Cristo reverte o efeito do pecado humano ao concordar em fazer a vontade de Deus, embora precise fazê-lo em extrema aflição, mergulhado em todo o sofrimento intrínseco do mundo decaído. É por isso que Cristo é chamado de "o

---

[18] Mateus 27.46; Marcos 15.34.

novo Adão". Paulo escreve em Romanos 5.18: "Consequentemente, assim como uma só transgressão resultou na condenação de todos os homens, assim também um só ato de justiça resultou na justificação que traz vida a todos os homens". Esse ato nos leva para uma condição superior ao nosso estado original de felicidade e nos conduz a uma alegria celestial além da nossa imaginação, dando-nos muito mais do que aquilo que perdemos.

Uma *bendita queda*?

No cristianismo, a Queda é um evento trágico. Entretanto, ao longo dos séculos, muitos cristãos têm usado a expressão "bendita queda". *O felix culpa!* Qual é o significado disso? Como pode ser "bendito" o fato de os seres humanos terem se revoltado contra Deus e decidido seguir seu próprio caminho? Um amigo meu, o filósofo Benjamin Wiker, tem verdadeira aversão a essa expressão, e sempre diz: "Ó, horrenda queda". Wiker cita, corretamente, as consequências da rebelião e da desobediência humanas: a expulsão do Éden e a alienação entre o homem e Deus. Wiker não consegue lidar com o fato de que a redenção humana exigiu nada mais, nada menos, que o assassinato de Deus; em outras palavras, um preço extremamente alto.

Contudo, precisamos levar em conta os ganhos. Se a humanidade não tivesse pecado, então Jesus não teria descido à terra. Com certeza, isso tem algum efeito sobre como vemos o pecado original. Em um importante ensaio, o filósofo Alvin Plantinga nos pede para imaginar dois mundos possíveis. Em um deles, existem criaturas livres que não pecam, que fazem o que é certo, que seguem a vontade de Deus. No outro, Deus cria as mesmas criaturas, mas elas pecam, rejeitam a vontade de Deus e fazem sua própria vontade. Deus, em sua graça, envia um Salvador que toma sobre si os pecados daquele segundo mundo, de modo que as criaturas que se desviaram são reconciliadas com Deus. Então, Plantinga pergunta: Qual é o melhor dentre esses dois mundos? Ele responde: É o segundo. Por quê?

Plantinga chama a atenção para "o benefício incomensurável da encarnação divina e da expiação".[19] Como mencionei anteriormente, sem o pecado original, não teríamos Cristo. Todavia, podemos acrescentar alguma coisa ao argumento de Plantinga. Farei isso recorrendo a um ponto que J. Gresham Machen defende em seu livro *God Transcendent* [Deus transcendente].[20] No primeiro mundo, existe sempre a possibilidade de uma queda. As criaturas que vivem nele podem ainda não ter pecado, mas no futuro podem vir a pecar. E, então, elas estariam alienadas de Deus. Kant escreve: "A inocência é, de fato, gloriosa. Contudo, é muito triste que ela não consiga se manter e que seja facilmente seduzida".[21] No segundo mundo, as criaturas não são mais inocentes. Elas pecaram e continuam a pecar, e estão sujeitas à penalidade desse pecado. Cristo, no entanto, pagou integralmente a penalidade devida não só pelos pecados que o precederam, mas também pelos que serão cometidos depois dele. Portanto, os habitantes do segundo mundo estão em uma condição incomparavelmente melhor porque todos os seus erros já foram consertados.

Podemos extrair duas importantes lições. Primeiramente, vemos a providência divina operando, tanto no nível mais alto quanto no mais baixo. O nível mais baixo é o princípio antrópico, o Universo com sintonia fina. Ele mostra que Deus projetou o único tipo de Universo que permitiria a existência de seres humanos conscientes e livres. Todavia, quando os seres humanos rejeitaram Deus e passaram a causar sofrimento e aflição uns aos outros, Deus enviou seu Filho ao mundo para resolver esse problema. Portanto, o nível mais baixo da providência, o Universo com sintonia fina, é integrado à providência superior da encarnação de Cristo. Temos aqui uma ideia preciosa a respeito de como funciona a mente de Deus.

---

[19] Alvin PLANTINGA, Supralapsarianism, or "O Felix Culpa". In: Peter VAN INWAGEN (Ed.), **Christian Faith and the Problem of Evil** (Grand Rapids, MI: William Eerdmans Publishing, 2004), p. 25.

[20] J. Gresham MACHEN, **God Transcendent** (Carlisle, PA: Banner of Truth Trust, 1982), p. 188.

[21] Immanuel KANT, **Basic Writings of Kant** (New York: Modern Library, 2001), p. 163.

Em segundo lugar, vemos também na encarnação divina a capacidade que Deus tem de extrair do mal algum tipo de bem. Agostinho resume esse ponto de uma forma elegante: "Deus julgou melhor extrair o bem do mal do que não permitir a existência do último".[22] É importante reconhecer que Deus não gerou o mal para que pudesse produzir o bem. Isso seria o mesmo que dizer que Deus nos feriu para poder nos dar o curativo. Não; o homem provocou o ferimento quando rejeitou Deus de forma desastrosa e insensata, mas Deus encontrou um modo de transformar esse mal em bem — entrando no mundo pecaminoso, um mundo em que há espinhos no jardim, que foram usados por Deus como coroa.

A história do pecado original e da expiação é uma extraordinária vindicação da teodiceia cristã. Ela mostra que embora uma análise parcial pareça indicar defeitos evidentes, ao examinarmos o plano todo, vemos que os defeitos não existem. De fato, o plano integral demonstra ser melhor que um possível plano alternativo que não tivesse esses supostos defeitos. Repito que nós não temos que provar nada disso para a satisfação dos ateístas. Não estamos tentando mostrar que a visão cristã é irrefutável; estamos tentando mostrar que ela é coerente, ou seja, que não há contradição entre a perfeição de Deus e o mal e o sofrimento que existem no mundo.

Então, o que temos de *fazer* para ser salvos dos nossos pecados? A resposta cristã é: nada, porque Cristo já fez tudo; ele realizou a expiação em nosso lugar. Mas por que ele, não nós? Porque nós jamais poderíamos pagar o preço. Nós temos uma dívida, mas nossas contas estão zeradas. Raciocine comigo: Como você expiaria seus pecados? Você não pode responder: "De agora em diante, vou seguir o plano de Deus em vez do meu". Mesmo que fizesse isso, não seria uma expiação, pois não estaria fazendo nada além de sua obrigação. Portanto, os cristãos acreditam que Deus teve de pagar pessoalmente a dívida dos homens, porque sua santidade e justiça

---

[22] Agostinho, **Enchiridion on Faith, Hope, and Love** (Washington, DC: Regnery Publishing, 1961), p. 33.

exigiam isso e porque nós não tínhamos condições de pagar nossa dívida. A salvação é disponibilizada para nós — para toda a humanidade — como um presente.

Tudo que temos de fazer é receber esse presente. Observe que aqui, assim como foi no jardim do Éden, o que Deus pede do homem é algo embaraçosamente fácil. No jardim do Éden, o ser humano podia comer de todas as árvores, mas Deus disse: "Só não comam daquela ali". No caso da salvação, recebemos o presente da vida eterna somente se estivermos dispostos a aceitá-lo. E nós só vamos aceitar e apreciar esse presente se reconhecermos que precisamos dele. Em outras palavras, é preciso um coração sincero e arrependido para que possamos receber o presente. Arrependimento significa que estamos tristes por causa dos nossos pecados: nós lamentamos ter escolhido fazer a nossa vontade em vez da vontade de Deus. Arrependimento não significa que não vamos mais pecar. Nós podemos continuar a escolher nosso próprio caminho (e, de fato, muitas vezes fazemos isso), mas o arrependimento mostra que sabemos qual é o caminho melhor. Nós queremos seguir o plano de Deus, mesmo que, ocasionalmente, acabemos escorregando e seguindo o nosso próprio plano.

Aqui está a grande redefinição cristã do que significa ser bom. Ser bom não significa fazer boas ações e rejeitar as más. Isso é bom, mas não é suficiente. Reconhecer a nossa natureza pecaminosa — o nosso afastamento dos caminhos de Deus — é o mais importante. Esse é o único ato que pode curar o pecado original do qual todas as nossas outras falhas procedem. Nesse aspecto, somos como Sócrates, para quem a sabedoria consistia principalmente em reconhecer que sabemos muito pouco. Para os cristãos, a bondade consiste em saber quanto somos maus e como conhecemos pouco sobre as nossas verdadeiras intenções e ações, tanto as boas como as más. E o arrependimento não é algo que fazemos; ele é uma condição interior, uma atitude. Arrependimento é mais uma questão de ser do que de fazer.

Contudo, assim como todas as outras coisas que fazemos, o arrependimento tem de ser fruto de uma escolha nossa. E sabemos por experiência que existem algumas pessoas que não escolhem o arrependimento. Para elas, não faz diferença se o presente é gratuito ou não. Elas não o querem e, de fato, o recusam. São esses os que vão para o inferno. Eles vão para o inferno não porque são pecadores, mas porque são pecadores que não se arrependeram — uma diferença crucial. Esses indivíduos são pecadores a quem foi oferecido um escape, mas eles o rejeitaram. A porta está aberta, mas eles insistem em permanecer dentro de suas celas.

Por que eles não saem? Pela mesma razão que levou Adão e Eva a pecarem. Eles não saem porque continuam convencidos de que seu modo de vida é melhor que o proposto por Deus. Eles querem continuar no rumo traçado por eles mesmos em vez de trilharem o caminho de Deus. Eles prefeririam que o mundo fosse do jeito deles, operando segundo seu próprio plano, ainda que esse plano os leve para a destruição. Eles não querem saber se o plano de Deus lhes oferece alívio do sofrimento e das dificuldades. Não se importam com isso. Nas palavras de um dos demônios de Milton, essas pessoas dizem: "Ao fácil jugo de servil grandeza, prefiramos custosa liberdade".[23] Do ponto de vista de Deus, eles continuam a ser orgulhosos, ingratos e recalcitrantes; do seu próprio ponto de vista, eles são pioneiros da razão, da autossuficiência e da aventura. Desse modo, Deus, que respeita a liberdade de suas criaturas, permite que eles façam o que querem. E, na eternidade, existe um nome para essa condição de separação total de Deus: inferno.

Deus não está lançando ninguém no inferno; nós escolhemos o inferno quando rejeitamos Deus. Ele é bondade, verdade e beleza. Quando o rejeitamos, estamos rejeitando todas essas coisas boas; e o que temos no inferno é feiura, horror e depravação. Não que tenhamos realmente desejado isso, mas porque é isso que sobra quando

---

[23] John Milton, **Paradise Lost** (New York: W. W Norton, 1975), p. 35. [*Paraíso perdido, Canto II.*]

Deus está ausente. Aqui na terra, temos uma mistura de bem e mal, prazer e dor. Isso ocorre porque a terra é um reino médio, suspenso entre o céu e o inferno. A terra, na narrativa do pecado original, está em um estado de rebelião contra Deus, mas ainda traz em si a marca da boa criação de Deus. No entanto, como seria a terra se retirássemos dela toda a influência de Deus, quer dizer, se subtraíssemos toda beleza, bondade e felicidade. Bem, teríamos o inferno na terra. E assim, por meio dessa subtração mental, obtemos um retrato bastante aproximado do verdadeiro inferno.

É isso que o autor do Apocalipse está querendo sugerir ao usar as imagens fantasmagóricas do fogo para descrever a condição dos que vivem longe de Deus. Ao longo dos séculos, os cristãos têm debatido se as chamas do inferno são literais. Eu creio, seguindo Calvino e outros teólogos, que essa discussão foge do foco principal dessas passagens da Escritura, que é a necessidade de levar o inferno a sério. A Bíblia nos adverte em termos severos de que o inferno não é um lugar onde gostaríamos de estar. E esse alerta sombrio não está ali apenas para nos assustar. Ele foi escrito para a nossa proteção.

Embora Deus não queira que ninguém vá para o inferno, haja vista o mundo que ele quis criar, realmente ele não tem alternativa nesse caso. Não só por ser santo e bom, e não poder suportar o pecado sem arrependimento, mas também porque, para salvar as pessoas do inferno, ele teve de dar a si mesmo como um dom aos seres humanos: "Pois vocês são salvos pela graça, por meio da fé, e isto não vem de vocês, é dom de Deus".[24] Observe que a Bíblia não diz que a salvação é o dom *que vem de* Deus, mas sim o dom *de* Deus. O próprio Deus é o dom. Contudo, Deus não quer forçar ninguém a receber esse dom. Tendo nos criado livres, ele respeita nossa liberdade de rejeitá-lo, se assim preferirmos. Obviamente, nós já o rejeitamos — esse é o significado do pecado original. Assim sendo, Deus nos dá um meio de voltar para ele, por intermédio de Cristo. Todavia, nós

---

[24] Efésios 2.8.

também podemos rejeitar essa solução, dando uma segunda bofetada na face de Deus. Rejeitar Deus e Jesus Cristo é rejeitar o céu. O mais notável é que não precisamos tomar nenhuma grande decisão para rejeitar Deus. Enquanto o arrependimento exprime um desejo de voltar para Deus, a estrada para o inferno não precisa ser escolhida; ela é simplesmente o caminho em que já estamos, o caminho que nós mesmos construímos.

Destinados à perdição?

A decisão de ir para o inferno é livre e pessoal. Por essa razão, não consigo aceitar uma forma extrema de calvinismo que diz que nós não temos escolha quanto a isso. Segundo essa interpretação, a nossa salvação ou condenação está predefinida: Deus decidiu, antes da Criação, quem vai para o céu e quem vai para o inferno. Sim, é verdade que nós agimos, mas a nossa ação é determinada pela decisão original de Deus de dar ou reter a sua graça. Portanto, em última análise, Deus salva ou condena quem quer. Esse ponto de vista calvinista está fundamentado em algumas passagens da Bíblia, além de ser derivado de uma interpretação radical da onipotência divina. Em outras palavras, se Deus está no completo controle de tudo, ele também tem de estar no controle de quem vai e quem não vai para o céu.

Pois bem, os seguidores desse ramo calvinista se apressam em defender a justiça de Deus. Eles argumentam que os seres humanos merecem a condenação por causa do pecado. Portanto, não é injusto que ele os deixe sofrer a consequência do pecado, mas, por misericórdia, decida salvar alguns, arbitrariamente. É Deus quem dá a graça, e ele tem todo o direito de dá-la a quem escolher. Nas palavras de John Feinberg: "Deus não tem obrigação de dar a graça a ninguém".[25]

Contudo, eu considero a ideia de que Deus dá a graça a alguns e não a dá a outros indigna de Deus. Não que a ideia seja injusta, mas certamente lhe falta benevolência. Seria fácil temer um Deus assim,

---

[25] John FEINBERG, **The Many Faces of Evil** (Wheaton, IL: Crossway Books, 2004), p. 439.

mas não seria fácil amá-lo. Além disso, a consequência dessa perspectiva é que Jesus não morreu por toda a humanidade, mas somente por aqueles que foram previamente selecionados para a salvação. Para mim, isso é profundamente chocante, e não me parece possível construir teodiceia alguma que se baseie nessa linha tão rígida de predestinação divina. É interessante que as pessoas que adotam esse ponto de vista sempre se colocam na lista dos eleitos; nenhum deles jamais se coloca entre aqueles que Deus marcou para o inferno.

Além disso, essa visão inflexível da salvação também parece estar baseada em uma leitura altamente seletiva da Bíblia, uma leitura que deixa de lado o significado óbvio de numerosas passagens que afirmam que a expiação de Cristo e sua graça salvífica são para todas as pessoas. Em 1Pedro 1.17, lemos: "[...] invocais como Pai aquele que, sem acepção de pessoas, julga segundo as obras de cada um [...]" [*Almeida revista e atualizada*]. A passagem de Romanos 5.18 fala da salvação oferecida "a todos". O trecho de 1Timóteo 2.3,4 diz: "Deus [...] deseja que todos os homens sejam salvos e cheguem ao conhecimento da verdade". E a mais famosa passagem da Bíblia, João 3.16, diz: "Porque Deus tanto amou o mundo que deu o seu Filho Unigênito, para que *todo* o que nele crer não pereça, mas tenha a vida eterna" (grifo nosso).

Os teólogos debatem acaloradamente o sentido desses textos, mas eu acredito que seu sentido simples e claro parece indicar que Deus está convidando todos a crerem nele. Se vamos escolher crer ou não, é outra questão. Contudo, não há indicação aqui de que Deus tenha negado a alguns a oportunidade de aceitar o presente. Pelo contrário, o ponto central parece ser o de que Deus deu a graça a todos os seres humanos, quer dizer, a capacidade de decidir por uma coisa ou outra.

Paulo escreve, em Romanos 2.15, que até mesmo os pagãos — aqueles que não ouviram falar do Deus cristão — não têm desculpa para dar as costas a Deus, porque a lei de Deus está implantada em todos os corações humanos. De Paulo vem a ideia de que até mesmo os pagãos têm a marca do divino, por meio da lei moral. Então, quer dizer que os hindus e os confucionistas, que nunca ouviram falar de Cristo, vão automaticamente para o inferno porque não se tornam cristãos? A resposta honesta para essa pergunta é que só Deus sabe — mas nós podemos deixar tranquilamente esse assunto nas mãos da justiça e da misericórdia divinas. Deixemos que ele decida se as pessoas a quem foi oferecido um presente, mas que não sabem disso, devem ou não receber os benefícios dele decorrentes.

Nesse ponto, concordo com o que C. S. Lewis diz em seu livro *Cristianismo puro e simples*: "Sabemos que nenhum homem pode ser salvo, exceto por meio de Cristo; mas não sabemos se somente aqueles que o conhecem podem ser salvos por meio dele".[26] Dante expressa um ponto de vista semelhante em *A divina comédia*. Ele descreve como, ao alcançar as esferas superiores do céu, passamos a ter uma perspectiva da salvação inteiramente diferente da que tínhamos na terra. Deus não aplica os mesmos critérios que nós aplicamos. Sua justiça perfeita e transcendente não pode ser reduzida a fórmulas humanas. Dante não está dizendo se os pagãos podem ou não ir para o céu; ele diz apenas que o nosso conhecimento a respeito desse assunto é muito imperfeito. Para os cristãos, assim como para qualquer outra pessoa, é melhor admitir a ignorância e cuidar de sua própria condição espiritual, respondendo ao que está claro na Escritura, do que fingir uma onisciência a respeito de mistérios que Deus ocultou de nós.

O céu é uma grande expressão da generosidade de Deus para conosco, e ele fez que o céu fosse um lugar fácil de atingir: precisamos apenas pôr nossa fé em Deus. O inferno também é um tributo à generosidade de Deus. Por quê? Porque atesta o compromisso de Deus com a liberdade humana: nós temos a oportunidade de ir para lá, se preferirmos. Até o final, Deus nos permite fazer a nossa vontade em vez de a vontade dele. É claro que temos de ir para lá sem ele, já que, se Deus nos acompanhasse até o inferno, este já não seria o inferno. Além disso,

---

[26] C. S. Lewis, **Mere Christianity** (San Francisco: Harper San Francisco, 2001), p. 64. [**Cristianismo puro e simples**. Trad. Álvaro Oppermann e Marcelo Brandão Cipolla (São Paulo: WMF Martins Fontes, 2009).]

como a felicidade e a virtude são atributos de Deus, e sem ele não há felicidade nem virtude, o inferno é um lugar onde o mal e o sofrimento são extremos. No entanto, podemos evitar todo esse tormento e desfrutar de todas as bênçãos de Deus no céu, por meio de um ato de livre escolha da nossa vontade. Por intermédio do sacrifício de Jesus, Deus nos preparou o caminho; a decisão de receber esse dom inestimável que nos foi oferecido cabe inteiramente a nós.

PARTE 6
Conclusão

CAPÍTULO 13

Não fomos abandonados

Nossa libertação do mal

"[...] Neste mundo vocês terão aflições; contudo, tenham ânimo! Eu venci o mundo."
Jesus Cristo, João 16.33.

Este livro tem três objetivos. Em primeiro lugar, dar uma resposta ao argumento ateísta de que o mal e o sofrimento no mundo contradizem a ideia de que Deus é onipotente e bom. Em segundo lugar, convencer tanto os crentes como os incrédulos de que existe uma razão e um propósito para a existência do mal e do sofrimento, e que até mesmo essas coisas ruins têm razão de ser na grande providência de Deus. Em terceiro lugar, falar especificamente aos cristãos que estão passando por aflições. Refletir sobre esse assunto, como fizemos aqui, não faz que o sofrimento desapareça — meu objetivo é explicar o sofrimento, não eliminá-lo —, mas espero ajudar a lidar melhor com ele. Isso é possível, se entendermos por que passamos por aflições e o que podemos fazer para torná-las mais suportáveis. Esse desafio é mais difícil quando se trata de ajudar as pessoas que passam por uma experiência de sofrimento aterrador, como é o caso das vítimas de estupro, dos sobreviventes de um massacre ou do Holocausto, do pai ou da mãe de uma criança sequestrada ou torturada. O que podemos dizer para consolar essas pessoas, ao final desta nossa meditação?

Vou começar com a resposta ao ateu. Se você é ateu, este livro propicia algo que provavelmente você não queria encontrar: uma refutação. Muitos ateus acham que há uma contradição básica entre a existência de um Deus onipotente e benevolente e o que vemos acontecer no mundo — um *design* que inclui uma quantidade tão grande de mal e sofrimento. Para eliminar essa contradição, o cristão tem de mostrar que existe uma possível explicação para o fato de Deus ter projetado o mundo dessa maneira. Podemos conseguir isso por meio da razão. O princípio antrópico — o princípio do Universo com sintonia fina — nos dá essa possível explicação. De fato, por meio dele, temos muito mais. O princípio antrópico oferece uma explicação que não só é possível, mas também plausível e convincente. Baseados na compreensão mais profunda que a ciência moderna nos proporciona hoje, podemos dizer que Deus projetou o mundo dessa maneira porque era o único meio de obter o que ele desejava criar.

Vamos rever rapidamente as implicações dessa ideia. O Universo é bem afinado, como um instrumento musical. O violino, por exemplo, tem de ser construído de determinada maneira e afinado da maneira certa para produzir um tipo exato de som. Da mesma forma, o Universo precisa ter as leis e características particulares que possui para poder produzir um tipo particular de observador livre e inteligente, uma criatura cuja liberdade e capacidade de raciocínio acarretam escolhas morais. Dado esse fato, tudo o que o Universo contém — as galáxias mais distantes, os cometas flamejantes, os terremotos e *tsunamis*, a ação predatória e as doenças, os santos e os pecadores, Madre Teresa e Hitler, e tudo o mais — faz parte da infraestrutura necessária para produzir criaturas como nós.

Com certeza, podemos reclamar dessa ou daquela característica do Universo, da mesma maneira que podemos nos queixar de que um violino bem construído seja muito pesado ou difícil de manusear ou que tenha cordas demais. Todavia, nossa objeção não conta muito, se quisermos ter um violino que produza o tipo certo de som. De modo similar, não faz sentido protestar contra a ordem da natureza se é exatamente essa ordem que gera a nossa própria existência. Não estou simplesmente falando da existência em si, mas sim de certo tipo de existência cujo resultado é sermos um tipo de criatura que tem a capacidade de fazer escolhas morais, a capacidade de sofrer como um ser livre e inteligente que pode refletir profundamente sobre o sofrimento e até protestar contra ele. Se Deus levasse em consideração as nossas queixas e "consertasse" os problemas que apontamos, quer suprimindo as calamidades naturais, quer acabando com o nosso livre-arbítrio, o resultado seria um mundo em que nós, criaturas conscientes e racionais, não existiríamos. Na melhor das hipóteses, poderíamos existir como animais inferiores, sem culpabilidade moral e sem nenhum sofrimento profundo, como o cão e a gazela, que não são capazes de perceber o problema ou de formular a pergunta: "Por que isso está acontecendo comigo?". Se Deus acabasse com a nossa queixa dessa forma, acabaria com a possibilidade de que houvesse alguém capaz de reclamar! Se, ponderados os prós e os contras, consideramos nossa vida como algo valioso e, além disso, consideramos que a espécie humana como um todo tem algum valor, somos forçados a reconhecer a sabedoria e o valor da arquitetura de Deus. Finalmente, temos uma teodiceia que apresenta uma boa razão para que Deus tenha feito o mundo como fez. Essa teodiceia não minimiza os espinhos e os abrolhos nem finge que eles não são afiados ou causam dor, mas mostra que, neste mundo, eles são componentes essenciais da estrutura providencial como um todo.

Por duas décadas, os cristãos vêm apresentando o Universo bem afinado como prova de que existe um afinador. Os ateus admitem o princípio antrópico, mas afirmam que a afinação pode ser explicada pela possibilidade de múltiplos universos ou do multiuniverso. Tenho minha opinião acerca disso e escrevi sobre o assunto em outro texto. Aqui, porém, não preciso tomar partido nessa briga. A novidade na abordagem deste livro consiste em levar o debate para outro nível, ao mostrar quais são as implicações do Universo finamente sintonizado na teodiceia. O princípio antrópico explica não só o sofrimento natural, mas também o mal moral. Pense nisso desta maneira: não é possível ter seres humanos com livre-arbítrio sem que seja possível fazer escolhas morais, assim como não se pode ter seres humanos com livre-arbítrio sem terremotos, *tsunamis*, predação e violência. O Universo finamente sintonizado explica as calamidades naturais que causam sofrimento, assim como explica a evolução da consciência, o livre-arbítrio humano e a inteligência. Essas capacidades, que podem ser usadas tanto para o mal quanto para o bem, também fazem parte da arquitetura antrópica.

É importante refletir um pouco sobre isso. Nossa capacidade de ponderar e admirar a ordem natural das coisas, e de fazer escolhas morais dentro dessa ordem, está alicerçada e embutida no conjunto dessa estrutura desde o princípio. De fato, nós somos, de certa maneira, o ápice de todo o esquema. É notável observar que o surgimento de um tipo de mente capaz de questionar a justiça do terremoto de Lisboa depende de um plano de criação que inclui os terremotos. A capacidade moral de escolher entre socorrer com compaixão as vítimas do terremoto ou dar as costas a elas com amargura ou indiferença também depende da existência dos terremotos, da quantidade exata de oxigênio existente na atmosfera, da quantidade exata de massa, dimensão e distância entre a Terra e o Sol, e da posição exata no tipo certo de galáxia — e até das condições exatas e complicadas do próprio *big bang*. Desde o início, o Universo foi biocêntrico, o que significa que ele foi minuciosamente ajustado para promover o surgimento de criaturas vivas complexas e, mais ainda, de criaturas livres e conscientes, ou seja, nós. É como se o Universo tivesse sido projetado de tal modo a "ver adiante", estabelecendo detalhadamente os pré-requisitos fundamentais que tornam possível a nossa existência.

Portanto, o princípio antrópico faz pela providência o que o *big bang* fez pela criação: ele fornece uma comprovação ou explicação científica para a ação criadora e sustentadora constante de Deus no mundo. Até mesmo mais do que o *big bang*, o Universo finamente sintonizado põe o ateísmo moderno na defensiva. E por quê? Porque, há muito tempo, os cristãos creem não só que Deus criou o mundo, mas que ele exerce uma supervisão providencial sobre este mundo. Ele não deu simplesmente a partida; ele elaborou um projeto com grande cuidado para que todos os detalhes se ajustassem corretamente e culminassem no surgimento de seres biológicos conscientes, livres e racionais. Agora, sabendo que o Universo tem essa sintonia fina, vemos de forma ainda mais nítida como a supervisão providencial tem sido exercida no nível natural. As antigas afirmações das Escrituras são confirmadas e até mesmo explicadas pela ciência moderna. Desde o início, os cristãos, pela fé, afirmam que Deus tem esse tipo de jurisdição; mas agora percebemos, pela razão, como ele pode estar usando suas prerrogativas. Assim, este livro oferece ao ateu algo inesperado e provavelmente indesejado: uma resposta convincente para o problema do mal e do sofrimento.

Os cristãos, ao contrário dos ateus, não estão procurando uma refutação. Estão procurando respostas. Os cristãos querem saber como se identificar com um Deus que projetou o mundo desta maneira — um mundo que obviamente inclui o mal e o sofrimento em grandes quantidades. Será que eles podem encontrar conforto no argumento antrópico que apresento aqui? Creio que sim. Meu amigo Bruce Schooley, que está lutando contra uma forma muito agressiva de câncer, diz que até mesmo o drama que está enfrentando, cujo resultado é ainda incerto, torna-se mais compreensível e suportável quando ele percebe que Deus fez o Universo de modo que gerasse pessoas iguais a ele — quer dizer, seres humanos com consciência e liberdade. Deus amou Bruce de tal maneira que projetou um mundo que não só permite que ele tenha vida, como lhe dá a capacidade de apreciar essa vida e toda a criação de Deus. Não só a existência de Bruce, mas seu raciocínio, suas faculdades morais e sua capacidade de fazer escolhas são produtos do Universo finamente sintonizado de Deus. Portanto, se este Universo inclui o câncer, que assim seja; Bruce ainda vai usar seu livre-arbítrio para louvar a Deus e agradecer a ele não pelo câncer, mas pelo dom providencial da vida humana, que continua sendo algo muito valioso e ao qual vale a pena agarrar-se, mesmo que ela esteja sendo atacada por células cancerosas recidivas.

Portanto, o princípio antrópico oferece algo de valioso tanto para os ateus como para os crentes. Contudo, entender o sofrimento é uma coisa; lidar com ele é outra. Neste ponto, vamos ampliar nosso questionamento, perguntando: Qual doutrina pode ajudar uma pessoa a suportar melhor o sofrimento — o cristianismo ou o ateísmo? Vejamos como os ateus explicam o sofrimento. Richard Dawkins diz: "O Universo que observamos tem exatamente as propriedades que esperaríamos encontrar se não houvesse, no fim das contas, nenhum plano nem propósito nem mal nem bem; nada, senão uma indiferença cega e impiedosa". Jacques Monod declara: "A antiga aliança está em pedaços; pelo menos, o homem sabe que está sozinho na imensidão insensível do Universo, de onde emergiu por um mero acaso". Steven Weinberg afirma: "Quanto mais compreensível parece o Universo, mais sem sentido ele se mostra aos nossos olhos". E, finalmente, Bertrand Russell dá sua contribuição: "Somente sobre o firme alicerce do desespero implacável pode doravante ser construída a habitação da alma".[1] Portanto, se uma pessoa que está sofrendo estiver procurando por desespero, já sabe onde encontrá-lo.

O consolo da fé

Já o cristianismo oferece algum consolo, ainda que apenas o consolo da fé. É fato empírico inegável que os crentes religiosos se sentem muitas vezes consolados, durante os períodos de provação, por meio da oração. Não precisamos de dados científicos sobre isso; a demonstração está no fato de que normalmente os crentes oram quando passam por dificuldades. Obviamente, eles não continuariam fazendo isso se não obtivessem nada, nem sequer uma sensação

---

[1] Richard DAWKINS, **River out of Eden** (New York: Basic Books, 1995), p. 133 [**O rio que saía do Éden**. Trad. Maria Teresa Castanheira (Coração de Jesus, PT: Rocco, 1996)]; Jacques MONOD, **Chance and Necessity** (New York: Vintage Books, 1971), p. 180; Steven WEINBERG, **The First Three Minutes** (New York: Basic Books, 1993), p. 154 [**Os três primeiros minutos** (Rio de Janeiro: Guanabara Dois, 1980)]; Bertrand RUSSELL, The Free Man's Worship. In: Louis GREENSPAN e Stefan ANDERSSON (Ed.), **Russell on Religion** (London: Routledge, 1999), p. 32.

de conforto ou calma, como resultado dessas orações. No entanto, mesmo que não recebessem nada, ainda estariam em pé de igualdade com os ateus, que nada recebem. Portanto, a religião sai na frente, ainda que apenas por oferecer ao cristão uma esperança de que exista um ouvido divino atento às angustiadas súplicas humanas. O ateísmo, como vimos, não pode oferecer nada que se compare a isso, e pode até deixar o sofredor se sentindo pior.

O exemplo da morte nos permite fazer uma boa comparação entre o que o ateísmo e o cristianismo oferecem. Todos nós, seres humanos, sentimos certa ansiedade em relação à morte. A morte gera um terror surdo em todas as pessoas porque significa aniquilação, o completo fim desta vida e suas associações — e o conceito de perder tudo é aterrorizante. Portanto, façamos agora a seguinte pergunta: Qual destes enfoques, o ateísmo ou a crença em Deus, oferece ao moribundo um alívio maior de sua ansiedade e terror? A resposta óbvia é a religião: a crença em Deus. A religião oferece a esperança da vida após a morte, e isso, ainda que seja só uma esperança, é muito melhor do que aquilo que o ateísmo oferece. Nas palavras do psicólogo William James, não importa se essa esperança corresponde à realidade ou não, pois só saberemos a resposta quando estivermos do outro lado da cortina. O verdadeiro ponto aqui é que todos nós temos que enfrentar a morte, e, como diz James: "A religião, portanto, torna mais fácil enfrentar o que de qualquer modo é inevitável; e, se ela for a única agência capaz de conseguir esse resultado, não há dúvida de sua importância vital como faculdade humana".[2]

O ateu Karl Marx compreendeu muito bem que Deus dava consolação em tempos difíceis e usou uma expressão famosa para se referir a ela: o "ópio do povo". Embora ele tenha dito isso em tom de crítica, seu diagnóstico contém o reconhecimento de que a religião alivia a tristeza e o sofrimento. Para Marx, a cura é falsa porque repousa na expectativa de outro mundo que curará os males deste. Ele queria que todos

---

[2] William JAMES, **Writings 1902-1910** (New York: Library of America, 1987), p. 53.

fossem ateus para que enfrentassem o sofrimento deste mundo e se opusessem a ele: "A abolição da religião como felicidade ilusória do povo é necessária para que ele tenha uma felicidade real".[3]

Podemos facilmente descartar a meta suprema de Marx, ou seja, a de construir uma sociedade revolucionária comunista. Hoje em dia, todos concordamos que isso não é possível, mas, se fosse possível, seria um pesadelo, um verdadeiro inferno na terra. Ironicamente, o motivo desse fracasso é o fato de que Marx queria que um programa político acabasse com o mal e o sofrimento. Sua "solução" era do mesmo tipo que está subentendido em algumas críticas ateístas a Deus. Marx acreditava que, se tivéssemos uma sociedade revolucionária comunista que acabasse com a hierarquia e com as escolhas humanas erradas, o resultado seria a utopia. O grande inimigo de todas as sociedades comunistas não é a pobreza e a desigualdade, mas sim o livre-arbítrio humano. E a solução comunista é a tirania política, a coletivização forçada e o controle centralizado de todas as principais decisões da vida. O resultado prático da aplicação dessa doutrina todos nós sabemos qual foi, e o mundo rejeitou o pesadelo marxista, embora ele continue resistindo na Coreia do Norte e em um ou outro miserável posto avançado. Ironicamente, os regimes que tentaram eliminar o mal e o sofrimento usando meios políticos se transformaram nos piores buracos esquecidos por Deus do Planeta.

Gostaria agora de ir um pouco além do fracasso do marxismo e questionar a hipótese básica de Marx a respeito do cristianismo. Marx pressupunha que os ateus têm maior probabilidade de querer erradicar o mal e o sofrimento do mundo do que os cristãos, e, nesse ponto, acho que ele não poderia estar mais equivocado. Os cristãos, não menos do que os ateus, abominam a ideia do mal e se comovem diante do sofrimento e, assim como os ateus, desejam dar uma solução para essas coisas e melhorar a condição dos que sofrem. No entanto, o que Marx não percebeu foi que a probabilidade de que os

---

[3] Karl Marx e Friedrich Engels, **On Religion** (Mineola, NY: Dover Publications, 2008), p. 42.

cristãos realizem ações práticas para erradicar o mal e mitigar o sofrimento é maior do que a dos ateus. Isso ocorre porque o cristianismo dá uma motivação extra para o combate ao sofrimento que não está presente no ateísmo. Além do mais, a forma de os cristãos fazerem isso é completamente diferente da tirania e da violência dos defensores do marxismo — que praticam uma maldade atrás da outra.

Veja, por exemplo, a famosa cena de *Os irmãos Karamazov*, em que os irmãos Ivan e Alyosha debatem os horrores do mundo. Ivan, o ateu, usa essas calamidades para declarar sua independência moral de Deus. Ele não quer ter nada a ver com Deus e chega a encostar na parede seu irmão mais velho, o devoto Alyosha, levando-o a fazer uma aparente concessão blasfema. Alyosha admite que não pode concordar com um plano divino que inclua um único caso de sofrimento gratuito. Contudo, é esse mesmo Alyosha que se compadece, na prática, dos que estão sofrendo. Ele ouve suas histórias sofridas e faz o que pode para melhorar a situação deles. Enquanto isso, Ivan cozinha seu ressentimento ateísta em fogo brando. Como escreve Kenneth Surin: "Ivan diz estar do lado das vítimas, mas é Alyosha que pratica essa solidariedade".[4] O ressentimento ateísta não parece produzir muita caridade, provavelmente porque os ateus têm pouquíssima esperança de que a humanidade se empenhe em acabar com o mal e o sofrimento no mundo. Fazer discursos inflamados contra o mal é muito mais fácil do que agir.

Com certeza, os cristãos também podem ser culpados de omissão, mas a probabilidade de que eles procurem acabar com as injustiças e o sofrimento é muito maior do que no caso dos ateus. E é interessante investigar o motivo. Por que o cristianismo, se abraçado de coração, produz caridade em vez de ressentimento e desespero? Por que ele produz agentes morais racionais capazes de ver a magnitude do mal e do sofrimento no mundo e que fazem o máximo possível para dar alívio e melhorar essas situações adversas, apesar de reconhecerem

---

[4] Kenneth Surin, **Theology and the Problem of Evil** (New York: Basil Blackwell, 1986), p. 115.

que não é possível eliminar essas coisas deste lado do paraíso? Podemos responder a essa pergunta analisando um fato que aconteceu certa vez com Madre Teresa, nas ruas de Calcutá. Um grupo de indianos andava pela rua quando viu que ela estava abraçando um leproso. Um deles comentou: "Eu jamais faria isso, nem por todo o dinheiro do mundo". Ao que Madre Teresa replicou: "Nem eu. Estou fazendo pelo amor de Cristo".

A questão aqui é que até mesmo um primata evoluído é capaz de sentir compaixão, mas esse sentimento não se traduz necessariamente em um desejo de pôr a luta contra o sofrimento em primeiro lugar em sua vida. De fato, existem boas razões darwinianas para nos concentrarmos na nossa própria sobrevivência e manutenção, e é claro que a maioria das pessoas faz exatamente isso. Em seu livro *Darwin's Cathedral* [A catedral de Darwin], o biólogo David Sloan Wilson escreve que, do ponto de vista evolucionário, nós não somos muito inclinados a servir a nossos congêneres que se encontram em situação desfavorável. O cristianismo, diz ele, fornece uma justificativa transcendente para o abandono dessa relutância natural. Ele escreve: "Amar e servir a um Deus perfeito é muito mais motivante do que amar e servir ao nosso próximo imperfeito".[5] E, de fato, essa era a motivação de Madre Teresa. Ela queria, como declarou certa vez, "fazer alguma coisa bela para Deus". Quando lhe perguntavam: "Onde está Deus quando estamos sofrendo?", ela respondia de forma simples e direta: Ele está bem aqui, em cada um de nós. Nós somos os olhos, ouvidos e mãos de Deus no mundo. Por isso fazemos o bem por amor a Deus, mesmo sabendo que nosso trabalho só consegue diminuir uma pequena parcela de todo o mal e sofrimento que há no mundo.

Não escrevo isso insinuando que os ateus não podem trabalhar com dedicação para aliviar o sofrimento do próximo. Muitos deles o fazem. Também não estou querendo dizer que os ateus não têm recursos para enfrentar o mal e o sofrimento. Eles, assim como os

---

[5] David Sloan WILSON, **Darwin's Cathedral** (Chicago: University of Chicago Press, 2002), p. 176.

crentes, podem trabalhar para extrair algo de bom do sofrimento. É muito importante esclarecer que o sofrimento, em si, não é bom. Em nenhuma parte deste livro insinuei que o sofrimento seja positivo ou que tenha um propósito em si mesmo. O mérito reside inteiramente naquilo que fazemos a respeito dele. Se lidarmos com ele da maneira certa, podemos obter alguns bons resultados. Primeiramente, o sofrimento nos dá oportunidade de exercer a compaixão e ajudar nossos semelhantes. Pense sobre isso: se não houvesse sofrimento, não haveria necessidade de compaixão, solidariedade ou caridade. Assim, o sofrimento é um chamado à virtude; ele nos dá a oportunidade de nos tornarmos pessoas melhores conforme a nossa reação diante dele. Em segundo lugar, o sofrimento é um chamado à sabedoria, dando-nos a chance de aprender com os nossos erros. A felicidade é um professor incompetente; a maior parte do conhecimento que adquirimos na vida vem das dificuldades e dos nossos erros. A experiência, nesse sentido, nos dá sabedoria, embora a um preço considerável.

Além disso, o sofrimento tem um benefício espiritual: ele pode nos levar para mais perto de Deus. Os ateus provavelmente não veem isso como um benefício. Contudo, o sofrimento também leva muitos deles a se aproximarem de Deus. Muitas experiências de conversão começam com algum tipo de revés ou catástrofe: quando a pessoa não tem para onde ir, ela busca Deus como último recurso. Lembre-se da parábola do filho pródigo: Será que aquele sibarita perdulário teria voltado para a casa do pai se o dinheiro não tivesse acabado? C. S. Lewis comenta que é muita bondade de Deus responder quando nós só o buscamos no desespero e na necessidade; ainda assim, diz Lewis, Deus nos aceita de qualquer maneira. Ele não se importa se só o procuramos quando estamos por baixo, contanto que o procuremos. Lewis chama isso de "divina humildade".[6]

---

[6] C. S. Lewis, **The Problem of Pain** (New York: HarperOne, 1996), p. 95,96. [**O problema do sofrimento**. Trad. Alípio Franca (São Paulo: Vida, 2006).]

Portanto, existem muitas maneiras de extrair alguma coisa boa do mal e do sofrimento, embora não haja garantia alguma de que isso vá acontecer. Às vezes, a calamidade tem o efeito oposto. Algumas pessoas se tornam mais amargas e mesquinhas, pondo a culpa de seus problemas no mundo ou em Deus, mesmo quando são problemas que elas mesmas causaram. Outros usam o sofrimento para rejeitar Deus — não simplesmente para se afastarem dele, mas sim para passar a considerá-lo seu inimigo mortal; seu ateísmo torna-se um modo de cuspir na face de Deus. Na minha experiência, os acontecimentos traumáticos tendem a levar as pessoas a adotarem um caminho ou outro: ou elas se tornam melhores e mais santas, ou se tornam mais amargas e blasfemas. Até mesmo nesse caso existe livre-arbítrio.

O sofrimento aterrador

Até aqui, temos falado sobre o mal e o sofrimento, mas não enfocamos o sofrimento aterrador. Como um ateu ou alguém com mentalidade secular lida com o sofrimento aterrador? Geralmente, nesse caso, há dois enfoques possíveis. O primeiro é o estoicismo, a doutrina que nos aconselha a aguentar firme, suportando calmamente o que a vida nos trouxer. O estoicismo é justificado nas pesquisas psicológicas citadas em um dos capítulos anteriores, que mostram que as boas notícias não trazem tanta felicidade quanto podemos imaginar e que o efeito das más notícias não dura tanto quanto receamos que durem. Geralmente, a vida retorna a seu ponto de equilíbrio após algum tempo. Consequentemente, essa postura resignada dos filósofos estoicos é elogiável. De fato, o estoicismo tem muito em comum com as religiões orientais que situam o sofrimento não no mundo material, mas na mente. Essas religiões dizem que, se controlarmos a mente por meio da meditação e do autoexame, podemos controlar e regular nosso nível de sofrimento. A dor é inevitável, mas o sofrimento é opcional. Por causa de sua aparente frieza, o estoicismo pode proporcionar um equilíbrio saudável para a nossa cultura dominada pelas emoções; conter as nossas emoções costuma ser uma opção melhor do que extravasá-las. Em muitos aspectos, o estoicismo está em conformidade com a visão antrópica, aceitando o sofrimento como parte de uma ordem benigna mais abrangente.

O segundo enfoque que eu gostaria de comentar é o de Nietzsche. Vemos nesse filósofo um contraste marcante com o tom da maioria dos ateus de hoje. Em primeiro lugar, ele fica indignado com o fato de que os ateus "se livraram do Deus cristão e agora se sentem compelidos a se agarrar com firmeza ainda maior à moralidade cristã". Em outras palavras, foi o cristianismo que nos deu a virtude da compaixão e a preocupação com os pobres necessitados, e agora os ateus estão se apropriando dessas ideias cristãs e usando-as contra o próprio cristianismo. Para Nietzsche, isso não é só uma vitória de Pirro; é também desonestidade intelectual: "Quando se abandona a fé cristã, perde-se o direito à moralidade cristã". A maioria dos ateus parece ter se esquecido disso.

Se Nietzsche estivesse vivo, diria que os ateus de hoje são fracos e choramingas, ou o que ele chamou de "caluniadores da vida". O conselho dele para essas pessoas: Parem de se lamuriar por causa do sofrimento. Nada que realmente valha a pena se conquista sem sofrimento — escreveu ele. Ele admirava os gregos da época de Homero porque, segundo ele, tinham encontrado uma maneira de transformar o sofrimento em uma coisa grandiosa e nobre. Nietzsche elogiava não só a disposição de suportar o sofrimento — como disse em uma famosa frase: "O que não nos mata, nos fortalece" —, mas também "a vontade de infligir grande sofrimento". Os maiores impérios, por exemplo, foram "completamente encharcados de sangue, e por longo tempo".

Para Nietzsche, a vida deve ser valorizada. Deveríamos nos regozijar com ela, apesar de sua dureza, suas tragédias, destruição e crueldade. Para Nietzsche, a crueldade não é imoral; a piedade, sim. Afinal de contas, a crueldade é natural; o leão não tem de aprender o que fazer com o cervo. Ele critica duramente as pessoas gentis por fazerem da fraqueza uma virtude que chamam de piedade, e culpa o cristianismo por alimentar esse sentimento. Ele escreve: "A piedade é considerada uma virtude somente entre os decadentes". Essas pessoas, conclui ele, são responsáveis pelo "retrocesso da humanidade".[7] Existe algo de audacioso e estimulante na escrita de Nietzsche. Ainda que de uma forma diferente dos estoicos, ele também está adotando uma perspectiva antrópica: a de que o sofrimento é essencial, não acidental, e que tentar acabar com ele em vez de usá-lo é um esforço inútil e desumanizador. Contudo, o enfoque de Nietzsche parece extremamente presunçoso e vazio. Nem os estoicos nem Nietzsche parecem ter uma verdadeira solução para o sofrimento aterrador. Quando um homem é obrigado a assistir ao estupro de sua mulher e depois ver seu corpo ser esquartejado em pedacinhos, é simplesmente obsceno dizer a ele: "Tenha calma e aguente firme porque suas emoções acabarão voltando ao normal"; ou "Aceite esse sofrimento, porque o que não o mata o deixa mais forte". Algumas pessoas nunca se recuperam de uma coisa dessas; o sofrimento as deixa despedaçadas, não mais fortes.

Finalmente, vejamos qual é a solução cristã para o problema do mal e do sofrimento. O cristianismo é o único que oferece um meio de encontrar algum sentido no sofrimento aterrador. Em linhas gerais, isso só é possível se oferecermos nosso sofrimento a Cristo. Na prática, é claro, a coisa não é assim tão simples. Então vejamos o que isso significa. Em primeiro lugar, um cético ou até mesmo um cristão poderia perguntar por que Cristo iria querer que nós sofrêssemos por ele. Isso nos leva a uma diferenciação importante. Na verdade, Cristo não nos pede para sofrer *por ele*; foi ele que sofreu por nós, e seu sofrimento expiatório pelos nossos pecados nos é ofertado como um presente; só precisamos pedir. Portanto, essa não é a razão pela qual oferecemos nosso sofrimento a Cristo.

---

[7] Friedrich Nietzsche, **On the Genealogy of Morals and Ecce Homo** (New York: Vintage Books, 1989), p. 42, 43, 65, 154, 195, 228, 272; Friedrich Nietzsche, **Twilight of the Idols and The Anti-Christ** (New York: Penguin Books, 1990), p. 80, 199.

No entanto, ele pede, explicitamente, que os crentes sofram *com ele*: "[...] tome diariamente a sua cruz e siga-me".[8] Jesus nos pede para segui-lo e nos alerta, com a expressão "a sua cruz", que essa obediência envolve sofrimento. Portanto, como cristãos, podemos oferecer nosso sofrimento a Deus porque essa é uma das melhores maneiras de demonstrar nossa gratidão pelo que Cristo fez por nós. A obediência é o modo pelo qual podemos realmente demonstrar nosso amor por ele, e nossa obediência necessariamente envolverá algum sofrimento. De fato, esse sofrimento é a verdadeira medida do nosso amor.

Para entender por que digo isso, vamos pensar por um minuto no que a palavra "sofrimento" significa para nós. Digamos que eu receba um telefonema e descubra que um parente distante acaba de falecer em um acidente de carro. A notícia me deixa perturbado? Com certeza — um pouco, já que eu não conhecia aquele parente muito bem. Vou ficar triste de saber que a pessoa morreu, mas, para ser franco, aquilo não vai estragar meu dia e, passadas algumas horas, eu talvez nem esteja mais pensando no assunto. Agora, compare com a minha reação se descobrisse que minha única filha, Danielle, tinha acabado de morrer num acidente. Uma notícia dessa iria transtornar meu dia, minha semana, meu ano, minha vida inteira! E por quê? Por causa do amor que sinto por minha filha. O que estou querendo mostrar é que a intensidade do nosso sofrimento pela perda de outras pessoas está na proporção direta do quanto elas são importantes para nós. Quanto mais as amamos, mais sofremos. De fato, quando nossos entes queridos estão passando por alguma aflição, nós queremos sofrer também. Se minha filha está sofrendo ou doente, eu não quero que Deus me faça ficar feliz ou mesmo indiferente à situação dela. Eu prefiro sofrer. Assim, nosso desejo de sofrer mostra a verdadeira medida dos nossos sentimentos em relação a outra pessoa.

Ora, Cristo suportou o sofrimento mais atroz por nós, e o que podemos dar-lhe em troca? Nada. Podemos aceitar seu presente da

---

[8] Lucas 9.23.

salvação, mas dificilmente isso seria uma forma de retribuição, porque os beneficiários somos nós mesmos. É para o nosso próprio bem. Podemos ainda tentar viver em conformidade com a vontade de Deus, mas isso também resulta em nosso próprio benefício. Deus nos criou, e o plano dele para a nossa vida é o melhor, sem sombra de dúvida. Mais uma vez, reconhecer isso beneficia principalmente a nós mesmos. Portanto, até agora, estamos recebendo o imensurável presente de Cristo sem lhe dar nada em troca.

No entanto, podemos oferecer-lhe nosso sofrimento como uma "pequena cruz". Esse sofrimento não faz bem algum a Cristo, mas nós o oferecemos assim mesmo porque nossa disposição de sofrer quando o seguimos mostra quanto o amamos e confiamos nele. Da mesma forma que meu sofrimento por minha filha seria uma demonstração de meu profundo amor por ela, nossa obediência, mesmo quando envolve sofrimento, é a verdadeira medida do nosso amor por Cristo e nosso modo de agradecer a ele pelo muito que sofreu por nós. E quanto mais sofrimento oferecemos a ele em obediência à sua vontade, mais amor demonstramos. Segue-se disso que aqueles que não sofrem são incapazes de se identificar com Cristo dessa forma intensa e singular. Por intermédio do nosso sofrimento, ao tomarmos nossa cruz para segui-lo, temos a honra de percorrer a Via Dolorosa com o próprio Cristo. Temos o privilégio de compartilhar a solidão e a angústia do Calvário — assim como a consolação que Deus dá àqueles que confiam a ele o coração aflito.

Podemos acrescentar que o nosso sofrimento pode se transformar em bênção para os outros: "[Deus] nos consola em todas as nossas tribulações, para que, com a consolação que recebemos de Deus, possamos consolar os que estão passando por tribulações".[9] O consolo, é claro, nos ajuda a enfrentar as aflições, mas não as elimina. Contudo, quando meditamos profundamente sobre a razão da existência do mal e do sofrimento no mundo, e refletimos sobre os argumentos

---
[9] 2Coríntios 1.4.

apresentados neste livro, conseguimos perceber por que essas coisas não podem ser eliminadas. Realmente, quando nos damos conta de que Deus fez a sintonia fina do Universo para permitir que nós tivéssemos liberdade para tomar nossa cruz e segui-lo, e também, por meio do sofrimento, nos aproximarmos do divino, o próprio sofrimento pode se tornar sublime.

AGRADECIMENTOS

Gostaria de agradecer ao meu amigo Ed McVaney, meu confidente e mentor. Ed e eu discutimos os temas principais deste livro desde o início. Também agradeço ao meu amigo Bruce Schooley, que tem um interesse especial nesse tópico porque está em processo de remissão de um câncer. Bruce teve uma participação ativa em todos os meus livros, e foi ele que me ajudou a saber exatamente o que eu queria dizer neste aqui. Pete Marsh, B. J. Marsh, Byron Van Kley, Andrew Accardy e todo o pessoal do Y God Institute; eles estão sempre prontos a ajudar e são inspiração constante para mim. Sou grato, também, pela troca de ideias com o conselho diretor do King's College, em especial John Beckett, Darren Blanton, Steve Douglass, Scott Ford, Lee e Allie Hanley, Kevin McVaney e Andy Mills. Muitas pessoas leram este livro e fizeram comentários preciosos, como Gregory Fossedal, Stan Oakes, Wayne Grudem, Ed e Caroline Hoffman. Meu secretário, Tyler Vawser, é um auxiliar indispensável e trabalhou em todas as partes deste livro, desde a leitura dos capítulos até a pesquisa das notas finais. Joe Ford, que foi meu assistente durante o programa de pesquisa de verão, trabalhou diretamente comigo na construção do argumento e no acerto dos detalhes. Benjamin Wiker fez uma análise crítica profunda de todos os capítulos, que me foi muito útil no aperfeiçoamento do texto. Como mostra o livro com muita clareza, os ateus com quem debati publicamente — Peter Singer, Bart Ehrman, Michael Shermer e Christopher Hitchens — me proporcionaram um valioso estímulo intelectual. Em nossos debates, assim como neste livro, dei o melhor de mim para refutar seus argumentos; contudo, eu os considero amigos, não inimigos; no fim das contas, acima de tudo, meu desejo é convencê-los. Por último, gostaria de agradecer à equipe da editora Tyndale, especialmente Jon Farrar, que foi quem primeiro sugeriu que eu escrevesse sobre este assunto e esteve envolvido em todo o processo, desde o início.

Esta obra foi composta em *Arno Pro*
e impressa por Markpress sobre papel
Offset 70 g/m² para Editora Vida.